독자의 1초를 아껴주는 정성!

세상이 아무리 바쁘게 돌아가더라도
책까지 아무렇게나 빨리 만들 수는 없습니다.
인스턴트 식품 같은 책보다는
오래 익힌 술이나 장맛이 밴 책을 만들고 싶습니다.

길벗은 독자 여러분이
가장 쉽게, 가장 빨리 배울 수 있는 책을
한 권 한 권 정성을 다해 만들겠습니다.

독자의 1초를 아껴주는
정성을 만나보십시오.

―――――――――――――――――――

미리 책을 읽고 따라해본 2만 베타테스터 여러분과
무따기 체험단, 길벗스쿨 엄마 2% 기획단,
시나공 평가단, 토익 배틀, 대학생 기자단까지!
믿을 수 있는 책을 함께 만들어주신 독자 여러분께 감사드립니다.

(주)도서출판 길벗 www.gilbut.co.kr
길벗스쿨 www.gilbutschool.co.kr

KB072630

웹툰PD가
되고 싶습니다

웹툰 기획부터 작가 섭외 및 관리까지,
웹툰 시장을 좌우하는 웹툰PD 되는 법

정영훈 지음

길벗

웹툰PD가 되고 싶습니다

I want to become a webtoon PD

초판 발행 · 2021년 12월 10일

지은이 · 정영훈
발행인 · 이종원
발행처 · (주)도서출판 길벗
출판사 등록일 · 1990년 12월 24일
주소 · 서울시 마포구 월드컵로 10길 56(서교동)
대표 전화 · 02)332-0931 | **팩스** · 02)323-0586
홈페이지 · www.gilbut.co.kr | **이메일** · gilbut@gilbut.co.kr

기획 및 책임 편집 · 정미정(jmj@gilbut.co.kr), 최근혜(kookoo1223@gilbut.co.kr)
디자인 · 장기춘 | **제작** · 이준호, 손일순, 이진혁
영업마케팅 · 전선하, 차명환 | **영업관리** · 김명자 | **독자지원** · 송혜란, 홍혜진, 윤정아

편집 진행 · 방세근 | **전산 편집** · 이용희 | **CTP 출력 및 인쇄** · 교보피앤비 | **제본** · 경문제책

ISBN 979-11-6521-783-9 03000
(길벗 도서번호 007115)

정가 20,000원

독자의 1초까지 아껴주는 정성 길벗출판사

· ·

길벗 IT단행본, IT교육서, 교양&실용서, 경제경영서
길벗스쿨 어린이학습, 어린이어학

페이스북 | www.facebook.com/gilbutzigy
네이버 포스트 | post.naver.com/gilbutzigy

추천의 글

추계재담아카데미 웹툰PD 과정에서 열정을 쏟아내었던 정영훈 강사님의 강연 내용들이 기록으로 남게 되어 기쁘고 감격스럽습니다. 많은 웹툰PD를 배출하였던 강연 내용이 이 책에 담겨져, 관련 분야를 지망하시는 분들에게는 꿀 같은 정보와 자양분이 되리라 생각합니다. 꼭 필독하시기를 추천드립니다.

김영근 | 재담미디어 PD, 추계재담아카데미 책임PD

이 책은 한 직업에 관한 친절한 안내서인 동시에, 독자에게 정말로 그 직업을 택할 만큼의 애정과 관심을 가졌는지 묻고 있습니다. 웹툰PD는 막대한 파급력을 지닌 웹툰이라는 대중문화가 대중에게 다가가는 과정을 함께하는 직업입니다. 그 일에 관심이 있는 모든 사람에게 이 책은 다정한 조언자가 될 것입니다.

윤지은 | 키다리스튜디오 봄툰공작소 편집장

추계재담아카데미에서 다년간 뛰어난 평가를 받은 정영훈 강사님의 웹툰 강의가 책으로 나오게 되었습니다. 웹툰PD가 가져야 할 소양과 실무적인 능력까지, 이 책에서 실제 사례를 들어 소개하는 많은 정보들이 이 분야에 관심 있는 분에게는 소금 같은 소중한 내용이 될 것입니다. 현업에 있는 웹툰PD는 물론 웹툰PD를 지망하는 분들께 강력히 추천합니다.

서현철 | 前 레진코믹스 콘텐츠사업그룹장, 現 디엘피스튜디오 대표

웹툰PD를 소개하는 책이 비로소 출간되었습니다. 제가 아는 필자는 스토리텔러이고 만화가이자 베테랑 웹툰PD입니다. 필자는 웹툰PD의 일을 소개하면서 함께 일하는 웹툰 작가들의 머릿속까지 들여다 보여주고 있습니다. 웹툰PD를 통해 웹툰의 정체를 보여준 셈입니다. "라떼는 말이야"라고 말문을 떼며 기획자의 일상을 날 것 그대로 공개했습니다. 작가와 나눈 카톡 대화마저 캡처해서 내민 자신감이라니. 이보다 더 진솔한 기획자의 노트가 공개된 적은 없었던 것 같습니다.

이재식 | 씨엔씨레볼루션 대표

웹툰(webtoon)이란 영어로 web과 cartoon의 합성어입니다. 순수하게 우리가 만든 오리지널 콩글리쉬인데 이제는 '한국만화'를 상징하는 세계적인 공용어가 되었습니다. 현재 웹툰은 K-comics를 대표하는 이름이 되었고, 글로벌 시장의 최전선에서 한류(韓流)를 알리는 전령이 되고 있습니다.

80년대까지만 해도 국내만화는 '어린이들의 눈과 귀를 멀게 하는 천덕꾸러기'로 취급받았고 5월 가정의 달에는 늘 화형식의 대상이 되었습니다. 90년대가 되어서도 상황은 더 척박해졌습니다. 밖으로는 일본만화와의 경쟁에서 참패하고, 안으로는 1997년 청소년보호법과 IMF를 맞으면서 국내만화는 거의 고사 직전까지 갔습니다.

하지만 우리는 끈질긴 생명력을 자랑하는 잡초 같은 근성을 가진 찬란한 '문화민족'이 아니던가요. 이런 척박한 환경 속에서도 만화가들은 새로운 창작 환경을 찾기 위해 고군분투했습니다. 기존의 만화가들이 생계를 유지하기 위해 아동 출판사의 문을 두드리기 시작한 것이 '학습만화'의 태동이었고, 아마추어 만화가들이 생계를 떠나 인터넷에 형식과 내용에 구애받지 않고 자신의 창작 만화를 올리던 게 '온라인만화'의 시작이었습니다. 이후 강풀 작가가 [다음]에 페이지뷰 형식을 탈피한 스크롤 형식의 만화를 연재한 이후 우리 만화가들은 '컬러'와 '스크롤'이라는 새로운 무기를 장착하였고 마침내 한국 고유의 만화 콘텐츠, '웹툰'이 완성되었습니다.

현재 대한민국에서는 누구나 웹툰작가가 될 수 있습니다. 웹툰은 태블릿만 있으면 누구나 만들 수 있는, 어떠한 형식에도 구애받지 않는, 어떠한 주제라도 가능한 공정한 경연의 장이자, 축제의 장이 되었습니다. 그래서인지 유료 웹툰부터 무료 웹툰, 아마추어 웹툰까지 하루에도 수천 편의 웹툰이 쏟아지고 있습니다. 이런 양적 성장은 곧 질적 성장으로 이어지고 있습니다. 드라마 제작사와 영화 제작사들이 그 속에서 원석을 발굴하고 보석을 캐내고 있습니다. 요즘 웹툰 원작의 드라마와 영화가 성행하는 이유이기도 합니다. 〈미생〉, 〈위대하게 은밀하게〉, 〈신과 함께〉, 〈밤을 걷는 선비〉, 〈롱 리브 더 킹〉, 〈동네 변호사 조들호〉, 〈내 아이디는 강남미인〉, 〈이태원 클라쓰〉, 〈강철비〉, 〈스위트홈〉, 〈여신강림〉, 〈좋아하면 울리는〉, 〈나빌레라〉, 〈모범택시〉, 〈이미테이션〉, 〈간 떨어지는 동거〉 등이 그 예입니다. 또한 〈헬바운드; 지옥〉,

〈닥터브레인〉, 〈알고있지만〉, 〈지금 우리 학교는〉, 〈안나라수마나라〉, 〈D.P; D.P 개의 날〉, 〈유미의 세포들〉, 〈무빙〉, 〈고래별〉, 〈상남자〉 등이 현재 드라마나 영화로 상영 중에 있으며 곧 개봉될 예정입니다. 이제 웹툰과 영상은 떼려야 뗄 수 없는 관계가 되었습니다.

사실 하루에도 수 천 편이 쏟아지는 웹툰을 한정된 국내의 독자들을 가지고서는 부가가치를 만들어 내기 쉽지 않습니다. 그래서 무던히도 관련 회사들이 글로벌을 지향하고 해외로 진출하는 것입니다. 동남아에 이어 북미, 유럽, 중국은 물론 만화의 종주국인 일본에도 우리의 웹툰이 진출하고 있고, 점점 그 시장의 톱(Top)이 되어가고 있습니다. [카카오페이지]에서 만든 일본 웹툰 플랫폼 [픽코마]가 일본 시장에서 1위를 차지하였고, [네이버웹툰]은 아예 본사를 미국으로 이전해서 웹툰으로 전 세계 독자들을 사로잡을 거창한 계획을 세우고 있습니다.

결론적으로 앞으로 웹툰산업의 미래는 창창하다고 할 수 있습니다. 웹툰은 연극, 영화, 드라마, 뮤지컬 등 OSMU의 원천 IP가 되었고, 글로벌 시장까지 활발하게 진출하고 있습니다. 대형 플랫폼은 물론 영화, 드라마 제작사, 콘텐츠회사, 투자회사, 게임회사 등 대기업의 투자금이 쏟아지고 있습니다.

이런 웹툰산업의 역군으로 일하게 될 '웹툰PD'란 직종이 전도유망한 이유입니다. 현재 많은 웹툰 업체들이 승승장구하고 있으며, 앞으로도 점점 많은 웹툰 관련 업체들이 생겨날 것이고, 성장할 것입니다. 그래서 그 원동력이 될 웹툰PD들에 대한 수요도 늘어날 수밖에 없습니다. 그런데 정작 웹툰PD가 뭐하는 직업인지, 무슨 일을 하는지, 어떻게 해야 웹툰PD가 될 수 있는지, 무엇을 준비해야 하는지 제대로 아는 사람이 드문 것 같습니다. 신생 직업이다 보니 인터넷에 떠도는 어중간한 정보 외에 관련 자료도 거의 없습니다. 그래서 필자는 25년간 만화와 웹툰 관련 기업에 종사하면서 축적된 웹툰 기획의 노하우와 웹툰PD의 실무 노하우, 그리고 지금까지 한양대학교 문화콘텐츠학과와 추계재담 웹툰 기획 과정에서 강의하면서 다수의 웹툰PD들을 배출한 노하우를 정리할 필요가 있다고 생각했습니다. 그래서 3년여 기획 과정을 거쳐 이 책을 출간하게 되었습니다.

웹툰에 관심이 있는 분들과 웹툰PD가 되고 싶은 후배들과 제자들에게 이 책이 많은 도움이 되었으면 좋겠습니다.

저자 정영훈

이 책의 구성

1 웹툰 기본 상식&트렌드
(1장-2장)

웹툰과 만화의 차이점 알기

웹툰이란 무엇인지와 웹툰의 특징을 알아보고, 웹툰과 만화의 차이점을 알아봅니다.

....

최근 변화하는 웹툰 시장의 트렌드 알기

글로벌로 뻗어 나가는 웹툰 시장을 알아보고 웹소설을 웹툰으로 구성하는 노블코믹스에 대해 알아봅니다.

2 웹툰PD의 역할
(3장-4장)

웹툰PD가 하는 일 소개

작품 기획부터 작가 섭외, 작품 선정 및 관리, 작가 관리 그리고 프로모션, 라이선스 관리, 해외수출입 관리까지 웹툰PD가 하는 일을 소개합니다.

....

영역별 PD가 하는 일 소개

플랫폼 웹툰PD, 에이전시 웹툰PD, 제작스튜디오PD가 하는 일을 소개합니다.

3 웹툰PD의 자질이란?
(5장)

웹툰PD의 자질과 능력 알아보기

웹툰PD가 갖춰야 할 자질과 해서는 안 되는 일, 웹툰PD가 갖춰야 할 능력을 소개하고 계약서 보는 법과 저작권을 이해합니다.

4 웹툰 기획하기
(6장)

시놉시스 만들어보기

아이템 발굴 ▶ 로그라인 만들기 ▶ 주제 정하기 ▶ 기획의도 정하기 ▶ 줄거리 정하기 ▶ 등장인물 정하기&관계 설정 ▶ 장르 정하기를 알아봅니다.

5 대박 웹툰 공식 따라잡기
(7장)

핵심 요소 알아보기

트렌드를 반영했고, 탄탄한 구조, 정확한 장르 설정, 공감과 공포를 활용하고, 등장인물을 제대로 세웠는지 등을 살펴봅니다.

6 창의적인 웹툰 만들기
(8장)

구체적인 과정 알아보기

창의력이란 무엇인지와 미래 예측을 해보고, 창의력의 3단 법칙을 알아보고, 웹툰에 적용해봅니다.

7 포트폴리오 만들기
(9장)

취업을 위한 포트폴리오 만들기

자기소개부터 입사 희망업체의 분석 및 작품 분석, 자신의 기획 웹툰 소개와 작품 기획안 등을 실제 예시를 살펴보면서 만들어 봅니다.

8 웹툰PD로 취업하기
(10장)

웹툰 관련 정보 알아보기

웹툰PD 구인 정보를 찾는 방법과 내게 맞는 회사를 찾는 방법을 소개합니다. 웹툰 관련 단체 및 기관들도 알아봅니다.

목차

목차

7장   웹툰 실전 프로젝트 – 대박 웹툰의 공식 파악하기   194

1장

웹툰 기본 상식

001

웹툰이란?

웹툰(Webtoon)은 영어로 Web과 Cartoon의 합성어이다. 우리나라에서 만들어진 콩글리시인데 이제는 '한국만화'를 상징하는 세계적인 공용어가 되었다. 웹툰은 이제 K-comics를 대표하는 이름이 되었고, 글로벌 시대의 최전선에서 한류를 알리는 전령이 되고 있다.

만화는 영어로 '코믹스(Comics)'이다. 코믹스가 잡지와 책에 알맞은 형식의 만화 콘텐츠라면 웹툰은 PC와 모바일에 적합한 형식의 만화 콘텐츠라 할 수 있다. 제작 방식도 확연히 다르다. 출판만화는 종이에 연필로 밑그림을 그리고 펜으로 선 작업을 한 후 먹칠을 하고 스크린톤을 붙이거나 물감이나 마카로 채색해 완성한다. 이와 달리 웹툰은 PC나 태블릿에 바로 그려낸다. 출판만화는 인쇄 과정을 거쳐서 잡지나 단행본으로 나오지만, 웹툰은 태블릿에서 그린 이미지 파일 그대로 자신의 블로그나 홈페이지에 올린다. 또는 연재 플랫폼에 전송하거나 직접 업로드한다. 이처럼 제작 방식도 다르고 독자에게 전달되는 방식도 다르다. 그래서 웹툰은 출판만화와는 태생이 다르다고 주장하는 사람도 더러 있다.

그러나 웹툰과 출판만화를 콘텐츠라는 큰 틀에서 보면 이야기는 달라진다. 맥주를 예로 들어 보자. 맥주를 캔에 담으면 캔맥주가 되고, 병에 담으면 병맥주가 된다. 형식이 달라져 이름이 바뀌었지만, 내용물이 바뀐 것은 아니다. 만화라는 콘텐츠를 단행본에 맞춰서 그린 것이 출판만화이고, 디지털기기에 맞춰서 구현한 것이 웹툰이다. 이름만 다를 뿐 '이야기와 그림의 결합으로 만들어진 내용물'이라는 사실에는 변함이 없다.

웹툰의 특징

웹툰의 대표적 특징은 '스크롤 연출(세로보기)', '컬러', '주간 연재', '무료보기', '다양한 장르', '형식의 파괴'라 할 수 있다. 2000년, 포털사이트 [다음]에 연재한 강풀 작가의 〈순정만화〉를 통해 본격적인 웹툰의 역사가 시작되었다. 웹툰은 초창기 대형 포털 플랫폼의 트래픽을 높여주는 수단으로 사용되었다고 해도 과언이 아니다. 당시 대형 포털 플랫폼에서는 웹툰을 비즈니스 모델로 접근하지는 않았던 것으로 보인다. 구색을 맞추면서 10~20대 네티즌을 끌어들일 미끼상품으로 활용하려 했던 것 같다.

당시에도 이미 인터넷 만화나 온라인 만화가 어느 정도 자리를 잡고 있었다. PC가 대량 보급되면서 많은 청소년이 만화를 PC로 보기 시작했다. 그로 인해 만화 단행본 판매가 현격히 줄어들자 출판사에서는 새로운 매출 창출의 일환으로 앞다투어 만화 단행본을 스캔한 후 인터넷에 올려 유료화하였다.

그러나 출판사들의 초기 인터넷 보안기술은 허술하기 짝이 없었고, 네티즌을 따라잡지 못했다. 스캔 만화는 대부분 해킹으로 유출되었고, 마치 무료 만화처럼 인터넷상에 떠돌게 되었다. 불법 스캔 만화 범람의 시작이었다. 그나마 위로가 되는 것은 이를 계기로 인터넷 만화 수요층이 일정 정도 늘었다는 것이다.

그러나 웹툰은 인터넷 만화와는 출생의 근원이 다르다. 웹툰은 오프라인 제작 과정을 거치지 않고 바로 인터넷에 올린 순수 디지털 만화다. 어느 작가의 문하나 계열을 거치지도 않았고, 일본만화의 영향도 거의 받지 않았으며, 편집자의 입김도 거치지 않은, 형식과 내용면에서 오롯이 새로운 장르가 탄생한 것이다. 그리고 인터넷 발전에 맞춰 지난 몇 년간 꽃봉오리를 피우더니, 모바일 환경이 구축된 현재 꽃망울을 터트리며 만개하고 있다. 조만간 세상천지가 꽃들로 뒤덮일 것으로 예상된다.

현재 대한민국에서는 누구나 웹툰작가가 될 수 있다. 웹툰은 태블릿만 구입하면(휴대폰으로도 제작 가능), 누구나(성별, 연령, 학력 불문) 만들 수 있으며, 어떠한 형식에도 구애받지 않고, 어떠한 주제라도 다룰 수 있는, 전 국민에게 평등하게 열려 있는 경연의 장이자 축제의 장이 되었다. 그래서인지 현재 대한민국에서는 유료 웹툰부터 무료 웹툰, 아마추어 웹툰까지 하루에도 수천 편의 웹툰이 쏟아지고 있다.

만화와 웹툰의 차이

강풀 작가의 등장은 한국만화의 새로운 분기점이라 해도 무방하다. 강풀 작가의 등장은 '창조'와 '파괴'를 동시에 가져왔다. 강풀 작가가 선보인 것은 그림체는 조금 어설프지만 스토리가 탄탄한 세로보기 형식의 장편 컬러만화였다. 포털사이트 [다음]에 무료로 연재된 〈순정만화〉를 접한 네티즌은 열광했다. 하지만 기존의 만화 관계자들은 냉소적이었고, 냉랭한 평가를 내놓았다.

강풀 만화의 의미를 먼저 '창조'의 측면에서 보면, '웹툰'이라는 새로운 프레임을 탄생시켰다는 것이다. 강풀은 PC상에서 마우스를 스크롤 해 화면을 내리면서 보는 형식을 적용했고, 만화에 컬러를 장착했다. 이 두 가지 특징은 PC에 가장 적확한 만화 구현 방식으로 받아들여졌고, 현재 대부분의 웹툰은 이러한 방식으로 만들어진다.

그전까지의 만화는 페이지로 넘겨보는 방식(페이지뷰, 가로보기)이었다. 단행본이 그랬고 인터넷 만화(온라인 만화)가 그랬다. 인터넷 만화는 만화책의 페이지를 넘기는 방식과 똑같이 PC에서 볼 수 있는 뷰어를 개발하여 서비스되었다. 이 방식은 지금도 [네이버 시리즈]나 [미스터블루] 등의 플랫폼에서 서비스되고 있다. 이런 기존의 가로보기 형식이 세로보기로 바뀐 것은 만화계에서는 콜럼버스의 신대륙 발견이나 산업혁명을 이끈 제임스 와트의 증기기관 발명에 비견할 수 있는 혁신이다. 완전히 새로운 프레임이 탄생한 것이다.

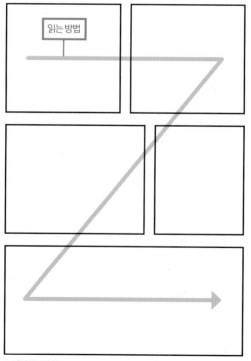

▲ 페이지뷰 방식

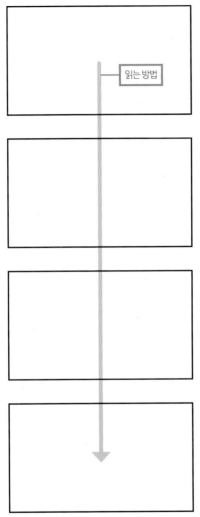

읽는 방법

▲ 스크롤 방식

    컬러를 입힌 것 또한 독자를 만화에서 웹툰으로 이동시키
는 기폭제 역할을 하였다. PC와 함께 포토샵이나 일러스트레
이터 등의 채색 및 디자인 프로그램이 대중적으로 보급되었

고, 전공자가 아니어도 PC에서 누구나 컬러를 구현할 수 있게 되었다. 프로그램 버전이 업그레이드될수록 컬러의 질은 높아지고 좋아졌다.

출판만화에서도 컬러 구현을 시도했지만 만화잡지나 단행본의 일부 페이지를 할애하는 정도에 그쳤다. 이유는 컬러로 제작하려면 재료비, 인쇄비, 용지비 등이 모두 비쌌기 때문이었다. 컬러만화를 제작하려면 수채화나 유화, 마카를 주로 사용했는데, 특히 수채화나 유화는 전공자가 아니면 쉽게 구현하기 어려웠다. 원고당 채색료도 비쌌고 4도 이상으로 인쇄해야 했기에 제작비도 비쌌다. 또 인쇄된 물감이 번지지 않도록 아트지 계열의 고급 용지를 사용해야 했다. 컬러만화를 출간해서 수익을 내기란 여간해서는 쉽지 않아 출판사에서 출판하기를 꺼렸다.

그러나 PC의 발전과 함께 포토샵이나 일러스트레이터와 같은 고급 디자인 프로그램들이 고도화되기 시작했고, 전공자뿐만 아니라 일반인도 쉽게 다룰 수 있게 되었다. 그러면서 제작비용은 낮아졌고, 프로그램을 다룰 수 있는 인재가 많아졌다. 그런 상황에서 강풀 작가의 컬러 웹툰 시도는 본격적인 컬러만화 시대의 물꼬를 트는 역할을 했다. 미술 분야와 거리가 먼 국문학과 출신인 강풀 작가가 직접 채색을 했지만 스토리 전달에 아무런 걸림돌이 되지 않았다. 오히려 그림체에 어울리는 색감이라는 독자의 호평이 이어졌다.

강풀의 웹툰은 또 많은 것을 '파괴'하였다. 가장 먼저 눈에 띄는 것은 컷과 컷을 이어주던 네모 칸의 파괴였다. 강풀의 웹툰을 처음 보면 마치 등장인물들이 화면에 둥둥 떠 있는 것처럼 보인다. 웹툰 이전 세대에게 만화란 네모 칸에서 네모 칸으로 연결되는 이야기였는데, 그것은 고정관념이었다. 강풀의 만화를 보면 네모 칸이 없어도 이야기의 흐름에 전혀 지장이 없다. 그로 인해 네모 칸이라는 것이 틀에 박힌 형식에 불과하며 만화의 재미를 느끼는 것에 아무런 영향을 미치지 못한다는 것을 깨닫게 된다. 한국만화는 강풀로 인해 비로소 형식의 파괴가 이루어졌고, 그것은 새로운 창조를 불러일으키는 계기가 되었다.

• 포털에서 '강풀 만화' 검색 바람. 웹툰 〈순정만화〉 등 다수 강풀 만화 정주행 추천!

만화를 그리는 도구에서도 파괴가 이루어졌다. 기존의 만화는 종이, 연필, 펜, 잉크, 스크린톤으로 만들어졌다. 만화원고지라는 종이에 연필로 콘티를 잡고 밑그림을 그린 후에 펜으로 선을 그리고 잉크로 먹칠을 했다. 마지막으로 지우개질을 한 후 스크린톤을 붙여서 효과를 냈다. 공정이 이렇게 복잡하다 보니 혼자서 작업하는 게 힘들었다. 그래서 만화가 화실에는 꼭 문하생(스승의 문하에서 가르침을 받는 제자)이 있었다. 문하생은 작가의 작업을 보조하면서 만화를 배웠다. 배우는 입장이라 월급도 없이 먹칠, 지우개질과 같은 뒤처리나 잡일을 도맡아 했다. 지금의 눈으로 보기에는 불공정한 일이지만 당시에는 흔한 모습이었다. 대부분의 만화가가 문하생에서 배출되었기 때문이다. 작가 등단을 위해서라면 힘든 문하생 생활을 참아내는 것이 일반적이었다. 문하생은 스승의 화풍을 자연스럽게 습득했고, 비슷한 그림체의 작품들이 이어서 나왔다. 작화의 전통을 잇는다는 면에서는 장점이었고, 작화의 아류라는 면에서는 단점이었다.

강풀 작가는 이 모든 제작 과정을 디지털화했다. 태블릿으로 만화 작업을 함으로써 기존의 만화 도구를 파괴해버린 것이다. 이미 이 시기에는 많은 작가가 작업을 디지털화하기 시작했고, 디지털로 변해가는 과정이었다. 그러나 스크린톤으로 작업하던 단색의 흑백만화를 100% 컬러만화로 전환한 것은 획기적인 발상이자 '코페르니쿠스적 전환(1543년 신부였던 코페르니쿠스가 당시 일반적이던 천동설을 깨고 지동설을 주장해 일대 패러다임의 전환을 가져온 사건)'이었다.

태블릿 작업은 먹칠, 지우개질, 스크린톤 작업과 같은 번거로운 일들을 순식간에 처리해버렸다. 모든 게 클릭 한 번으로 해결되었다. 프로그램에 익숙해지면서 잡일의 처리 속도는 더욱 빨라졌다. 작가 혼자 오롯이 마감할 수 있었고, 문하생도 필요 없어졌다. 작가의 화풍이 단절되는 단점도 있지만, 다양한 화풍이 자라날 수 있는 장점이기도 했다. 현재 웹툰 세대에서는 누구의 화풍을 따라 그리거나 흉내를 내어서는 곤란하다.

바로 표절 시비가 붙기 때문이다. 자신만의 독창적인 화풍만이 인정받는 시대가 된 것이다.

강풀의 만화에서는 '편집자의 자리'도 파괴되었다. 기존의 시스템이었다면 만화는 편집자를 통해 이런저런 수정을 거친 다음 활자화되어 세상에 나왔을 것이다. 그러나 강풀을 비롯한 웹툰작가들은 플랫폼에 파일을 전달하거나 직접 업로드하는 새로운 방식으로 만화 연재를 시작했다. 편집자의 자리가 필요 없어진 것이다. 웹툰작가는 독자와 직접 맞닿게 되었다. 당시 편집자는 최초의 독자로서 작가의 작품을 감상한 후 피드백을 하고 방향을 잡아주며 그림의 오류나 오탈자를 바로잡는 등의 역할을 했다. 가장 중요한 역할은 스토리와 작화의 방향성을 잡아주며 작품이 대중성과 상업성을 유지하도록 관리하는 것이다. 작가 혼자 작업을 하다 보면 어느 순간 대중성을 떠나 본인만의 세상으로 흘러갈 때가 있다. 작품이 난해하고 모호해지는 것인데, 이런 현상을 '작가주의에 빠진다'고 한다. 작품이 엉뚱한 방향으로 흐르면 '작품이 산으로 간다'라고도 하는데 그때부터 독자가 떨어져나가게 된다. 편집자는 그런 오류를 미연에 점검하고 방지하는 역할을 하는 것이다.

편집자의 자리가 사라진 이후 그 자리를 웹툰 플랫폼의 댓글이 대신하는 경우도 있다. 댓글은 작품의 진행 방향에 엄청난 영향을 발휘한다. 작품에 좋은 영향을 주는 댓글도 많지만,

악의적인 댓글도 많아서 작가를 혼란에 빠지게 하거나 심하면 중간에 연재를 포기하게도 한다. 이제 웹툰의 시대가 본격화되고 데뷔의 문턱이 낮아지면서 많은 신인이 공모전이나 투고를 통해서 웹툰을 연재할 수 있게 되었다. 그럴수록 자기중심을 가지고 연재에 임해야 한다. 일일이 댓글에 영향을 받으면 작가 자신만 손해를 입게 됨을 명심해야 한다.

다행스러운 것은 예전 편집자의 역할을 요즘엔 웹툰PD가 담당한다는 것이다. 플랫폼이나 에이전시 또는 제작스튜디오의 웹툰PD는 작품 기획부터 작가 섭외와 작가 관리까지 예전의 만화 편집자가 했던 역할을 현재 웹툰 시대에 맞게 하고 있다.

이처럼 강풀의 등장을 기점으로 우리 만화계에는 본격적인 웹툰 시대가 펼쳐졌고, 웹툰은 현재 엄청난 부가가치를 낳는 산업으로 도약하고 있다. 또한, [다음웹툰]에서 시작된 '웹툰'은 [네이버웹툰]에서 꽃을 피워 지금은 [카카오페이지], [레진코믹스], [봄툰], [탑툰], [투믹스], [미스터블루], [원스토어], [저스툰] 등 수많은 플랫폼의 탄생에 힘입어 전성기를 향해 가고 있다.

▲ 웹툰이 대중화되면서 많은 웹툰 플랫폼이 등장하고 있다.

최근 변화하는
웹툰 시장 트렌드

001

지적재산권(IP) 확보가 중요해진 웹툰 시장

미국의 코믹스 회사 [마블]이 보유한 슈퍼히어로 캐릭터인 아이언맨, 캡틴아메리카, 헐크, 스파이더맨 등이 등장하는 여러 작품이 세계적으로 인기를 끌면서 많은 웹툰 회사가 자사 지적재산권(IP) 확보를 중요한 과제로 삼게 되었다. 자사 지적재산권(IP)을 확보한 [마블]은 특별한 제약없이 다양한 버전의 창작물을 제작하고, 공격적인 행보로 전 세계 콘텐츠 시장을 좌지우지하고 있기 때문이다.

지적재산권, 즉 IP(Intellectual Property)는 우리가 잘 아는 '작품의 저작권'으로 창작자의 권리이자 몫이다. 그런데 요즘 웹툰 환경이 많이 달라지고 있다. 대규모 자본이 투입되고 있고, 제작 과정도 전문화·세분화·분업화되고 있다. 만화의 경우 예전에는 대개 작가가 100% 작업을 하고 저작권도 작가가 100% 가졌다. 간혹 편집자가 기획과 스토리 작성을 돕기도 했지만 편집자의 역할은 거의 반영되지 않았다.

그러나 요즘 웹툰 창작 시스템은 상황이 다르다. 작가 혼자 기획하고 작업해서 플랫폼에 직접 연재한다면 저작권 전부를 주장할 수 있지만, 에이전시나 스튜디오에서 기획해서 만들어진 웹툰은 역할에 따라 지분을 나누는 추세다.

요즘은 스튜디오에서 작가를 직원으로 뽑아서 작품을 만들기도 한다. 작가가 회사 직원으로 월급을 받으면서 업무 중에 작업한 작품은 오롯이 회사의 IP가 된다. 옛날의 공장제 제작 시스템과 비슷하다고 할 수 있는데, 공장제 만화 제작 시스템이 저질의 만화를 양산해서 만화 발전을 저해했던 것과 달리 현재의 스튜디오 제작 시스템은 웹툰 시대에 맞게 분업화 · 전문화하여 보다 질 좋은 작품을 빠른 시간 내에 제작하는 게 목표라 할 수 있다.

[마블]의 경우처럼 우수한 자사 IP를 확보한 회사들은 IP를 활용해 시리즈를 확대하는 등 작품의 영역을 넓힐 수 있다. 또한 그것을 기반으로 드라마, 영화 등 OSMU(One Source Multi-Use)와 해외수출에 신속하게 대응함으로써 부가가치를 극대화할 수 있을 것이다.

OSMU가 기본이 된 웹툰 시장

재미있는 이야기가 웹툰이나 웹소설로 나오면 옛날처럼 하나의 매체에 오래 머물지 않고 빠르게 OSMU 작업을 시작하는 게 요즘 추세다. 웹툰 원작을 바탕으로 드라마나 영화로 영상화되거나 연극이나 뮤지컬로 상연하기도 한다. 또 단행본으로 출판하거나 게임으로 출시하기도 하고, 캐릭터나 굿즈 상품으로도 만든다.

OSMU는 두 가지 목적이 있다. 첫째는 히트 작품이 나오면 활발히 OSMU를 함으로써 그 작품의 외연을 최대한 확장하는 것이다. 예를 들어 웹툰이 히트하면 그 인기를 등에 업고 관련 제품을 빨리 만들어 매출을 확대한다. 만약 웹툰에서 10억 원의 매출을 올렸다면 웹툰으로 끝내기엔 아쉬움이 있다. 그런데 드라마에서 100억 원, 영화에서 100억 원, 게임에서 50억 원, 연극에서 10억 원, 뮤지컬에서 10억 원, 단행본에서 10억 원, 캐릭터에서 10억 원, 굿즈에서 10억 원의 매출을 올린다고 가정하면 웹툰으로 벌어들인 10억 원의 매출 외에 OSMU로 거둔 매출액이 300억 원이므로 30배의 부가가치가 창출된다. 그래서 많은 제작사에서 히트한 원작 판권을 구입해 2차 저작물로 만들려고 하는 것이다. 그만큼 파괴력이 커지기 때문이다.

웹툰 원작이 히트하면 여러 제작사에서 연락이 온다. 2차 저작권을 확보하려는 것이다. 드라마·영화 제작사, 출판사, 캐릭터 회사 등에서 개별적으로 연락이 오기도 하고 큰 회사에서 통합 또는 패키지로 계약하자는 제안이 오기도 한다. 이때 웹툰PD는 제작사의 실체와 재무구조, 건전성 등을 확인하고, 계약서도 꼼꼼하게 살펴본 후 계약을 진행해야 한다.

OSMU의 또 다른 목적은 가능성이 높은 웹툰 원작을 확실하게 띄우는 것이다. 예를 들어 어느 정도 인기는 있으나 초대박이 되기에 2% 정도 부족한 웹툰이 있다면 OSMU를 활용해 먼저 분위기를 띄울 수 있다. 큰불을 만들기 위한 불쏘시개 역할이라고 보면 된다.

드라마나 영화를 계약했다는 소식으로 분위기가 오르면 웹툰 원작의 인기가 가파르게 상승할 수 있다. 단행본을 발간하거나 굿즈를 제작한 후 프로모션을 통해서 분위기를 띄울 수도 있다. 그래서 웹툰작가들은 자기 작품이 영화나 드라마로 만들어지기를 학수고대하고 OSMU를 잘 하는 웹툰에이전시나 플랫폼, CP사와 계약하기를 원한다. 작가들은 서로 정보를 공유하는 경우가 많기 때문에 그런 회사는 빠르게 입소문이 날 것이고, 작가들이 몰려들어 회사의 인지도도 금방 높아질 것이다.

세계로 뻗어 나가는
웹툰 시장

[네이버웹툰]은 미국에 본사를 설립하고 본격적으로 웹툰의 세계 진출을 시작했다. 이에 질세라 [카카오]도 북미시장 진출에 돌입했다. 두 회사는 국내에서의 경쟁도 모자라 글로벌 시장에서도 한 치의 양보 없는 각축전을 벌이고 있다.

북미에서는 [네이버웹툰]이 시장을 발 빠르게 점령하고 있다. 전 세계 월 이용자 7,200만 명을 돌파한 자체 웹툰 플랫폼으로 북미 시장에서 1위를 차지한 것이다. 그리고 2021년 1월에는 세계 최대 규모 웹소설 플랫폼 [왓패드]를 6,500억 원에 인수했다. [왓패드]는 9,000만 명이 한 달에 230억 분씩 이용하는 웹소설 플랫폼이다. 또 다른 웹툰 플랫폼 [태피툰]에도 334억 원을 투자해 최대주주(지분율 25%)가 됨으로써 북미 시장을 선점하고 있다.

[카카오]는 콘텐츠 자회사 [카카오엔터테인먼트]를 통해 북미 최초 웹툰 플랫폼 [타파스]를 운영하는 [타파스미디어]의 경영권 인수를 추진하고 있다. 웹소설 플랫폼 [래디쉬]와 함께 북미 콘텐츠 시장을 본격 공략하기 위해서다. [타파스]는 2020년 말 기준 월 이용자 수(MAU) 300만 명을 넘겼고, 작품 8만여 종과 원천 지식재산권 80개를 보유하고 있다.

[네이버]와 [카카오]는 콘텐츠 시장에서 전방위적인 경쟁을 벌이고 있는데, 세계 최대 만화 시장인 일본에서는 후발 주자인 [카카오]가 자회사 [카카오재팬]의 콘텐츠 플랫폼 [픽코마]를 앞세워 일본 웹툰 서비스 부동의 1위였던 [네이버]의 [라인 망가]를 제치고 매출 기준 1위를 차지하기도 했다. 두 플랫폼은 계속해서 엎치락뒤치락 각축전을 벌일 것으로 보인다.

웹툰을 두고 벌어지는 [네이버]와 [카카오]의 치열한 글로벌 경쟁은 웹툰PD 입장에서 반가운 소식이 아닐 수 없다. 두 메이저 회사가 개척하고 확장한 글로벌 시장은 국내 웹툰 업체들이 세계로 진출하기에 더 할 나위 없이 좋은 환경이 된다. 잘 닦인 포장도로가 생기는 것이다. 그들 덕분에 웹툰작가나 웹툰 기획사는 큰 어려움을 겪거나 많은 비용을 들이지 않고도 해외에 작품을 진출시킬 수 있다. 중소 기획사도 해외진출에 전전긍긍할 필요 없이 작품 기획과 제작에만 심혈을 기울이면 된다. 잘 만들어진 루트를 따라서 작품을 해외로 진출시킬 수 있는 좋은 환경이 도래한 것이다.

노블코믹스가 대세라는데?

004

요즘 또 하나의 추세는 웹소설을 웹툰으로 제작하는 것이다. 일명 '노블코믹스'라고 하는 이 방식에는 다양한 장점이 있다. 첫 번째 장점은 웹소설의 높은 인기와 팬층을 활용할 수 있다는 것이다. 많은 팬을 확보한 웹소설을 원작으로 가져오면 웹툰의 성공을 어느 정도 보장받을 수 있다. 인기 웹소설을 웹툰으로 만든다는 소식만으로도 많은 팬이 유료 결제를 대기하고 있다고 해도 과언이 아니다. 또 웹툰이 잘 나와 인기를 얻으면 웹툰 독자가 역으로 웹소설로 유입된다. 이미 웹소설을 읽은 독자가 한 번 더 정독하는 사례도 많다. 웹툰의 성공으로 웹소설의 매출까지 동반 상승하는 것이다. 전형적인 '윈윈 효과'이자 '시너지 효과'이다.

노블코믹스의 두 번째 장점은 작품의 완결성이다. 만화나 웹툰은 처음은 요란하다가 끝이 시들해지는 용두사미(龍頭蛇尾)로 끝나는 경우가 종종 있다. 초반부 몇 편은 압도적으로 재미있다가 연재를 거듭할수록 힘이 빠지는 경우인데, 작가가 스토리와 그림을 동시에 진행하다 보니 시간이 지날수록 체력이 떨어지고 소재가 고갈되기 때문이다. 연재 준비를 하면서 만들어 둔 비축분이 떨어져서 생기는 결과이기도 하고, 작품의 큰 틀을 만들지 않은 채 연재에 급급하다 보니 무리하게 스토리를 끌고 가다 엉뚱한 방향으로 흐르면서 나타나는 결과이기도 하다. 스토리와 그림을 작가 한 사람이 도맡아 진행하기 때문에 생긴 과부하 현상의 결과라고도 할 수 있다.

✛ 라떼는 말이야

노블코믹스의 원조격인 〈군주의 여인〉, 〈권왕무적〉

[서울문화사] 콘텐츠기획팀장으로 있을 때 [카카오페이지]로부터 웹소설을 웹툰화해달라는 제안을 받았다. 당시에는 아주 생소한 제안이었다. 이전에 몇몇 만화가가 재밌게 읽은 무협소설을 작품화해 보고 싶다고 해서 만화로 만든 적은 있었다. 예를 들어 〈해와 달〉로 유명한 권가야 작가는 좌백 작가의 무협소설 〈대도오〉를 본 뒤 그것을 각색해 만화로 만들고 싶다는 의사를 표현했다. 그렇게 태어난 것이 판타지 무협의 대명사인 〈남자 이야기〉다. [영점프]의 폐간으로 완결되지는 못했지만 무협소설 〈대도오〉를 권가야 작가가 철학적으로 다시 해석하고 각색한 〈남자 이야기〉는 새로운 개념의 신무협 만화로 큰 인기를 끌었다.

[서울문화사] 편집부로 제안이 온 작품은 웹소설 〈군주의 여인〉과 고전 무협소설 〈권왕무적〉이었다. 그런데 처음부터 반대가 만만치 않았다. 2015년은 아직 웹소설과 웹툰의 결합이 그렇게 활성화되지 않았고, 노블코믹스란 이름도 없을 때였다. 웹툰은 웹툰작가 고유의 창작물로 인식되고 있었다. 그런데 웹소설을 웹툰으로 만들겠다는 것은 웹툰작가를 완전한 창작자에서 작화만 담당하는 부분적인 존재로 전락시키는 꼴로 보였다. 편집팀원들을 설득하는 것도 쉽지 않았지만, 아무리 좋은 조건을 제시해도 작가들이 선뜻 그 제안을 받아들이려고 하지 않았다. 특히 실력 있고 이름난 작가들은 두말할 것도 없었다.

독연 작가의 웹소설 〈군주의 여인〉은 박다연 신인 작가에게 제안해 승낙을 얻었다. 박다연 작가는 만화가가 되기 위해 꾸준히 [윙크] 편집부를 노크하고 있었고 이 실험적인 시도를 통해 입지를 다지고자 했다. 신인이라 그런지 초반에는 작화에서 조금 미숙한 점이 드러났지만 연재를 거듭할수록 완성도가 높아졌다. 웹툰 〈군주의 여인〉은 [카카오페이지] 시즌1, 2에 100화를 꾸준히 연재하면서 많은 독자의 사랑을 받았다.

초우 작가의 무협소설 〈권왕무적〉은 2004년에 발표된 작품으로, 무협소설 중에서도 고전에 속한다. 주먹질 아홉 번이면 세상에 이기지 못할 자가 없다는 전형적인 먼치킨 작품이다. 이 작품은 [IQ점프]에 몇 번 무협 단편을 발표한 적 있는 김대진 작가를 섭외해 진행했다. 김대진 작가도 〈권왕무적〉을 읽으면서 그 재미에 푹 빠진 터라 작업은 순순히 이뤄졌다.

웹툰 〈권왕무적〉은 250여 화를 연재하고 있으며, 매출면에서도 [서울문화사(서울미디어코믹스)]의 효자상품이 되어있다. 또 이 작품을 계기로 무협 웹툰의 시장이 커지면서 무협소설을 원작으로 하는 웹툰이 꾸준히 제작되고 있다. 〈북검전기〉, 〈천애협로〉, 〈칼집의 아이〉, 〈강호표사〉, 〈신마경천기〉, 〈무당기협〉, 〈장씨세가 호위무사〉, 〈아비무쌍〉 등 좋은 작품이 이어서 나오고 있다.

그런데 웹소설을 원작으로 차용하면 이러한 문제를 해결할 수 있다. 이미 완결된 소설을 원작으로 그리므로 웹툰의 완성도가 보장된다. 그리고 엄청난 분량의 웹소설을 있는 그대로 표현하지 않고 재미와 에피소드 중심으로 압축해서 만드니 원작의 재미를 뛰어넘을 수도 있다.

여기에서 각색자의 역할이 중요하다. 각색이란 웹소설을 완독하고 재해석한 후 불필요한 부분을 삭제하고 웹툰으로 만들 부분을 추려 압축하는 역할이다. 텍스트 위주로 진행되는 부분은 가급적 배제하고 재미있는 에피소드 중심으로 웹소설을 재편하는 작업이다. 시각적인 연출을 극대화하는 것은 기본이자 핵심이다. 다음은 웹소설을 웹툰으로 구성한 예이다.

〈웹소설〉

녀석이 나를 향해 주먹을 날렸다. 나는 반사적으로 그것을 피하고 오른발로 녀석의 옆구리를 걷어찼다. 녀석이 숨소리 한 번 내지 못하고 바닥에 거꾸러졌다.

〈웹툰〉

	그림	대사 또는 의성어 · 의태어
1컷	악당이 주먹을 날리는 장면	"내 주먹을 받아라!"
2컷	주인공의 눈이 번쩍이는 장면	번쩍!
3컷	악당의 큰 주먹이 얼굴로 날아오는 장면	휙!
4컷	반사적으로 얼굴을 돌려 주먹을 피하는 장면	쉬익!
5컷	헛주먹질에 당황하는 악당	"어랍쇼! 이 자식 봐라!!"
6컷	주인공의 오른발이 치켜 올려지는 장면	부웅!
7컷	주인공의 오른발이 상대의 옆구리를 강하게 가격하는 장면	퍽!
8컷	악당의 눈이 튀어나올 만큼 고통으로 일그러지는 장면	"컥!"
9컷	악당이 옆구리를 움켜쥐며 바닥에 거꾸러지는 장면	털썩!

　이처럼 웹소설에서 두 문장으로 표현한 것을 웹툰에서는 9컷으로 각색할 수 있다. 한눈에 봐도 시각적으로 바뀐 것을 알 수 있다. 가장 다이내믹한 액션으로 표현할 때 웹툰의 재미는 배가 된다. 이것이 각색의 묘미다. 그래서인지 요즘 잘나가는 웬만한 작품에는 다음 예시와 같이 거의 각색자가 표시되어 있다.

　웹툰 〈나 혼자만 레벨업〉 만화/장성락, 각색/기소령, 원작/추공

　웹툰 〈전지적 독자 시점〉 그림/슬리피-C, 각색/UMI, 원작/싱숑

　웹툰 〈재혼황후〉 그림/숨풀, 글(원작)/알파타르트, 각색/히어리

각색자가 원작 소설을 어떻게 요리하느냐에 따라서 웹툰의 맛이 달라진다. 전문 셰프와 아마추어 요리사의 손맛이 다르듯이 앞으로 전문 각색자의 역할은 점점 커질 것이고, 각색은 이제 웹툰 제작에 빠져서는 안 되는 중요한 요소가 될 것이다. 스토리작가나 작화가 이상의 중요한 직업군이 될 것이고, 실제로 현재 급부상하고 있다. 요즘은 각색자에게도 창작자의 권리인 저작권 지분이 주어지고 있다고 한다.

노블코믹스 작품은 드라마성이 강해 유료 결제율이 높고, 드라마나 영화, 게임 같은 OSMU로 이어지는 사례가 많다. 개인보다는 팀 차원으로 제작하는 경우가 많고, 초기 투자도 많이 들어간다. 웹툰이 점점 고도화·전문화되고 있다는 증거이다.

먼저 원작 웹소설 〈법보다 주먹〉을 살펴보자.

..................(중략)

"좋아! 1번!"

나는 핸드폰에서 1번을 꼭 눌렀다.
－인생을 리셋하시는 것을 선택하셨습니다. 5, 4, 3, 2, 1! 리셋!

"아주 지랄을 한다."

우르르르 콰콰쾅!
그때 미세하게 떨리던 아스팔트가 한순간에 쑥 꺼졌다.

"아아악!"

말로만 듣던 싱크홀이다. 뉴스에서 556미터짜리 빌딩 주변에서 큰 사고가 날 수도 있다고 했는데 그 사고를 내가 당하고 있는 것이다.

"아아아악!"

발에 디딜 것이 아무것도 없어서인지, 절로 거친 비명을 질렀다. 하지만 내 몸은 마치 천 길 낭떠러지로 떨어지는 것처럼 계속해서 떨어질 뿐이었다.

"씨바아아알!"

깡으로 지금까지 버틴 나인데 이렇게 허망하게 죽는구나 하는 생각이 들었다.

ⓒ 백범(白帆), 〈법보다 주먹〉. 제공: [에필로그]

각색자는 웹소설을 글 콘티 ➡ 그림 콘티로 구성한다.

〈92컷〉

(마치 죽기 전에 헛것이 보이는 줄 착각)

박동철 : 지랄을 한다, 지랄을 해. 크크큭!

〈93컷〉

(갑자기 박동철이 누워있는 자리가 새까맣게 변한다.)

〈94컷〉

(그리고 거대한 씽크홀처럼 그 자리에서 쑥 빠진다.)

박동철 : 헉! 뭐야?!

〈95컷〉

(갑자기 머리부터 땅으로 떨어지는 박동철)

박동철 : 아악!

그림 콘티

글 콘티

▲ ⓒ 각바치(제공: [에필로그])

다음으로 콘티를 보고 작화가가 그림을 그리는 것이다.

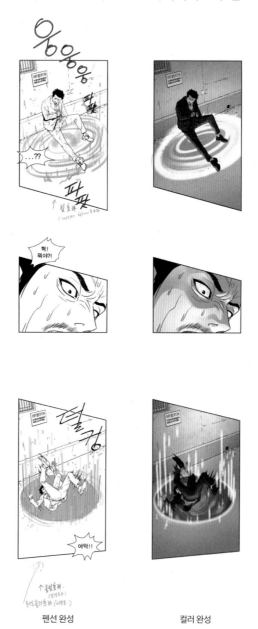

펜선 완성 　　　　　 컬러 완성

▲ ⓒ 최명수(제공 : [에필로그])

그럼 노블코믹스만 살아남고, 창작 웹툰은 사라지게 되냐고 반문할지 모른다. 그렇지는 않다. 노블코믹스는 주로 기획사나 에이전시 또는 CP사에서 전문적으로 만들어질 가능성이 높다. 하지만 플랫폼에는 다양한 웹툰이 존재해야 하고, 다양한 장르의 작품이 골고루 있어야 폭넓은 독자층을 확보할 수 있다. 그렇기 때문에 일상, 개그, 병맛, 힐링, 공감 웹툰도 꾸준히 만들어질 것이다. 이런 장르의 작품은 그림과 채색이 단순한 편이고 작가 혼자서 충분히 연재할 수 있다. [네이버웹툰]에 연재되는 자까 작가의 〈독립일기〉처럼 특유의 공감대와 뛰어난 개그 감각, 개성 만점 그림체로 꾸준히 독자의 사랑을 받을 것이다.

3장

웹툰PD의 업무와 역할

웹툰PD가 하는 일

웹툰이 생기면서 웹툰과 관련된 많은 회사가 만들어졌다. 조금 과장해서 말하자면 자고 일어나면 하나씩 생겨날 정도다. [네이버]나 [다음] 같은 대형 포털 플랫폼에 웹툰 카테고리가 생겨서 기지개를 켜던 게 엊그제 같은데, [네이버]에서 [네이버웹툰]이 따로 독립해서 자회사가 되더니 2020년에는 아예 [네이버웹툰] 본사를 미국에 설립하였다. 웹툰으로 전 세계의 독자를 사로잡을 거창한 계획을 내세우면서 말이다.

웹툰 시장이 나날이 커지고 있다. 2020년에는 시장 규모 1조 원을 넘어섰다. KT경제경영연구소에서 밝힌 자료에 따르면 2013년 1,500억 원에서 2015년 2,950억 원으로 추정되던 웹툰 시장이 다양한 웹툰 회사의 등장과 [네이버웹툰], [카카오페이지]의 해외수출 호조에 힘입어 2020년에 1조 원을 능가한 것이다. 7년 새 10배 이상 늘어난 수치다.

필자는 이 속도가 더욱 가파르게 빨라져 몇 년 내 10조 원에 육박할 것으로 예상한다. 그리고 그와 관련된 웹소설, 영상, 게임, 엔터, 글로벌 분야까지 포함한다면 시장규모는 100조 원대로 확장될 것이라고 확신한다. 그러나 추세를 낙관적으로만 봐서는 안 된다. 이 시장을 이끌어가려면 우수한 인재가 꾸준히 유입되어야 한다.

웹툰PD는 웹툰산업의 최일선에서 활약해야 하는 사람들이다. 이전에 없던 직업군이라 현재 업무 영역이 특정되지는 않았다. 그리고 회사마다 사정에 맞게 웹툰PD의 업무와 역할이 정해져 있을 것이다. 다음은 필자가 경험을 통해서 본 웹툰PD의 '핵심적인 역할'을 정리한 것이다.

[웹툰PD의 업무와 역할]

① 작품 기획

② 작가 섭외

③ 작품 선정

④ 작품 관리(연재 및 완결)

⑤ 작가 관리(매니지먼트)

⑥ 작품 판매(세일 또는 리세일)

⑦ 작품 프로모션

⑧ 라이선스 관리(연극, 영화, 드라마, 출판, 게임 등 2차 저작권)

⑨ 작품 해외수출입 관리

⑩ 거래처 관리

그럼 각 항목에 대해 자세히 살펴보자.

작품 기획

작품 기획은 작가가 해 오는 게 아니냐고 물을지 모른다. 옛날에는 그랬다. 작가가 작품을 기획해 샘플 원고를 가져오는 경우가 많았다. 그러나 지금의 웹툰PD는 그것을 주는 대로 넙죽 받는 사람이 되어서는 안 된다. 손끝 하나 댈 필요 없는 완벽한 작품이면 그래도 되겠지만 대부분은 그렇지가 않다. 웹툰PD는 작품의 어디가 부족하고 어떤 점이 허술한지 파악할 수 있어야 한다. 기획과 설정은 참신한지, 대중성과 상업성은 있는지, 작화는 어울리는지 등을 면밀히 검토할 줄 알아야 한다.

작가의 기획이 약하면 웹툰PD는 진행을 일단 중단시키고 더 새롭고 참신한 기획이 나올 때까지 작가와 머리를 맞대고 고민해야 한다. 특히 다른 작품과 기획이 중복되거나 유사할 경우를 잘 살펴서 표절 시비가 붙지 않도록 조심해야 한다. 표절이 아니더라도 기존 작품과 차별점이 없다고 판단되면 과감히 작품을 접는 결정도 해야 한다. 독자들은 어디서 본 듯한 아류작에 소중한 시간을 투자할 만큼 한가하지 않기 때문이다.

작가의 기획이 어느 정도 가능성이 있다고 판단되면 웹툰PD는 작가와 머리를 맞대어 차별적이고 독보적인 기획물로 전환시켜야 한다. 작품 기획에 대해서는 다음 장에서 본격적으로 다루겠지만 웹툰PD는 작가가 가져온 원석을 세상 어디에서도 본 적 없는 아름답고 찬란한 보석으로 탈바꿈시켜야 한다.

기획력은 웹툰PD가 기본적으로 갖춰야 할 자질이다. 그래야 공모전이나 심사에서 괜찮은 작품을 선정할 수 있고, 신인을 키울 수 있으며, 작가의 기획을 다듬어 줄 수 있고, 좋은 기획을 히트작으로 만들 수 있다. 그렇다고 '웹툰PD는 아무나 하는 게 아니구나'라며 지레 겁먹을 필요는 없다. 이 책에서 작품을 어떻게 기획하는지 상세히 알려줄 예정이니 눈 딱 감고 따라하다 보면 웹툰PD로서 자질을 키워나갈 수 있을 것이다.

003 작가 섭외

작가 섭외는 정말 어려운 부분이다. 아무런 네트워크가 없는 상태에서 작가를 섭외한다는 것은 '하늘의 별따기'만큼 쉽지 않을 것이다. 만일 여러분이 어느 회사의 신입PD로 들어가기 위해 면접을 본다면 면접관이 "작가 섭외가 가능합니까?"라고 질문을 던질 것이다. 어떻게 대처할 것인가? 우물쭈물하다가 답변 기회를 놓친다면 십중팔구 면접 탈락이다.

그럼 웹툰PD는 어떻게 작가 섭외를 하는지 한번 살펴보자. 대형 플랫폼에서는 작가 섭외가 그렇게 어렵지 않다. 아마추어 작가들이 챌린지 코너를 통해 끊임없이 노크하기 때문이다. 거기서 인기가 많은 작품을 본격 라운드로 승격시키면 된다. 또한, 대형 플랫폼에는 에이전시, CP사, 만화출판사에서 끊임없이 작품을 들고 온다. 규모가 있는 플랫폼에서의 작가 섭외가 어렵지 않은 이유다.

공모전을 활용해 섭외하자

작가를 섭외하고 모집하는 방법으로 가장 많이 애용되는 것이 '공모전'이다. 플랫폼이나 업계에서는 소정의 상금을 걸고 작품 공모전을 벌인다. 예전에는 주로 신인을 대상으로 했는데, 요즘은 기성 작가까지 확대해서 진행하는 곳이 많다. 공모전에 출품된 작품 중 우수한 작품을 선정해서 대상부터 가작까지 상금을 주고 작가와 작품을 확보하는 방식이다.

수상은 못했지만 가능성이 있는 작가는 따로 연락해서 관리하자. 수상작에만 신경 쓰는 것은 하수(下手)다. 떨어진 작품 속에서 아직 다듬어지지 않은 원석을 발굴해 보석으로 만들 수 있어야 한다.

✛ 라떼는 말이야

〈조류공포증〉의 작가 김종훈

필자는 [서울미디어코믹스]에 근무하면서 여러 번 공모전을 개최한 경험이 있다. 또한, 계열 회사인 [일요신문] 만화공모전도 협업으로 공동 진행했다. 필자가 맡은 일은 만화공모전에 출품한 다수의 작품 중에서 10편을 추리는 일이었다. 몇백 편의 작품 중에서 10편을 추리는 것도 쉬운 일이 아니었지만, 그중에서도 내가 원하는 작품이 대상, 최우수상, 우수상, 가작 등을 수상했으면 하는 간절한 바람도 있었다. 본심은 이현세 작가, [카카오페이지] 황현수 부사장, 〈범죄도시〉를 연출한 강윤성 영화감독 등 만화와 콘텐츠 업계의 저명인사들이 맡았다. 대부분 예상했던 작품들이 수상을 했지만, 필자가 기대했던 작품 중 하나가 아쉽게 순위에 들지 못하고 낙선하고 말았다.

그러나 그것으로 공모전을 끝내서는 안 된다. 나는 그 작가의 이름과 연락처를 저장하고 언젠가 그 작가에 맞는 기획을 만들어야겠다고 생각했다. 얼마의 시간이 지난 후 웹툰으로 만들면 꽤 괜찮을 듯한 웹소설을 발견하고, 그 작가에게 연락을 취했다. 작가는 전라북도 전주에 살고 있었다. 만나기로 약속을 하고 회사에 출장을 신청해 전주로 갔다. 카페에서 만난 작가는 지금까지 서울에서 자신을 찾아온 웹툰PD는 내가 처음이라고 감격해했다. 그리고 내가 건넨 웹소설을 읽고는 작품으로 만들어 보자고 의기투합했다. 그런데 조금만 더 시간을 달라고 했다. [다음웹툰] 공모전에 작품을 넣은 게 있는데, 그 작품이 낙선하면 그때 같이 하겠노라고 약속을 했다. 공모전 낙선을 밥 먹듯(?) 해서인지 이번 작품도 크게 기대하지 않는 듯했다.

그리고 며칠 후 연락이 왔다. 자신의 작품이 제6차 [다음웹툰] 공모전에서 대상을 차지했다는 것이다. 그 작가는 바로 지금도 인기리에 연재되고 있는 〈조류공포증〉의 김종훈 작가이다. 김종훈 작가는 계속되는 공모전에 실패를 맛보다가 어느 날 웹툰PD가 자신을 찾아줬을 때 뭔가 희망의 빛이 보이더라고 했다. 그래서 [다음웹툰] 공모전에서 좋은 결과가 나올 것 같아서 내심 기대했는데 대상을 받아서 놀랐다고 했다. 김종훈 작가와 함께 작품을 만들지 못해 아쉬웠지만, 그때의 만남을 지금도 흐뭇하게 기억하고 있다.

• 포털에서 '조류공포증' 검색 바람. 웹툰 〈조류공포증〉 정주행 추천!

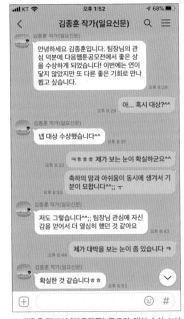

▲ 김종훈 작가의 [다음웹툰] 공모전 대상 수상 소식

회사 대표메일로 지원하는 작가를 눈여겨보자

요즘처럼 웹툰을 자유롭게 만들고 연재할 수 있는 시대도 없을 것이다. 취미로 웹툰을 그려 선보이고 싶으면 어디든 연재하면 된다. 대표적인 방법은 [네이버웹툰]의 '도전만화' 코너나 각종 웹툰 플랫폼의 챌린지 코너에 웹툰을 올리는 것이다. 그러나 프로작가가 목표라면 이런 방법은 한계가 있다. 매주 성실하게 작품을 올리는 것도 힘들지만 언제 작품이 인기를 얻어 유료화로 승격될지도 의문이다. 금방 지치거나 잊힐 가능성이 높다. 프로작가가 되고 싶거나 웹툰으로 돈을 벌고 싶다면 다른 방법을 모색해야 한다. 전문가의 손길이 필요한 것이다. 자기의 작품을 봐줄 웹툰PD에게 객관적 평가를 받고 같이 작품을 만들어가는 과정이 필요하다.

웹툰PD를 만나려면 웹툰 회사 대표메일로 작품을 보내는 방법이 있다. 그것을 '투고'라고 하는데, 연재 통로를 제대로 알지 못하는 아마추어 작가들은 웹툰 회사의 대표메일로 시놉시스와 샘플 원고를 보내 도움을 청한다. 당장 쓸모 있거나 완벽한 작품이 들어오는 일은 많지 않지만 대표메일을 관리하는 담당PD라면 애정을 가지고 그 작품들을 일일이 검토해서 회신을 보내야 한다. 아마추어 작가들이 간절한 마음으로 보낸 작품이라는 것을 잊지 말아야 한다. 그런 마음을 무시하면 신인작가들은 더 이상 그 회사에 관심과 신뢰를 보내지 않을 것이다. 작은 업무처럼 보일지 모르지만 회사의 이미지에 영향을 줄 수 있는 중요한 업무이다. 만약 거기서 가능성이 있는 작가를 발견했다면 꾸준하게 피드백을 하고 관계를 돈독히 하면서 자기 작가로 키울 수도 있다.

+ 라떼는 말이야   **진정한 작가 섭외능력이란?**
한때 [서울문화사], [대원], [학산]이 만화출판계의 트로이카로 활약하던 시절의 얘기다. 다른 회사도 마찬가지였겠지만 [서울문화사] 5층 만화팀에는 하루가 멀다 하고 신인작가들이 원고를 가지고 찾아오곤 했다. 필자는 그들을 만나서 원고를 꼼꼼하게 보고 피드백을 해 주고 보낸 뒤 다음 만남에 좀 더 업그레이드된 원고를 받아보는 재미에 푹 빠졌던 기억이 난다. 다른 사람에게는 귀찮은 일이었을지도 모르지만 필자에게는 정말 신나는 일이었다.

그런 과정을 거쳐서 데뷔한 신인작가도 있고, 몇 번 피드백을 받다가 지레 포기한 신인작가도 있다. 또 정말 재능이 없는 경우에는 다른 길을 찾아보라고 정중하게 말씀드린 적도 있다. 가수가 되려는 사람은 기본적으로 노래를 잘 불러야 한다. 아무리 노력을 많이 한다고 해도 타고난 재능이 없는 사람은 가수로 성공하기가 쉽지 않기 때문이다. 그런 신인작가들에게 무조건 노력하면 된다고 희망 고문을 하는 것은 잔인한 일이다. 그럴 땐 과감해질 필요가 있다고 필자는 생각했다(당시 저의 행동으로 상처 받았을 분들께 이 지면을 빌어서 사과의 말씀을 전한다).

그때의 인연으로 만난 작가들은 지금도 만나서 함께 작품을 기획하는 등 필자에게는 소중한 자산이 되고 있다. 웹툰PD의 작가 섭외력은 웹툰에 대한 애정의 크기에 좌우된다고 감히 말할 수 있다. 그리고 웹툰PD의 최대 자질은 '웹툰을 정말 좋아해야 한다'가 아닐까 생각해 본다. 그럼 섭외력은 자연스럽게 따라오게 된다.

직접 발로 작가를 찾아 나서자

공모전을 개최할 만큼 여력이 없는 작은 회사이거나, 아직 인지도가 낮아 대표메일로 투고가 들어오지 않을 경우에는 작가 섭외를 위해 직접 발로 뛰어야 한다. 먼저 아마추어동호회 행사에 가서 신인작가를 섭외하는 방법이 있다. 아마추어만화동아리 연합행사인 'ACA 동인 행사'나 '코믹월드' 등에 참관하여 가능성 있는 아마추어 작가들을 만날 수 있다. [서울문화사] 시절 편집 기자들이 행사에 참관하여 독액 작가 등 괜찮은 BL 작가를 섭외해서 연재에 성공시킨 적도 있다.

웹툰 관련학과 졸업 전시회를 둘러보자

전국 각 대학 만화학과나 웹툰학과의 졸업 전시회도 둘러볼 필요가 있다. 세종대, 청강대, 상명대, 인덕대, 공주대, 조선대, 중부대, 한국영상대 등에 연락해서 졸업 작품을 보고 싶다고 요청하면 대부분 흔쾌히 자료를 제공해준다. 대학에서는 졸업생을 한 사람이라도 더 데뷔시키거나 취업시키고자 하기 때문에 적극적으로 협조한다. 요즘은 업계마다 경쟁이 치열해서 졸업 전시회 이전에 각 대학에 찾아가 가능성 있는 학생에게 장학금을 제공하거나 담당 교수에게 부탁해서 미리 섭외하는 경우도 많다. 그런 업체와 경쟁하며 미리 선점하는 것도 중요하지만 이미 섭외된 학생들 외에도 가려지거나 숨겨진 보석들이 분명히 남아 있다. 그런 보석들을 발견하는 재미도 쏠쏠하다.

▲ [한국영상대학교] 졸업 전시회 소개 페이지

온라인에 연재하는 신인들을 눈여겨보자

요즘처럼 코로나로 대면 미팅이 어려운 시기에는 직접 발로 뛰기보다 온라인이나 SNS를 적극 활용하는 게 좋다. 아마추어 작가들이 자주 출현하는 사이트인 '루리웹 만화 게시판', '디멘션', '딜리헙', '포스타입', '디씨인사이드' 등에 올라오는 작품들을 주의 깊게 살펴보자. 거기서 괜찮은 신인이 발견되면 쪽지나 메일을 보내서 섭외할 수 있다.

[네이버웹툰]이나 [카카오웹툰] 등 대형 플랫폼의 '도전 만화'나 '베스트 도전' 등 챌린지 코너를 통해서 대형 플랫폼의

연재를 노리는 작가들을 섭외하는 방법도 있다. 사실 신인작가가 챌린지 코너를 거친 후 대형 플랫폼에 정식 연재하기란 여간 어려운 일이 아니다. 시간이 오래 걸리고 연재 기간 동안 수입도 없어 중간에 포기하는 경우가 종종 있다. 이럴 때 접근해서 작가가 만족할 만한 대우를 제시하여 섭외하는 것도 좋은 방법이다. 쪽지나 메일을 보내서 의사를 타진하고 답이 올 때까지 기다리면 된다. 그런데 신인작가들은 대형 플랫폼 연재에 꽂혀 있는 경우가 많아서 파격적인 제안이 아니면 성공 확률은 그리 높지 않다.

기존 작가들에게 새로운 작가를 소개받자

기존의 작가에게 새로운 작가를 소개받는 경우도 있다. 밭에서 감자를 하나 발견하고 캤는데 뒤따라 감자들이 주렁주렁 매달려서 올라오는 것과 같다. 작가들은 교류가 잦고 유대감이 강하기 때문에 한 작가에게 좋은 이미지를 심어 주면 다른 작가를 데려오는 경우가 많다.

작가 섭외에서 가장 중요한 것은 작가가 만족할 만한 조건을 제시하는 것이다. 그리고 작품을 잘 관리해서 회사에 득이 되도록 만들고 적절한 투자를 통해서 나중에 큰 부가가치를 만드는 것이다. 작가 섭외는 처음이 어렵다. 한번 성공하면 이력이 생기고 점점 자신감이 붙을 것이다. 앞에서 얘기한 다양한 방법을 통해 적극적으로 섭외해보자.

작품 선정

웹툰PD는 크게 ① 플랫폼 웹툰PD, ② 에이전시 웹툰PD, ③ 제작스튜디오PD로 나눌 수 있다. '작품 선정'은 플랫폼 웹툰PD의 역할이라 할 수 있다. 플랫폼 웹툰PD는 [네이버웹툰], [카카오웹툰], [카카오페이지], [레진코믹스], [봄툰], [탑툰], [투믹스] 등 플랫폼에서 일하는 PD들이다. 이런 플랫폼에는 만화출판사부터 웹툰CP회사, 웹툰에이전시로부터 끊임없이 작품들이 올라온다.

작품 선정은 여기에서 히트할 만한 작품이나 플랫폼에 어울리는 작품을 엄선하는 작업이다. 플랫폼 웹툰PD는 농수산물 시장의 경매업자처럼 짧은 시간에 소비자가 만족할 만한 싱싱한 농수산물을 선별할 줄 아는 눈을 가져야 한다. 또한, 증권회사의 애널리스트처럼 앞으로 성장할 우량주를 선택할 줄 아는 투자 감각을 지녀야 한다. 짧은 시간에 샘플 원고와 시놉시스만 보고 판단해서 골라야 하기 때문이다.

콘텐츠 분야에서는 똘똘한 작품 하나가 10작품, 100작품보다 비중이나 인지도가 높고, 초대박 작품 하나가 플랫폼의 간판이 되고, 플랫폼을 먹여 살릴 만큼 큰 매출을 만들 수 있다. 속된 말로 '히트작 하나면 게임오버'라고들 한다. 그래서 플랫폼의 작품 유치전은 전쟁을 방불게 한다. 유능한 플랫폼 웹툰PD들은 만화출판사, CP사, 에이전시에서 출시될 작품들을 미리 꿰뚫고 있는 경우가 많다. 사전에 미리 파악하고 검토해서 자기 플랫폼에 유치하려고 하는 것이다. 초히트 작품이 한 플랫폼에서 독점으로 연재되고 있다면 그 폭발력은 상상을 초월한다. 플랫폼의 트래픽 증폭은 물론 유료 매출까지 가세해 엄청난 부가가치가 만들어지기 때문이다. 왜 플랫폼 웹툰PD의 작품 선정 능력이 중요한지 이제 이해했을 것이다.

작품 관리
연재 및 완결

작품 기획과 작가 섭외, 작품 선정이 끝났다면 본격적으로 작품 관리에 들어가야 한다. 작품 관리에서 가장 중요한 것은 독자와의 연재 약속을 잘 지키는 것이다. 그러려면 지속적인 마감 체크와 원고의 진행 상황 체크가 이뤄져야 한다. 독자는 오매불망 작가가 약속한 연재 시간에 작품이 올라오기를 기다리고 있다. 그러다 시간이 늦춰지거나 휴재가 나면 엄청나게 항의한다. 연재를 기다리면서 자신의 소중한 시간을 헛되이 썼다는 것에 대한 불만의 표현이다. 이런 일이 반복되면 플랫폼의 이미지에도 손상이 따른다. 그래서 플랫폼PD는 작품의 마감시간에 항상 촉각을 세우고 있다.

작가는 직장인이 아닌 경우가 많아 출퇴근 시간과 같은 규제에 익숙하지 않다. 그리고 작가를 비롯한 예술인은 일반인보다 자유로운 영혼을 소유하고 있다. 그래서 창작이 가능한 것인지도 모른다. 웹툰PD는 이러한 특성을 잘 파악해서 작가가 일정을 놓치지 않도록 체크하고 마감을 관리해야 한다. 그런데 무관심하게 작가에게 모든 것을 맡겨버리거나, 평소에는 전혀 연락하지 않다가 마감 당일에 연락을 한다거나, 건강이나 멘탈 등 작가의 현재 상태도 파악하지 못한 채 심한 지적질과 수정으로 작가를 힘들게 하거나 혼란에 빠트리는 웹툰PD가 있다면 그 존재 자체가 작품 관리의 걸림돌이 된다. 이 모든 것이 무능력한 PD의 전형이라 할 수 있다. 이 글을 읽고 있는 현직 PD가 있다면 냉정히 자신을 되돌아보고 그런 부분이 있다면 하루빨리 고치기 바란다.

작가가 작품 연재를 시작해서 완결에 이르는 과정은 마라톤 종주와 같다. 그래서 완결까지 페이스 조절이 필요하다. 웹툰PD는 옆에서 같이 뛰거나 자전거를 타면서 마라토너가 중도에 포기하지 않고 올바른 방향으로 끝까지 완주할 수 있도록 끊임없이 코칭하는 존재라는 것을 잊지 않아야 한다.

+ 라떼는 말이야

옛날이나 지금이나 마감은 어려워

90년대 만화잡지를 만들던 시절에도 현재의 웹툰 시대에도 작품 관리는 정말 어려운 일이다. 90년대에는 마감시간에 맞춰서 작가나 문하생이 원고를 커다란 가방이나 둥근 플라스틱 원통에 넣어서 가져오는 경우가 많았다. 그럼 편집자는 원고를 받아서 편집보조에게 식자 작업을 맡기고 작가와 차 한잔 나누면서 이런저런 작품 얘기를 나누곤 했다. 문하생도 그냥 보내지 않고 작품 관련해서 많은 얘기를 나눴다. 문하생에게 관심을 가지는 건 예비 작가로서 대우하고 투자하는 것이기도 했다. [서울문화사]는 그 당시 용산역 근처에 있었다. 작가들은 지방이나 경기 수도권에 사는 경우가 많았다. 그럼에도 불구하고 대부분 마감을 잘 지켰다. 그래서 바로 돌아가기 섭섭해 하는 작가가 있으면 저녁 겸해서 술 한 잔씩 대접하고 보낸 기억이 난다. 그런 좋은 기억으로 작가들은 의리를 지키고 출판사를 쉽게 바꾸지 않았던 것 같다.

마감을 칼 같이 지키는 작가가 있는 반면 마감 때마다 힘들게 하는 작가도 있었다. 마감이 임박할 때까지 원고가 도착하지 않으면 숨이 턱턱 막혔다. 필름 작업과 인쇄 공정이 기다리고 있었기 때문이다. 특히 인쇄는 시간 예약을 해 놓았기 때문에 제때 필름을 보내지 않으면 인쇄 순위가 뒤로 밀린다. 그러면 다음 인쇄 일정을 잡는 게 정말 늦어져 버린다. 결국 경쟁 잡지사보다 하루나 이틀 잡지가 늦게 서점에 깔리는 결과를 낳게 된다. 어쩔 수 없이 식자를 프린트해서 작가 화실까지 달려가야 했다. 담당 편집자가 화실로 직접 찾아가면 작가도 마감에 집중할 수밖에 없기 때문이다.

필자도 작가의 화실에 자주 방문했다. 종종 사전 연락 없이 잠수를 타는 작가도 있었다. 급한 마음에 화실에 가면 문이 잠겨 있기 일쑤였다. 화실 계단에 앉아 기다리고 있다가 작가가 나타나면 부리나케 붙잡아 마감을 독려해야 했다. 그리고 작가가 밤새 작업을 하면 옆에서 먹칠과 스크린톤 작업을 도와주면서 같이 밤을 새우곤 했다.

웹툰 시대라고 달라진 건 없는 것 같다. 원고가 디지털로 전달되는 방식이라 화실까지 달려갈 필요는 없지만, 웹툰이 업로드될 때까지 계속 카톡이나 전화로 독촉을 해서 원고를 받아내는 것은 매한가지다. 그래서 어떤 플랫폼에서는 묘책으로 '지각비'를 계약서에 넣기도 했다. 마감 시간을 맞추지 않고 지각하는 작가에 한해서 페널티를 주자는 것인데, 그것으로 인해 작가들이 플랫폼에 엄청난 항의를 해서 이슈가 된 적도 있다. 굳이 '지각비'를 계약서에 넣을 필요까지는 없지만 얼마나 일선 PD들이 마감 전쟁에 시달렸는지 공감이 갔다.

개인적인 생각이지만 마감을 잘 지키는 보통 작가와 마감을 잘 지키지 않는 천재 작가 중 성공 비율을 따지면 전자가 훨씬 높다. 아무래도 자기 관리를 잘 하고 독자와의 약속을 잘 지키는 작가가 롱런하는 게 아닌가 싶다. 이런 점은 연예인이나 공인의 경우도 마찬가지인 듯하다. 성실과 신용은 또 하나의 재능인 것이다.

작가 관리
매니지먼트

작가 관리와 작품 관리는 같은 듯하면서도 다르다. 작품을 만드는 것은 결국 작가다. 작가를 관리하는 것이 곧 작품 관리가 될 수 있다. 특히 에이전시PD의 중요한 역할 중 하나가 작가 매니지먼트다. 작품 관리부터 연재, 프로모션, 해외수출, 2차 저작권 관리, 언론 홍보, 방송 출연 등을 맡아서 진행하거나 대행하면서 작가의 인지도를 높이고, 동시에 작가의 작품이 최고의 매출을 창출할 수 있게 노력해야 한다. 그래야 거기서 나온 수익의 일부를 작가와 계약한 바에 따라 수수료로 가져갈 수 있다. 또 생일이나 명절, 대소사도 적극적으로 챙겨서 작가에게 신뢰를 줘야 한다. 그렇게 쌓인 신뢰감으로 인해 작가는 회사와 계약을 연장하게 되는 것이다.

능력 있는 웹툰PD 중에는 이런 활동을 일이라고 생각하지 않고 작가와의 교류를 즐기는 친구들이 많다. 그러면 작가와 자연스럽게 친분이 쌓인다. 연예 기획사의 능력 있는 매니저와 비슷한 맥락이다. 그렇게 굳건해진 팀워크는 서로 원원하는 결과를 안겨준다. 작가와 PD가 호흡이 맞으면 작가는 점점 더 좋은 작품을 만들 확률이 높아지고, PD는 인기작가의 파트너가 되어 지속적으로 동행할 수 있다.

옛날에는 작가와의 친밀한 관계를 중요하게 생각했다. 자주 만나서 밥이나 술을 먹는 것을 권장하기도 했다. 편집자와 작가가 친해지면 쉽게 다른 출판사로 떠나지 않을 것이라고 생각했기 때문이다. 그래서 마감 때만 되면 작가들과 어울려 밤새도록 술을 마신 기억이 난다. 작가들도 마감을 끝내고 홀가분한 마음으로 그런 자리를 즐겼다. 작품 관련 이야기와 한국 만화계에 대한 이야기로 날이 새는 줄도 몰랐다. 작가들 중에는 술을 좋아하는 사람이 많아서 꼭 새벽에 술자리가 끝나곤 했다. 편집자들은 새벽까지 술을 마시고 다음날 출근을 해야 했다. 그래서 지각하는 날이 많았는데, 직원들이 지각하는 걸 좋아하지 않는 회사 부장이나 국장도 전날 작가들과 술을 마신 걸 확인하면 수고했다고 하곤 했다.

그런데 웹툰 시대에는 작가와의 오프라인 만남이 빈번하지 않은 것 같다. 주로 디지털로 원고가 오가고, 이메일 또는 메신저, SNS로 서로 연락을 주고받기 때문에 얼굴 볼 기회가 드물다. PD가 직접 작가를 찾아가지 않는 이상 계약을 할 때나 작가 송년회 등이 아니면 1년에 한두 번 얼굴 보기가 힘들다.

그런데 PD가 작가와 특별한 관계를 맺으려면 오프라인 만남을 주저해서는 안 된다. 기회 있을 때마다 작가를 찾아가거나 만나는 게 좋다. 그래야 친밀해지고 신뢰가 두터워진다. 인기 PD의 몸값은 작가 네트워크가 얼마나 두터운지, 또 얼마나 많은 인기작가를 섭외할 수 있는지에 좌우된다. 그런 PD들은 다른 플랫폼이나 회사로 자리를 옮길 때 작가들이 따라 움직인다. 현 직장에서도 그런 PD를 놓치지 않으려고 더 좋은 대우를 해 줄 것이다.

SNS나 통화로만 관계를 유지해 온 작가라면 PD를 따라 움직이기가 쉽지 않을 것이다. 지금도 작가를 직접 만나고 얘기하는 것을 번거롭게 생각하는 PD가 있다면 지금부터라도 생각을 바꿀 것을 권한다. 직장에 다니면서 작가를 직접 만나고 좋은 추억을 공유하는 것은 업무가 아니라 PD 자신에 대한 가장 확실한 투자라 생각하고 그렇게 행동해야 한다.

또한, 작가를 가장 확실하게 관리하는 방법은 '정직과 투명성'이라고 말하고 싶다. 아무리 개인적으로 친숙하고 끈끈하다고 해도 회사가 작가를 속이거나, 부정한 방법으로 계약을 맺거나, 정산을 투명하게 하지 않으면 금방 신뢰에 금이 가거나 깨지고 만다. 열 번의 친숙한 만남보다 한 번의 투명함이 작가 관리에 더 중요하다. 특히 정산의 투명성에 대해서는 아무리 강조해도 지나치지 않는다. 그것을 지키지 않는다면 언젠가는 꼭 문제가 발생하게 되니 처음부터 프로그램이나 시스템을 잘 갖추는 게 중요하다. 자체 프로그램 개발이 어려우면 'e카운트' 등 한 달에 5만 원 내외로 쓸 수 있는 외부 프로그램도 많다. 요즘은 플랫폼이나 회사에서 작가 정산 계정을 열어 두고 작가들이 자유롭게 접근해 자신의 계정을 확인하는 방법을 쓰기도 하는데 좋은 방법이라 필자도 적극 추천하고 싶다.

작품 판매

세일 또는 리세일

작품이 서서히 만들어지기 시작하면 PD는 그 작품을 셀링 (Selling)해야 한다. 규모가 있는 회사에서는 작품 셀링을 보통 MD가 담당하지만 스타트업 회사나 규모가 작은 회사에서는 PD가 셀링 업무도 챙겨야 한다. 플랫폼마다 성격이 다르겠지만, 먼저 작품의 샘플링을 제작해야 한다. 가장 재미있는 부분을 1~3화 정도로(꼭 초반부로 잡을 필요는 없으며, 보통 액기스 부분을 담는다) 구성하여 플랫폼 담당자에게 보내 심사를 받는다. 각 플랫폼 담당사는 식섭 찾아가 인사를 하는 게 좋다. 안면도 트고 명함도 교환하면서 서로의 존재를 확인하는 작업이 필요하다. 에이전시PD는 각 플랫폼의 담당을 많이 알수록 커리어와 네트워크가 커진다(앞으로 팀장, 본부장으로 올라가기 위해서는 꼭 필요한 작업이다. 지금 말단 PD라면 부지런히 따라다니면서 인사를 나누는 것이 좋다). 안면을 튼 이후에는 메신저나 메일로 연락해도 별 문제가 없을 것이다.

샘플링에 필요한 것은 작품을 한눈에 알 수 있는 시놉시스와 완성된 원고 1~3화 정도면 된다. 실력이 검증되었거나 이름 있는 작가의 경우에는 플랫폼에 따라 샘플 원고 1화 정도라도 가능하다. 그다음 플랫폼의 심사를 기다린다. 플랫폼에서는 자사에 맞는 작품이라고 생각하면 그에 상응한 조건을 제시할 것이다. 보통은 그 작품이 탐이 나면 '독점'으로 가자고 요구한다(독점은 특정 플랫폼에서만 볼 수 있는 것을 말하고, 비독점은 모든 플랫폼에서 볼 수 있는 것을 말한다). PD도 비독점보다 독점으로 가는 게 좋겠다고 판단했다면 그에 걸맞는 조건을 플랫폼과 협상한다. 작가를 대신해서 회당 원고료나 MG 등을 꼼꼼하게 살펴야 한다. 플랫폼에서는 작품이 마음에 들면 원고료나 MG를 선인세 개념으로 한꺼번에 지급하는 경우가 있다. 몇천만 원에서 억 단위 계약이 이뤄지기도 한다. 에이전시나 출판사에서는 그것으로 회사의 매출을 만들고, 계약서에 명시된 대로 회사의 배분율을 제한 후 작가에게 지급한다.

여러 플랫폼을 타진했는데 다들 반응이 시원치 않거나 거절하는 경우가 있다. 이럴 때 PD는 현명하고 빠른 판단을 내려야 한다. 자신이 기획한 작품이라 해도 객관적으로 바라봐야 한다. 대부분의 플랫폼에서 거절을 당했다면 상업적인 부분이나 흥행적인 부분에서 낮은 점수를 받았다는 것을 인정해야 한다. 이제 그 작품을 손절할 것인지, 비독점으로 풀어서 다른 플랫폼에 연재할지를 결정해야 한다. 전자를 선택할 경우 힘들게 만든 작품이 결실을 맺지 못하는 안타까움은 있지만 샘플비 등 지금까지 들어간 비용 외에 추가 비용은 들어가지 않는다. 즉 매몰비용만 감수하면 된다. 후자를 선택할 경우 이후의 작품은 자체 제작으로 돌려야 한다. 계속 추가 제작비용이 들어가는 것이다. 이후 모든 플랫폼에 비독점으로 런칭한 후 유료로 전환시켜 발생한 매출로 제작비를 충당해야 한다.

운이 좋은 경우 뒤늦게 작품이 흥행해서 제작비도 건지고 작가와 추가 수익을 배분할 수도 있지만, 반응이 없으면 제작비는 한 푼도 못 건지고 회사의 적자만 늘어날 수 있다. 그것은 오롯이 웹툰PD가 결정해야 할 몫이다. 이런 결정을 할 수 있으려면 자신이 만든 콘텐츠에 대한 자신감과 어떠한 바람에도 흔들리지 않는 꼿꼿한 의지가 있어야 한다.

작품 프로모션

작품을 기획하고 만들어서 플랫폼에 넘겼다고 해서 웹툰 PD의 일이 끝난 것이라고 생각하면 오산이다. 먼저 자신의 작품이 어떤 플랫폼에 가장 어울리는지 파악해야 하고, 그러기 위해서는 플랫폼의 성격을 잘 분석해야 한다.

예를 들어 '[네이버웹툰]은 10~20대 독자층이 많고, [카카오웹툰]은 20~30대 독자층이 많은 편이다. [봄툰]은 여성향이 강하고, [탑툰]은 남성향·성인물이 강하다'와 같은 사전 분석이 필요하다. 그리고 각 플랫폼별 프로모션이나 이벤트를 잘 활용해야 한다. 작품을 플랫폼에 연재했다고 모든 일이 순조롭게 흘러가는 것이 아니다. 플랫폼에는 하루에도 수십 개, 수백 개의 신작이 쏟아진다. 그런 작품들 속에 자신이 기획한 작품을 노출시키는 건 정말 어려운 작업이다. 먼저 플랫폼별로 어떤 프로모션과 이벤트가 있는지 확실히 파악하고 있어야 한다.

[카카오페이지]만 해도 '기다리면 무료', '단독 선공개 이벤트', '매월 추천작 이벤트', '오늘 하루 50편 정주행', '삼시 세 편 이벤트' 등이 있다. 또한 플랫폼마다 '무료쿠키 이벤트', '매일 10시 무료', '타임 딜', '신작 런칭 할인 이벤트', '새봄맞이 이벤트', '발렌타인데이 이벤트' 등 시간대별, 계절별, 각종 이슈별 이벤트가 헤아릴 수 없을 만큼 다양하다.

"히트작은 알아서 팔린다", "좋은 콘텐츠는 스스로 움직인다", "가장 좋은 마케팅은 가장 좋은 콘텐츠다"와 같은 주장을 하는 사람이 있는데, 한편으로는 맞는 말이고 한편으로는 그렇지 않다. 아무리 재미있는 작품도 노출되지 않고 묻혀 있으면 생명력을 잃어버린다. 그러므로 웹툰PD는 이런 이벤트를 적절하게 이용해서 작품을 최대한 노출시켜 계속 살아서 뻗어나갈 수 있도록 프로모션 능력을 적절히 발휘해야 한다.

➕ 라떼는 말이야

'상남자 시리즈' 프로모션으로 빛을 본 [롱 리브 더 킹]

[서울문화사]의 계열사로 [일요신문]이 있다. [일요신문]에서도 매년 만화공모전을 해서 상금도 주고 [일요신문] 연재만화를 발굴하기도 한다. 필자는 첫 직장 [서울문화사]를 떠나 [동아사이언스]에서 근무하다 다시 2014년 [서울문화사]에 부장으로 재입사하게 되었다. 그런데 옛날에 양 회사가 돈독했던 것과 달리 컴백해 보니 [서울문화사]와 [일요신문]의 관계가 옛날만큼 협조적이지 않았다.

그런 와중에 [일요신문]의 공모 작품들이 거의 빛을 보지 못하고 [일요신문] 홈페이지 한 켠에 방치(?)되어 있는 것을 발견하게 되었다. 필자는 [서울문화사]와 [일요신문]의 관계를 다시 매끄럽게 하려고 노력했고, 그 일환으로 [일요신문] 공모전의 역대 수상작을 시작으로 방치된 작품들을 하나씩 읽어보며 서로 원원할 수 있는 게 무엇이 있는지 살펴보기 시작했다. 그 중에는 썩 괜찮은 작품도 있었고, 아쉬운 작품도 있었다.

그때 발견한 것이 〈롱 리브 더 킹〉이었다. 작품의 내용은 '목포 출신 조폭 두목의 대통령 도전기'인데 충분히 대중성과 흥행성이 있다고 판단되었다. 당시 필자는 아무리 훌륭한 콘텐츠라고 할지라도 인위적으로 노출시키지 않고 프로모션하지 않으면 어떤 빛도 발하지 못한다는 것을 실감하고 있었다. 역으로 그렇게 뛰어나지 않은 작품이라도 지속적으로 노출하고 프로모션 하면 성공할 가능성이 높아진다는 것도 알고 있었다. 결국 히트작은 좋은 콘텐츠와 훌륭한 마케팅의 결합으로 만들어진다고 할 수 있다.

이후 〈롱 리브 더 킹〉과 [서울문화사]의 남성향 웹툰 몇 개를 묶어 [카카오페이지]에 '상남자 시리즈'로 프로모션을 진행했다. 이후 프로모션의 힘을 받은 〈롱 리브 더 킹〉은 당시 박근혜 대통령 탄핵 국면과 촛불혁명의 격변기에 정치 만화에 목마른 독자의 욕구에 부합하며 빅히트를 했다. 현재 〈롱 리브 더 킹〉은 [카카오페이지] 누적 245만 뷰를 기록하였으며 '드라마' 카테고리에서 줄곧 상위권을 차지하고 있다. 또한 영화화되어 150만 관객을 유치했고 명절 때만 되면 TV에서도 심심찮게 볼 수 있다. 또 단행본으로도 나오는 등 OSMU의 전형을 만들고 있다.

라이선스 관리
연극, 영화, 드라마, 출판, 게임 등

    기획한 작품이 제법 인기를 얻으면 여기저기서 2차 저작권에 대한 문의가 들어온다. 특히 기획사나 제작사에서 "영화 판권이 살아있느냐?", "드라마 판권이 살아있느냐?", "우리에게 넘길 수 있느냐?", "원작을 뛰어넘는 작품을 만들어 보겠다"며 각축전을 벌인다.

    작품이 좋아서 2차 저작권에 대한 제안이 들어오는 것은 일단 반가운 뉴스다. 그러나 웹툰PD는 그런 제안을 한 사람이나 업체에 대해서 신중한 판단을 해야 한다. 실체가 있는 회사인지, 제작 능력과 실적이 있는 업체인지 등을 잘 파악해야 한다. 일부 회사는 무리하게 2차 저작권을 계약하고 투자처를 찾지 못해 제작에 손도 못 대는 경우도 있으며, 2차 저작권을 원작사로부터 저렴하게 구입해서 다른 큰 회사에 비싼 값에 되파는 저작권 장사를 하는 경우도 있다.

웹툰PD는 이런 경우를 대비해서라도 제안사를 철저하게 파악하고, 계약서도 꼼꼼하게 검토해서 작가의 권리를 보호해야 한다. 보통의 경우 규모가 있는 회사에서는 라이선스를 전담팀에서 전문적으로 관리한다. 그러나 스타트업 회사나 규모가 작은 에이전시, CP사 같은 경우에는 웹툰PD가 그 역할도 해야 한다. 가장 일선에서 작가를 관리하므로 작품 프로모션 및 작가 매니지먼트 차원으로 라이선스 관리를 하는 것이다. 또 신생업체나 작은 규모의 회사라면 웹툰PD가 직접 영화나 드라마 제작사 리스트를 만들어서 자사 웹툰 포트폴리오를 보내는 것도 라이선스 관리의 좋은 방법이다.

이런 업무는 저작권과 계약 업무가 얽힌 부분이라 복잡하고 난해한 부분이 많다. 그러나 이런 업무를 경험함으로써 웹툰PD의 역량은 더욱 커질 것이고 향후 팀장이나 본부장이 되어서 작가와 팀을 관리할 때도, 훗날 자신의 회사를 차려 경영할 때도 큰 자산이 될 것이다.

작품 해외수출입 관리

웹툰이 국내에서 아무리 히트를 한다고 해도 우리나라 인구만으로는 큰 부가가치를 만들어내기가 쉽지 않다. 심지어 제작비를 건지기조차 어렵다. 콘텐츠 사업은 적어도 1억 이상의 인구는 있어야 내수가 가능하다고 하는데, 우리나라는 그 절반에도 미치지 못할 뿐 아니라 계속해서 줄고 있다.

그래서 많은 업체가 글로벌에 목숨을 걸고 있는 것이다. 다행히 우리나라 콘텐츠가 이제 전 세계 시장에 통하기 시작했다. K-pop이 그렇고 K-comics인 웹툰이 그렇다. 우리 웹툰은 미주 시장에 [타파스], [라인웹툰], [레진코믹스], [태피툰], [포켓코믹스]가 진출해 있고, 일본에 [픽코마], [라인망가], [코미코], 유럽에 [델리툰], [라인웹툰], [태피툰] 그 외에도 인도, 중남미, 동남아시아에도 꾸준히 진출하고 있다.

[네이버웹툰]은 본사를 미국에 설립해 웹툰으로 전 세계 독자를 사로잡겠다는 원대한 계획을 실행에 옮기고 있다. 만일 여러분이 기획한 작품이 [네이버웹툰]에 연재된다면 미주 시장뿐만 아니라 전 세계로 확산되는 건 시간 문제라고 봐도 좋다. 잘 다져진 루트를 통해서 많은 작품이 자동으로 해외에 수출되는 것이다.

〈나 혼자만 레벨업〉은 국내 누적 조회 수 5억 3000만을 넘은 데 이어 일본 [픽코마]에 진출한 뒤 매일 110만 명이 열람하고 있다. 미국 웹툰 플랫폼 [타파스], 인도네시아 [카카오페이지] 플랫폼에서도 상위권에 올랐다고 한다. [카카오엔터테인먼트]는 [타파스]를 인수해 글로벌 웹툰 시장에 본격적으로 진출하고자 한다. 이제 우리 작품은 국내에만 머물지 않는다는 것을 잘 알 것이다. 원하든 원치 않든 국내 히트작들은 자연스럽게 글로벌의 수순을 밟아 해외로 진출하게 될 것이다.

이런 글로벌 업무를 웹툰PD가 간과해서는 안 된다. 작품을 기획할 때부터 글로벌을 염두에 두어야 한다. 해외수출입 업무는 규모가 큰 회사에서는 전문 부서에서 담당하지만 스타트업 회사나 소규모 회사에서는 웹툰PD가 도맡아서 해야 한다. 해외수출로 국위도 선양하고, 회사 매출도 높이는 중요한 업무이기 때문이다. 또 해외수출로 생긴 매출을 수출입에 관련한 제반 비용 및 수수료, 현지 세금 등을 제하고 작가한테 배분하는 것도 소홀히 해서는 안 된다.

해외수출을 관리하다 보면 나라별 특이사항이 발생한다. 중국은 2016년 7월 한국의 사드(THAAD) 배치가 확정된 후 이에 대한 보복 조치로 중국 내 한류 금지령을 적용한 상태다. 그로 인해 이전보다 웹툰 수출입이 자유롭지 못하다. 그 전에도 중국에 웹툰을 수출할 때는 선정성이나 동성애 소재가 문제로 거론된 적도 있었고 중국 공안이나 뱀파이어, 귀신을 소재로 쓸 수 없는 등 내용적으로 금지 목록이 있어서 쉽지 않았다. 중국 수출은 한한령(중국 내 한류 금지령)이 풀려 수출이 자유화된다고 해도 조심해야 할 부분이 많으니 신중하게 접근해야 한다.

거래처 관리

웹툰 에이전시PD가 관리해야 할 거래처는 다양하다. 첫 번째는 작가이고, 두 번째는 플랫폼 관계자, 디자인회사, 만화 관련 기관, 만화 관련 단체, 해외 플랫폼 관계자, 만화·웹툰 관련 학교 등이다. 이런 거래처 관리의 중요성은 아무리 강조해도 지나치지 않다. 그중에서도 단연 작가가 1순위다. 그 다음으로는 매출이 발생하는 플랫폼이 중요하다고 하겠다.

작가들에게는 생일이나 명절, 대소사 때 적절한 선물을 하거나 조의를 표해서 정성을 다하는 것이 좋다. 그러면 작가도 업체로부터 관리를 받고 있다는 것을 느끼고 계속해서 인연을 유지한다. 웬만해서 작가는 한번 계약한 업체와 계약을 쉽게 파기하지 않지만, 잘 챙기지도 않는 업체에 평생 충성하는 어리석은 짓은 하지 않을 것이다.

또한 매년 작가송년회를 개최해서 한 해 동안 수고한 작가들을 초대해 만찬과 선물을 베푸는 것도 무척 유용한 방법이다. 이럴 때가 아니면 작가의 얼굴을 보는 기회가 드물기 때문이다. 밀렸던 케어(Care)를 한꺼번에 해결할 수 있는 좋은 해결책이 된다.

매출원인 플랫폼 담당자에게도 명절이나 대소사 때 부담스럽지 않게 적절히 감사한 마음을 표현하는 것이 좋다. 인지상정이라고, 한국 사람들은 뭔가를 받으면 꼭 보답하는 성격이 있기 때문이다. 프로모션 하나라도 더 챙겨줄지 모른다. 그런데 주고받는 일체의 행위를 사내 법규로 금지한 업체도 있다. 또 '김영란법'에 저촉되지 않도록 적절한 선을 지켜야 한다. 과유불급(過猶不及)이라고 했다. 정성을 표현한다는 것이 오히려 역효과를 낼 수도 있으니 매사 조심해야 한다.

웹툰PD가 이렇게 많은 일을 하냐고 놀랄지 모른다. 업무의 영역이 광범위해 보이지만 알아야 하고 해야 하는 일이다. 큰 플랫폼이나 어느 정도 규모가 되는 회사라면 업무가 분장되어 있어서 각자 맡은 부분을 나눠서 진행하면 되지만 규모가 작은 회사라면 경영상의 부분을 제외한 모든 일을 웹툰PD가 관여해야 할지도 모른다. 작가와 밀접하게 소통하며 작품 기획 및 연재·마감을 관리해야 하고, 그에 따른 마케팅, OSMU도 관리하면서 작품도 프로모션해야 한다.

다행히 회사 규모가 작다는 것은 그만큼 작가와 작품의 수가 적다는 의미이기도 하므로 가능한 일이다. 업무의 종류가 많아 복잡하고 어려운 부분도 있지만 작은 회사에서 시작하면 업무의 전 영역을 경험할 수 있는 장점이 있다.

활동적이고 적극적인 스타일이라면 큰 회사에 들어가기 위해 시간을 허비하기보다 입사가 상대적으로 유리한 작은 회사부터 근무하라고 추천하고 싶다. 적극적인 업무 태도로 작은 회사를 크게 키운다면 금방 업계에서 소문이 난다. 당장 큰 회사나 대형 플랫폼에서 스카우트 제안이 들어올지도 모른다. 먼 훗날 자신의 회사를 차리는 데도 큰 자산이 될 것이다.

+ 라떼는 말이야

웹툰PD에서 성공한 사업가로 변신

[서울문화사] 출신 중에 유독 웹툰업계에서 성공한 사업가가 많다. 대표적으로 [디앤씨미디어] 신현호 회장, [재담미디어] 황남용 대표, [씨엔씨레볼루션] 이재식 대표, [YJ코믹스] 김영중 대표, [소미미디어] 유재옥 대표가 대표적이다.

[디앤씨미디어]는 콘텐츠업계에서 알 만한 사람은 다 알 것이다. 웹소설 업계의 총아로 떠오르더니, 웹소설 원작을 웹툰으로 만든 〈황제의 외동딸〉과 〈나 혼자만 레벨업〉이 초대박이 나면서 대한민국의 대표적 콘텐츠 회사로 발돋움하였다. 현재 시가 총액만 해도 5천억 원이 넘는 중견기업이다. 신현호 회장은 [서울문화사] 영업 출신으로 2000년대 e코믹스 사업에 뛰어들었고, 2010년대 장르소설쪽으로 사업 방향을 전환하였다. 그리고 모바일 시대를 맞아 웹소설, 웹툰 양 날개를 달고 고공비행 중이다. 필자가 [서울문화사] 신입사원 시절부터 바라본 신현호 회장은 늘 젊은 만화편집자들과 교류하는 등 만화에 관심이 많았고, 특히 [서울문화사]의 자회사인 [서울미디어랜드] 설립에 기획하고, 참여하면서 콘텐츠사업의 노하우를 익혔다. 그리고 사업을 영위하면서 콘텐츠를 꾸준히 축적한 것이 오늘날 성공의 밑거름이 된 것이다. 영업 출신이라 유통 및 마케팅은 물론 매출이나 비용 등 숫자 보는 능력은 편집부 출신보다 훨씬 유리했을 것으로 판단된다.

국제부(지금의 라이츠팀) 국장 출신의 [소미미디어]의 유재옥 대표는 '국제부의 전설'이라 불릴 만큼 부지런하고 꼼꼼한 일처리로 유명했다. [재담미디어] 황남용 대표, [씨엔씨레볼루션] 이재식 대표, [YJ코믹스] 김영중 대표는 모두 현재의 웹툰PD격인 편집부 출신이다.

[소미미디어]는 다수의 인기 해외콘텐츠 출판과 [네이버웹툰]에 〈싸이코 리벤지〉를 연재하는 등 지속적&공격적으로 웹툰을 제작하고 있으며, [재담미디어]는 현재 국내 최고의 웹툰 에이전시로서 〈동네변호사 조들호〉, 〈쌍갑포차〉, 〈약한 영웅〉, 〈아기가 생겼어요〉 등 많은 웹툰을 제작함과 동시에 활발한 OSMU를 하고 있다. [씨엔씨레볼루션]은 대표작 〈이미테이션〉, 〈허니블러드〉를 비롯해 다수의 작품을 제작하고 있으며, 미국과 중국 등 해외에서 호평을 이끌어 냈다. 이재식 대표는 최근 K코믹스의 세계화에 기여한 공로를 인정받아 '2020 대한민국 콘텐츠 대상'에서 국무총리 표창을 받았다. [YJ코믹스] 김영중 대표는 [서울문화사] 편집국장을 역임한 후 사업에 뛰어들었다. 여성향 웹툰을 주로 제작하고 있는데, 웹소설 〈김비서가 왜 그럴까〉를 웹툰으로 만들어 성공시켰고, 드라마까지 히트시키며 사업을 탄탄하게 다지고 있다.

현재 웹소설과 웹툰계에서 이분들의 영향력은 상당하다. 더 많은 정보를 원한다면 위에 거론한 회사들을 검색해 보기 바란다. 여기서 소개하지 못한 회사의 정보들이 자세히 나올 것이다. 그리고 그 회사의 비전이 어떤지, 세간의 평이 어떤지 검색하고 채용공고가 언제 나오는지 항상 체크해 보기 바란다. 여러분의 첫 직장으로 부족함이 없을 것이다.

　　대형 플랫폼이나 규모가 큰 회사는 작가와 작품이 많아 각각의 업무가 나뉘어 있는 편이다. 회사마다 조금씩 다르겠지만 예를 들어서 작가와 작품 관리는 웹툰PD, 작품 프로모션과 마케팅은 웹툰MD, 라이선스 관리나 해외수출입 업무는 라이츠팀에서 맡아서 한다. 영역마다 전문적인 분야이고, 각 분야마다 거액의 자금이 왔다 갔다 하고, 모든 업무가 속전속결로 이뤄져야 하기 때문에 대형 플랫폼이나 큰 회사에서 신입을 뽑아쓰는 경우는 드물다. 그래서인지 인턴으로 뽑아 테스트 기간을 거친 후 정직원으로 전환하는 경우는 있지만, 신입을 뽑아서 바로 업무에 투입하는 경우는 거의 없다. 그래서 주로 경력직 사원을 뽑거나 작은 회사의 유능한 사원을 스카우트한다.

　　[네이버웹툰]에서는 매년 10~11월경 웹툰PD를 인턴으로 뽑는다. 거기서 테스트를 통과하고 능력을 인정받으면 정식

PD로 전환된다. [네이버웹툰]은 웹툰PD를 꿈꾸는 사람이라면 누구나 들어가고 싶은 회사이고 한 번쯤 꿈꿔본 곳일 것이다. 신입에 대한 대우도 업계에서 가장 좋다고 알고 있다. 그래서 인턴으로 뽑히는 것도 힘들지만, 정식 PD가 되는 길은 더 험난하다. 그러나 웹툰PD를 꿈꾸는 사람이라면 한 번쯤 도전해 볼 만한 코스다.

그러나 필자는 비록 규모가 작더라도 만화출판사나 에이전시, CP사에서 먼저 직장생활을 시작하는 것을 추천한다. 그래서 작은 회사를 크게 키우는 맛을 느껴보기를 권한다. 웹툰PD가 알아야 하는 모든 영역의 업무를 경험하고 경력을 쌓아 큰 곳으로 옮기라는 것이다. 앞서도 얘기했지만 큰 회사에서는 주어지지 않는 좋은 경험을 할 수 있고 많은 자산을 쌓을 수 있다. 업무에 필요한 갖가지 능력을 월급을 받으면서 익힐 수 있는 것이다. 요즘 트렌드와 맞지 않다고 할 수도 있다. 박봉에 일도 많고 고될 수 있다. 그러나 모든 일에는 빛과 그늘이 있기 마련이다. 긍정적인 측면을 보면서 역량을 키울 것을 권한다.

[네이버웹툰] 외 다른 플랫폼은 모집 기간이 따로 정해져 있지 않다. 워낙 이 직종이 핫하고 다이내믹해서 지속적으로 인재가 필요하므로 수시로 회사 홈페이지나 [사람인], [잡코리아]에 모집공고가 뜬다. 웹툰 에이전시나 CP사, 만화출판사도

마찬가지다. 구직자들은 취업 사이트의 검색창에 수시로 '웹툰' 또는 '웹툰PD'를 입력해 정보를 검색할 필요가 있다.

그러나 검색만 한다고 해서 능사가 아니다. 모든 것을 준비해 놓고 모집에 응해야 좋은 결과를 얻을 수 있다. 기회의 신 '카이로스'는 앞은 머리가 덥수룩하고 뒤는 맨들맨들한 대머리라고 한다. 카이로스가 지나간 후 뒤늦게 붙잡으려 손을 뻗으면 손이 미끄러져 붙잡을 수가 없다고 한다. 기회는 준비된 자를 위한 것이다.

채용공고를 보고 준비하면 이미 늦다. 회사에서 필요로 하는 인재가 될 수 있도록 미리 준비해야 한다. 어떻게 하면 웹툰PD가 될 수 있는지, 무엇을 준비하면 되는지에 대해서는 뒤에서 자세히 다루니 집중해서 보기 바란다.

스펙보다는 애정과 열정

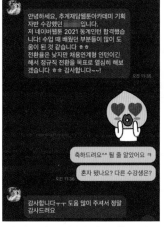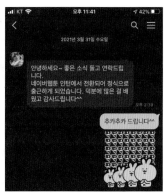

▲ 한 제자의 [네이버웹툰] 웹툰PD 합격 소식

추계 재담 아카데미에서 웹툰PD 기획자 과정을 가르칠 때, 한 제자가 [네이버웹툰] 2021 동계인턴에 합격했다고 문자를 보내왔다. 그리고 3개월 후 정식 PD로 최종 전환되었다는 소식을 다시 전했다. 정말 기뻤다. 교육자들이 이런 맛에 제자를 가르치는구나 하는 생각이 들었다.

이 학생은 무척 성실했다. 주말 오후에 있는 수업에 한 번도 늦지 않았고, 매주 숙제로 내준 과제도 빠지지 않고 완벽하게 수행했다. 평소에 웹툰에 대해 관심도 많았지만, 자신이 웹툰PD가 되기로 결심한 이후에는 이 분야와 업종에 대해서 엄청난 집중력을 발휘해서 공부했다. 먼저 웹툰 업계 동향과 시장 규모, 경제적 효과와 미래 비전을 연구하는 등 인터넷 정보와 여러 자료를 일목요연하게 정리해서 자신만의 언어로 만들어나갔다.

[네이버웹툰]에 지원하기로 결심한 뒤에는 [네이버웹툰]에 대해 분석하기 시작했다. 국내 디지털 만화 시장 개척자로서의 위상과 주요 연혁, 설립일, 매출, 연재되고 있는 작품 분석, 사업 전략과 현황 분석, 성장 전망과 미래 예측까지 정리하였고, 거기에 그치지 않고 한계와 개선점까지 망라하는 포트폴리오를 완성해나갔다. 또한, 직접 기획한 작품까지 선보이면서 자신이 기획력 있는 PD 지망생임을 어필하였다. 이런 친구들이 서류 통과는 물론 면접관의 눈에 띄는 건 당연한 일이다.

필자도 면접관으로서 신입사원을 많이 뽑아봤다. 학벌, 어학실력, 자격증, 인턴 · 연수 경험 등 신입사원들은 다양한 스펙으로 자신을 포장해오지만 그것만으로는 큰 변별력을 갖지 못한다. 가장 중요한 것은 자신이 지원하는 회사에 대한 관심과 자신의 업(業)에 대한 열정이 아닐까 한다. 그것이 화려한 스펙보다 훨씬 더 효과를 발휘할 것이라 장담한다.

[서울문화사]에 다니던 시절 신입사원 면접 때 한 지원자에게 "어떤 만화를 가장 재미있게 봤느냐?"라고 물었는데, 〈슬램덩크〉라는 대답이 나왔다. 면접관들이 모두 실망했음은 두말할 것도 없다. 〈슬램덩크〉는 경쟁사인 [대원씨아이] 작품이기 때문이다. 솔직한 것도 좋지만 너무 솔직한 것은 역효과를 낼 수 있다. 면접관은 자신이 듣고 싶은 것만 들으려 하기 때문이다. [서울문화사]에 지원하려고 했다면 최소한 그 회사의 주요 작품 정도는 읽지는 않았더라도 검색은 하고 와야 하지 않을까? 〈명탐정 코난〉이나 〈드래곤볼〉, 또는 〈주술회전〉을 재미있게 봤다고 답했다면, 그 친구의 결과는 뒤바뀔 수도 있었을 것이다.

다양한 영역의
웹툰PD들

플랫폼 웹툰PD

네이버웹툰, 카카오페이지, 레진코믹스, 탑툰, 봄툰 등

001

플랫폼 웹툰PD는 플랫폼에 서비스될 작품을 준비하는 것이 최우선 과제이다. [네이버웹툰]을 예로 들어 보자. 웹툰 생태계가 원활하게 돌아가는 우리나라에 몇 안 되는 곳이다. 누구나 웹툰을 투고할 수 있는 [도전만화]가 있고, 거기서 승격된 웹툰은 [베스트도전]으로 옮겨간다. [베스트도전]에서 인기를 얻은 웹툰은 웹툰작가의 로망이자 최고 목표인 [네이버웹툰]에 연재된다. [네이버웹툰]에 연재되면 어느 웹툰 플랫폼보다 높은 원고료를 받을 수 있고, 인지도를 높일 수 있다. 인기가 떨어지지 않는 이상 잘릴(?) 염려도 없다. 인기가 상위권에 오르면 억대 연봉 작가의 대열에 합류할 수 있다. 원고료 외에 조회율로 얻는 광고 수익과 미리보기 수익이나 완결 후 추가 수익도 국내 최고 수준이다. 작가들이 [네이버웹툰]에 몰리는 데는 그만한 이유가 있다.

그러나 [네이버웹툰]의 연재 작품이 자사 생태계에서 모두 만들어지는 것은 아니다. 일부는 에이전시나 출판사로부터 공급을 받고, 공모전을 통해 즉시 전력감을 찾아내기도 한다. 여기에서 [네이버웹툰] PD의 역할을 유추할 수 있다. 먼저 생태계를 잘 운영하여 지속적으로 괜찮은 작품들이 [네이버웹툰]으로 승격될 수 있도록 관리해야 하고, 업체별로 올라오는 양질의 작품을 엄선하여 연재해야 한다.

옛날 [네이버웹툰]이 독보적일 때는 업체에서 가지고 오는 작품 중에서 잘 선택하면 되었지만, 지금은 사정이 옛날 같지 않다. [카카오페이지], [레진코믹스] 등 다수의 경쟁업체가 생기다 보니 이젠 전쟁을 벌일 만큼 인기 작품을 유치하는 데 큰 공을 들이고 있다.

또한, 공모전을 통해 우수작을 확보해야 한다. [네이버웹툰]은 1년에 네 차례 [네이버웹툰] 공모전을 진행하고 있다. 사시사철 공모전을 통해 좋은 작품을 놓치지 않으려고 그물망을 꼼꼼히 치고 있는 형태다. 여기에서 웹툰PD의 감각이 중요한 역할을 한다. 독자들의 선호도도 반영하겠지만 공모된 작품 속에서 좋은 작품을 골라내는 능력, 옥석을 가리는 능력이야말로 플랫폼 웹툰PD가 갖춰야 할 자질이다.

플랫폼 웹툰PD는 자기 회사의 플랫폼이 더 커지고 발전하는 데 기여해야 한다. 그래서 플랫폼에서 만들어지는 빅데이터와 알고리즘을 끊임없이 분석하고 활용할 수 있어야 한다.

어느 연령층이 많이 유입되는지, 어떤 작품이 인기가 많은지, 어떤 장르의 작품을 선호하는지, 어느 시간대에 독자가 많이 유입되고 유료 결제를 하는지 등을 분석해서 그에 맞게 작품을 수급하고 마케팅에 활용해야 한다. 이러한 데이터 분석 활용 능력도 플랫폼 웹툰PD가 갖춰야 할 자질 중의 하나다.

에이전시 웹툰PD
재담, YLAB, 투유, 만화가족,
키다리스튜디오, 씨엔씨레볼루션 등

현재 웹툰 분야의 업체 중 가장 많은 수를 차지하는 것은 에이전시이다. 그만큼 에이전시 웹툰PD의 수요도 많다. 에이전시의 장점은 작고 빠르다는 것이다. 트렌드를 빨리 읽고, 플랫폼의 요구사항을 제때 파악해서 작품을 신속하게 제작할 수 있는 기획력과 빠른 행동력이 에이전시의 경쟁력이다.

에이전시 웹툰PD의 주 업무는 작품을 기획하고 개발하는 것이다. 그에 따른 작가 섭외와 작가 관리는 기본이다. 만화가 출판에 머물고 산업으로 커지기 전에는 '만화가를 위한 에이전시'를 꾀하는 것은 꿈과 같은 얘기였다. 만화가의 몸값이 너무 낮았고 만화산업이 워낙 영세했기 때문에 에이전시를 둘 만한 상황이나 여건이 되지 못했다. 그러나 지금은 상황이 완전히 달라졌다. 웹툰을 원하는 곳이 많아졌고, 웹툰작가의 몸값과 웹툰산업이 비약적으로 커져서 이제는 충분히 에이전트가 활동할 만하다. 또 에이전시의 활약에 따라서 웹툰작가는 더 많은 기회를 부여받을 수 있고, 파이도 덩달아 커져서 서로의 몫을 더 많이 챙길 수 있는 환경이 되었다.

특히 일부 메이저 플랫폼에서는 작가들을 직접 관리하는 것이 복잡하고 효율이 높지 않다고 판단해서인지 작가와 작품 관리를 대부분 업체에 맡기고 에이전시나 CP업체를 통해서 작품을 공급받고 있다. 예를 들어 [카카오페이지]에는 작가가 직접 작품을 연재할 수 없다. 작품을 연재하고 싶으면 에이전시나 CP업체를 통해서 해야 한다. 만약 플랫폼에서 작가와 작품 관리를 직접 하려고 한다면 엄청난 수의 웹툰PD를 채용해야만 운영할 수 있을 것이다. 노동력보다는 IT 기술을 통해 효율적인 최첨단 플랫폼 기업을 지향하는 회사에서 웹툰 에이전시와 CP업체를 파트너로 두는 이유다.

그래서 에이전시 웹툰PD에게 필요한 자질 중 하나가 '협상력'이다. 자사에서 기획하고 제작한 작품을 플랫폼에 좋은 조건으로 판매해야 하기 때문이다. 판매대금은 선인세 형식으로 받을 수 있고, 제작비 지원이나 투자 형식으로 받을 수도 있다. 에이전시는 작품을 한 곳에 독점으로 팔 수도 있고, 전체에 비독점으로 내놓을 수도 있다. 그리고 작품이 가장 잘 어울리고 매출이 잘 나올 만한 곳을 선정하여 우선으로 공급 협상을 할 수도 있다. 한 작품 또는 여러 작품을 묶어서 패키지로 팔거나 정액제로 협상할 수도 있다.

이 모든 일이 에이전시 웹툰PD가 해야 할 일이다. 하지만 이 모든 과정을 작가들과 잘 소통하고 협의해서 진행해야 한다. 웹툰PD가 독자적으로 판단해서 결정하면 꼭 뒤탈이 난다는 것을 명심하기 바란다. 작가에게 통보하고 승인을 받아서 진행한다면 작가들과 플랫폼 양쪽으로부터 좋은 평가를 얻을 것이다.

003

제작스튜디오PD
코핀커뮤니케이션즈,
레드아이스, 스튜디오질풍,
유주얼 미디어, 울트라 미디어 등

원천IP를 확보하는 것이 화두가 되면서 플랫폼, 에이전시, 출판사 등에서는 웹툰 스튜디오가 필요해졌고, 때마침 노블코믹스의 호황으로 스튜디오 설립 붐이 일었다. 스튜디오의 형태는 한 가지로 특정 지을 수 없지만, 운영 방식의 핵심은 분업화이다. 기획자와 스토리작가, 각색자(콘티작가)와 펜선작가, 채색작가, 효과를 내는 그래픽작가가 회사의 직원으로 일을 하는 것이다. 아니면 일부를 외주 형태로 진행하기도 한다. 각색을 외주로 돌리기도 하고, 채색을 외주로 돌리기도 한다. 스토리작가 대신 웹소설을 원작으로 차용하기도 한다.

제작스튜디오에서는 오리지널 작품을 만들기도 하지만, 웹소설 회사, 플랫폼, 출판사에서 의뢰를 받아 작품을 제작해 주기도 한다. 제작비를 지원받고 적절하게 수익을 배분하는 조건으로 계약을 한다. 여기에서 제작스튜디오PD는 전문화되고 분업화된 인력을 관리하는 역할을 해야 한다. 스토리작가,

각색자, 펜선작가, 채색작가, 그래픽작가가 마감을 제대로 하고 있는지, 목표 분량을 채우고 있는지, 다음 작업 순번에 제때 넘겼는지 수시로 체크해서 작업이 멈추지 않도록 하여 지속적으로 작품의 공정과 질을 유지하는 역할이다.

작가들을 직장인처럼 회사에 출근하게 해 마감을 시키는 건 말처럼 쉬운 일이 아니다. 조직에 얽매여본 적 없는 작가들이 출퇴근에 익숙할 리 없기 때문이다. 너무 옥죄면 탈이 날 수도 있다. 이유 없이 연락이 되지 않거나 불현듯 사표를 내기도 한다. 줄을 너무 팽팽하게 당기면 끊어지는 것과 같은 현상이다. 그럴 땐 적절히 재택근무나 유연출근제를 도입하는 등 이런 항목을 채용조건으로 활용할 수 있다.

만일 제작스튜디오PD가 작가적 재능이 있다면 스토리나 각색 등을 맡아서 웹툰을 같이 만들 수도 있다. 그러면 훨씬 더 작업이 흥미로울 수 있고, 작품에 애착이 갈 것이다. 월급 외에 저작권 배분도 기대할 수 있을 것이다. 필자가 알고 있는 스튜디오에서는 대표나 웹툰PD들이 작가의 일을 병행하는 경우가 종종 있다. 작가적 재능이 뛰어나거나 웹툰작가를 꿈꾸었다가 웹툰PD로 전향한 지원자라면 제작스튜디오PD가 적성에 맞을 수도 있다.

004

웹툰PD와
웹툰MD의 차이점

웹툰PD는 많이 들어봤는데 웹툰MD는 생소하게 여기는 사람이 많다. PD는 Producer, MD는 Merchandiser의 준말이다. 어원으로 따지면 PD는 '예체능 일반, 연극, 영화, 방송 따위에서 제작의 모든 관리를 책임지는 사람'이고, MD는 '경영, 시장조사 결과를 바탕으로 적절한 상품을 개발하거나 상품의 가격·분량·판매 방법 따위를 계획하는 사람'이다. PD가 제작자라면, MD는 회사의 영업사원이나 마케터와 일맥상통한다.

그럼 웹툰PD와 웹툰MD가 하는 일을 구체적으로 나눠 보자. 먼저 웹툰PD의 주 업무는 작품과 작가 관리이다. 작품을 기획하고, 작가를 섭외하고, 작품의 연재와 종결에 관여한다. 새로 만든 작품은 신작이고, 이전에 만든 작품은 구작이다. 웹툰PD는 신·구작 작품 관리와 함께 작가 관리도 병행한다.

신작은 연재가 계속 진행될 수 있도록 작가와 함께 작품의 방향을 잡고 수정하거나 교정을 진행한다. 구작의 경우는 수익 배분이나 라이선스 관리를 통해 작가와의 지속적인 계약 연장을 도모한다. 예전에는 작가와 업체 중 한쪽에서 요구가 없으면 계약이 1년씩 자동 연장되었다. 현재의 표준계약서에서는 작가와 업체 간 연장 여부에 대한 사전 통부(서면 통보나 e메일도 가능)가 필수적이다. 그것이 행해지지 않으면 계약이 종료될 수 있으니 웹툰PD는 작가와 작품 관리에 만전을 기해야 한다. 한마디로 웹툰PD의 업무는 작가와 밀접한 관련이 있다고 보면 된다.

반면, 웹툰MD는 웹툰PD가 제작한 작품을 플랫폼이나 유통업체에 판매하여 매출을 만들어내는 역할을 한다. 일반회사의 영업사원이라고 생각하면 된다.

예를 들어 [재담]이라는 회사는 국내 최고의 웹툰 제작회사이자 에이전시 중 하나다. 이곳에서는 무수한 웹툰이 웹툰PD들의 손에서 만들어진다. 그러면 웹툰MD들은 그 작품을 [네이버웹툰], [카카오페이지], [리디북스], [미스터블루], [탑툰], [투믹스], [리디북스] 등 수많은 플랫폼에 셀링한다. 거기서 나온 매출을 계약에 따라 플랫폼과 배분한다. 그렇게 배분된 금액이 [재담]의 순매출이 되는 것이다. [재담]은 그 순매출을 작가와 계약한 대로 배분하는 것이다.

그렇다면 웹툰MD는 전달자의 역할만 하는 것인지 궁금해할 것이다. 그렇지 않다. 홈쇼핑의 MD를 생각해 보자. MD의 신뢰도와 진행 능력에 따라서 제품 판매가 천차만별이다. 웹툰MD도 마찬가지다. 플랫폼에 가서는 자사의 작품을 제대로 홍보하고 적절한 이벤트와 프로모션을 따내야 한다. 거기에 따라 작품의 매출이 좌지우지된다. 그러기 위해서는 웹툰MD가 자사의 작품을 제대로 파악하고 있어야 한다. 평소에 자사의 모든 웹툰을 꼼꼼하게 보면서 특장점을 잘 파악하고 고객과 클라이언트에게 제대로 설명할 수 있어야 한다.

둘째는 플랫폼에서 원하는 요구사항을 웹툰PD에게 제대로 전달해야 한다. 플랫폼의 요구사항이 뭐겠는가? 각종 요구사항이 있을 수 있지만 결국은 가장 잘 팔리는 웹툰을 만들어 달라는 것이다. 웹툰MD는 이런 부분을 웹툰PD에게 제대로 전달하고 그런 작품이 나올 수 있도록 지원하는 역할을 한다. 그 외에 시장 상황, 산업 동향, 트렌드, 플랫폼별 순위 등의 자료를 꾸준히 웹툰PD에게 전달하는 것도 중요한 역할이다. 날 것으로 전달하는 것보다 분석하고 의견을 덧붙여 전달하면 금상첨화(錦上添花)일 것이다.

이런 소통이 잘 이루어지면 시장을 미리 분석하고 선점하는 효과도 가져올 수 있다. 이런 역할을 수행하지 못하는 웹툰MD는 앞에서 얘기한 '전달자'에 불과할 것이다. 그리고 그런

MD들로 구성된 회사는 금방 매출이 저조해지고, 회사도 위태로워질 것이다. 자고로 예부터 '영업은 회사의 꽃'이라고 하는 데는 다 이유가 있다.

웹툰MD는 해외수출입을 관리하는 역할도 한다. 그러므로 늘 글로벌 마케팅 준비를 하고 있어야 한다. 자사의 웹툰을 중국, 일본, 동남아부터 미국, 유럽까지 뻗어 나갈 수 있게 하는 수출의 역군이 되어야 한다. 그러려면 외국어 하나 이상은 유창하게 구사할 수 있어야 한다. 영어는 기본이다. [서울문화사], [대원], [학산]처럼 해외수출입 업무가 많은 회사에서는 이 업무를 국제부 또는 라이츠팀(Rights Team)에서 담당한다. 일본만화와 소설의 수입 비중이 높기 때문이다. 주로 일본어 전공자들이 라이츠(Rights : 저작권) 업무를 많이 맡고 있다. 그러나 작은 규모의 회사에서는 웹툰MD가 해외수출입 업무까지 맡아서 하는 경우가 많다.

요즘 웹툰 회사에서는 주로 국내작품을 위주로 진행하고 있고, 수입보다는 수출에 무게를 두고 있다. 워낙 핫한 분야라서 계속해서 신생 회사가 생겨나고 있고, 기존의 회사들도 규모가 큰 곳이 많지 않기 때문에 웹툰PD가 웹툰MD의 역할을 같이 하는 곳이 많다. 업무가 너무 많아서 힘들 거라고 생각할지 모르지만, 작품 수가 적기 때문에 동시 업무가 가능하다. 작품이 다양해지면 그에 맞춰서 직원을 충당하거나 업무에 맞게 팀을 꾸리고 배분하면 된다. 이런 업무가 주어졌을 때 일이 많다고 푸념할 게 아니라 다른 영역을 직접 경험한다는 마음 가짐으로 임하는 것이 좋다.

5
장

웹툰PD
자질 갖추기

001

웹툰PD가
갖춰야 할 자질 10

웹툰PD로서 갖춰야 할 자질을 10가지로 추려 보았다. 어디까지나 필자의 생각일 뿐 정답은 아니지만, 20년 이상 이 분야에서 일하다 보니 이런 자질을 갖춘다면 웹툰PD를 하는 데 많은 도움이 될 것이란 생각에 정리했으니 도움이 되길 바란다. 중요한 자질은 '웹툰에 대한 사랑과 열정'이지만 기본적인 것이라 리스트에서는 뺐다. 기본을 갖추지 못한 사람은 지원하지 않기 바란다. 자신도 힘들고, 같이 일하는 사람도 힘들어지기 때문이다.

**소통능력이
뛰어나야 한다!**

웹툰PD는 소통능력, 즉 커뮤니케이션 능력이 뛰어나야 한다. 이것의 중요성을 모르는 사람은 없을 것이다. 웹툰PD가 소통해야 할 사람(이해관계자)들을 거론해 보자. 작가, 회사 대표, 본부장, 팀장, 선배, 플랫폼 담당자, 웹소설PD 등이 있다. 가장 밀접하게 업무와 관련된 사람들이니 항상 커뮤니케이션에 신경 쓰고 노력해야 한다. 이 중에서도 작가와의 소통은 웹툰PD의 핵심 업무이다. 작가와 소통이 잘 이루어지면 친밀해지고 신뢰가 쌓인다. 그런 토대 위에 좋은 작품이 만들어지는 것이다.

다음은 확대된 이해관계자들이다. 독자, 드라마 제작사, 영화 제작사, 게임 제작사, 만화가협회, 웹툰산업협회 등 만화/웹툰 관련 단체, 한국콘텐츠진흥원, 한국만화영상진흥원 등 만화/웹툰 관련 기관 등이다.

특히 웹툰PD는 기본적으로 독자와의 커뮤니케이션에 능해야 한다. 그래야 독자가 보고 싶어 하는 콘텐츠를 만들 수 있다. 또한 웹툰PD 업무를 하면 자연스럽게 네트워크가 넓어지고 관련 사람들과 교류를 하게 된다. 원작 웹툰을 OSMU할 때, 관련 단체와 연대 행동을 할 때, 기관으로부터 지원을 받을 때도 소통이 중요하다. 소통능력을 어렵게 생각할 필요는 없다. 남이 하는 얘기를 '경청'해서 무엇을 말하려는지 맥락을 잘 파악하고, 자신의 의사를 확실히 전달하는 것이 핵심이다.

작품 기획에 능해야 한다!

웹툰PD에게 작품 기획 능력이 필요한 이유는 작품을 보는 눈이 있어야 하기 때문이다. 웹툰PD가 작품 기획을 잘 하면 작가를 하지 굳이 웹툰PD를 하겠냐고 반문할지도 모르지만 작가와 작품에 대한 깊은 대화를 나누고 함께 만들어가기 위해서는 기획력이 필요하다. 그리고 신인작가들과 새로운 작품을 함께 기획할 수 있고, 공모전 등 다수의 작품을 심사하고 될성부른 작품을 선정할 수 있다.

작품 기획력은 단기간에 만들어질 수 없다. 많은 웹툰 작품을 보면서 감각을 익혀야 하고, 별도로 공부를 해야 한다. 이 책의 '6장, 웹툰 실전 프로젝트, 기획하기'를 참고해 작품 기획 노하우를 쌓기 바란다.

작가적 재능은 있으면 금상첨화 (錦上添花) 그러나 과유불급 (過猶不及)!

웹툰PD에게 작가적 재능이 있으면 좋다. 그러나 과하면 곤란하다. 작가와 웹툰PD는 같으면서 다른 존재이다. 한쪽은 Writer, 한쪽은 Producer로, 의미 그대로 둘 다 만드는 사람이지만 연재가 시작되면 웹툰PD의 이름은 찾아볼 수 없고 작가의 이름만 나온다. 웹툰PD는 보조자 역할이다. 비유를 하자면, 작가가 비행기 조종사라면 웹툰PD는 관제탑이라고 할 수 있다. 비행기가 운행을 끝낼 때까지 관제탑이 안전하게 방향을 잡아주는 역할을 하는 것처럼, 웹툰의 완결이라는 머나먼 여정에서 작가와 웹툰PD는 서로에게 없어서는 안 되는 존재이다.

웹툰PD가 작가적 재능이 있으면 금상첨화(錦上添花)다. 작가와의 소통과 공감도 빠를 것이고, 작품 제작에 대한 이해도 높을 것이다. 작가들이 힘들 때 물심양면으로 도울 수도 있다.

그런데 작가적 재능이 너무 많으면 자꾸 작품에 욕심을 내게 될 수 있어 곤란하다. 작가를 돕는 보조자 역할을 하려는 게 아니라 자기 이름의 작품을 내고 싶어 한다. 그래서 웹툰PD를 그만 두고 작가를 하겠다고 하는 경우도 종종 있다. 또 대학교 웹툰학과에 다니다가 작가의 길을 포기하고 웹툰PD에 지원한 친구들이 이후에도 늘 웹툰PD와 작가 사이에서 갈등하는 경우가 종종 있다. 그런 정체성에 대한 고민이 길어지면 스스로 힘들어진다.

작가와 웹툰PD, 어느 쪽도 쉬운 길이 아니다. 한쪽만 선택해서 정진해도 성공하기 어렵다. 고민이 늦어지면 앞으로 나가는 속도가 느려지고 뒤처질 수밖에 없다. 자신을 객관적으로 파악하고 어디에 전념할지 확실히 정해야 한다.

대중적·상업적 감각이 있어야 한다.

웹툰은 크게 작가주의적 작품과 대중적 작품으로 나눌 수 있다. 전자는 작품의 의미가 깊고, 사회적 메시지도 강하고, 작가의 철학도 진하게 배어 있는 경우가 많다. 후자는 대중이 좋아하게끔 트렌디하고 상업적으로 만들어진 측면이 강하다. 시원시원한 전개, 확실한 캐릭터, 잘 짜인 기승전결 전개와 기막힌 반전 등 재미요소가 뛰어나다. 영화로 치면 전자는 독립영화나 인디영화로 보면 될 것이고 후자는 상업영화로 보면 될 것이다.

웹툰PD는 대중적·상업적 감각이 있어야 한다. 웹툰 독자는 10~20대가 가장 많다. 그 독자층이 즐겨보고 선호할 만한 작품을 기획하고 만들어야 성공할 확률이 높다. 물고기가 가장 많은 곳에 그물을 치는 이치다.

웹툰은 가장 대중적인 서브컬처(Sub Culture)다. 가볍고 휘발성이 강한 매체인 것이다. 그래서 대중적인 콘텐츠가 상업적으로 성공하는 사례가 많다. 또한 다양한 측면에서 작가주의적 작품도 있어야 한다. 좋고 나쁨의 문제가 아니니 오해하지 말길 바란다.

웹툰PD는 웹툰이라는 한 프로젝트의 총책임자라고 할 수 있다. 제작비 예산은 얼마인지, 몇 회로 완결할 것인지, 이 작품을 통해서 얼만큼의 매출을 예상하는지 파악하고 있어야 한다. 그래야 작가에게도 제작비 외에 더 많은 수익을 가져가게 할 수 있고, 회사에도 기여할 수 있고, 자신의 가치도 높일 수 있다. 그러려면 부단히 작품이 대중에게 어필할 수 있는 요소를 파악해야 하고, 대중적이고 상업적인 감각을 갖추고 유지해야 한다. 그래서 기획한 작품이 작가 중심으로 빠지지 않고 대중의 사랑을 받을 수 있게끔 방향을 잡아주는 역할을 해야 한다.

다수의 히트한 웹툰을 분석해서 매뉴얼을 만드는 것도 좋은 방법이다. 히트 작품의 성공 포인트를 분석해서 정리해 보자. 여러 작품을 분석하다 보면 공식 같은 것이 보일 것이다. 이렇게 정리한 것을 작가들과 공유하면서 대중적·상업적 방향을 제시한다면 유능한 PD로 인정 받을 것이다.

스타 기질보다 매니저 기질이 있어야 한다!

작가와 웹툰PD가 함께 작업한 작품이라도 플랫폼에 연재될 때는 작가의 이름만 나온다. 작가와 웹툰PD의 관계는 스타와 매니저의 관계라고 보면 이해가 빠를 것이다. 매니저가 얼마나 역할을 잘 하느냐에 따라서 스타는 더욱 빛을 발할 것이다. 그런데 둘의 관계가 좋지 않으면 금방 표시가 나고 인기도 떨어질 것이다. 두 사람 모두 망하는 것이다. 웹툰PD는 자신을 내세우기보다 작가와 작품 뒤에서 어떻게 하면 그들을 더욱 빛나게 할 수 있을지 항상 고민하고 노력해야 한다. 그래서 웹툰PD는 스타 기질이 있는 사람보다 매니저 기질이 있는 사람이 적합하다고 할 수 있다.

트렌드를 잘 읽을 줄 알아야 한다!

웹툰 트렌드는 어느 분야보다 빠르게 변화한다. 좀비물, BL물, 요리·음식, 페미, 신무협, 환생, 빙의, 소확행, 욜로, 워라밸 등 다양한 분야와 주제가 트렌드로 등장한다. 웹툰PD는 이런 트렌드를 놓치지 않고 앞서갈 수 있어야 한다. 그렇다고 너무 앞서가면 생뚱맞을 수가 있다. 반 발짝 정도 앞서서 뒤따라오는 사람들의 다리를 걸고 넘어뜨려야 한다. 그러면 사람들은 도미노처럼 줄줄 넘어질 것이다. 재미의 도미노에 걸려 계속해서 넘어지는 것이다. 이것이 바로 대박의 비결이다.

그런 트렌드를 캐치하는 능력은 타고나는 게 아니다. 부지런히 연구하고 공부해 습득하는 것이다. 각 플랫폼마다 인기 순위 10위 내의 웹툰에 어떤 것이 있는지 꿰뚫고 있어야 한다.

또한 요즘 영화와 드라마는 어떤 게 재미있는지, 베스트셀러 도서는 무엇이며, 사회적 화두는 무엇인지 뉴스 검색도 꾸준히 해야 한다. 웹툰PD는 자기가 좋아하는 작품만 보거나 거기에 빠져서는 안 된다. 주식투자에도 비슷한 얘기가 있다. 자기가 산 주식과 사랑에 빠지면 안 된다는 것이다. 폭망하는 지름길이라는 뜻이다. 웹툰PD는 조금만 트렌드에 무심하면 금방 '구닥' 소리를 들을 수 있으니 평생 노력해야 한다.

프로그램을 잘 다뤄야 한다!

옛날의 만화 편집자는 워드프로세서만 잘 다루면 되었다. 그러나 지금의 웹툰PD는 그렇지 않다. 워드프로세서는 기본이고, 포토샵, 클립스튜디오 등 웹툰에 필요한 그래픽 프로그램도 어느 정도 다룰 줄 알아야 한다. 또한, 엑셀과 파워포인트도 다룰 수 있어야 한다. 팀 운영 및 작가 정산, 업계 동향 정리, 보고서 작성 등에 꼭 필요하기 때문이다. 웹툰PD를 지망한다면 틈틈이 관련 프로그램 공부를 해 두자.

외국어 한두 개는 구사할 줄 알아야 한다!

일본만화 수입이 한창일 때 만화출판사에서는 일어 능통자를 우대했다. 수입할 일본 원작을 빠르게 읽고 파악하는 능력이 필요했기 때문이다. 일본출판사에서 자료가 올 때도 있었지만, 남들보다 더 빠르게 좋은 작품을 수입하기 위해 일본으로 출장을 가서 갓 나온 신간 도서를 서점에서 구입하여 검토할 때도 있었다. 지금 웹툰 플랫폼이나 회사에서는 중국어 능통자를 많이 뽑는 것으로 알고 있다. 확실히 중국은 만화보다 웹툰이 더 보편화되어 있기 때문에 향후 중국 시장 진출이나 중국 웹툰, 웹소설의 수입을 위한 포석일 것이다.

영어는 기본으로 구사할 수 있어야 한다. 모든 국제서류나 계약서가 세계 공용어인 영어로 진행되고, 웹툰은 이제 세계의 문화로 뻗어나가고 있기 때문이다. 영어는 학교에서 십수년 동안 공부했으니 문법이나 독해에는 능할 것이다. 더불어 회화나 무역영어처럼 좀 더 실용적인 영어도 공부할 것을 추천한다.

보편적 재미 감각을 유지해야 한다!

〈엑시트〉나 〈극한직업〉 같은 천만 관객을 유치한 코미디 영화에 대한 평 중에 "도대체 왜 이 영화가 재미가 있다는 것인지 모르겠다"는 사람이 꼭 있다. 세계인이 각광한 〈오징어 게임〉을 재미없다란 사람도 있다. 그런 사람은 보편적 재미 감각이 떨어진다고 할 수 있다. 많은 사람들이 찾는다는 것은 그만큼 보편적 재미가 있다는 것이고 그런 보편적 재미를 원하는 사람이 많으니 입소문을 타고 관객이 꼬리에 꼬리를 물게 되는 것이다. 그런 작품이 블록버스터가 되고 메가히트작이 된다.

웹툰도 마찬가지다. 내용은 별로 없는데 액션 중심으로 가볍고 시원시원하게 전개되는 작품이 있다. 어떻게 보면 유치하지만, 조회율이 높고 독자가 많이 찾는다면 그것 또한 정답이다. 나이가 들고 경험과 지식이 쌓이면 세상을 보는 눈이 달라진다. 격정적으로 다가오던 것이 시시해지고, 예민하던 감각도 점점 무뎌진다. 그럴수록 10대나 20대가 보는 작품이 유치하게 느껴지는 경우가 많다. 왕따나 학원폭력을 소재로 다루는 학원물은 젊은 시절에는 그렇게 와닿고 살 떨리더니, 나이를 먹은 후에는 유치하고 아이들 장난처럼 보인다. 웹툰PD가 그렇다면 감각이 떨어진 것이다. 스포츠 선수에게 에이징 커브가 있듯이 웹툰PD의 감각에도 에이징 커브가 생기는 것은 당연하다.

웹툰PD가 자기 연령대에 맞춰서 작품을 기획하는 것은 어떻게 보면 쉬운 일이다. 그런데 자기 연령대보다 훨씬 어린 독자에 맞춰서 작품을 기획하는 것은 쉬운 일이 아니다. 많은 사람이 재미있어하는 작품을 만들려면 보편적 재미 감각을 항상 유지하도록 노력해야 한다. 늘 감각이 무뎌지지 않게 칼을 갈고 또 갈아야 한다.

골고루 볼 줄 알아야 한다!　　사람은 태어날 때부터 남녀로 성별이 결정되어서 나온다. 남자와 여자는 유전자적 성향이 달라서 그런지 웹툰을 소비하는 성향도 남성향과 여성향으로 나눠진다. 남자들은 대개 무협, 학원물, 액션, 판타지 등을 선호하고 여자들은 대개 로맨스, 로맨스판타지, 드라마, BL 등을 선호한다. 물론 그 경계를 뛰어넘어 폭넓게 소비하는 사람도 있다.

요즘은 워낙 웹툰 수가 많다 보니 독자의 취향도 점점 세분화되고 있는 듯하다. 스릴러만 선호하는 독자가 있고, BL만 보는 독자도 있다. 무협 중에서도 고전무협만 보는 독자가 있고, 신무협만 보는 독자도 있다. 자기 좋아하는 것만 찾아봐도 다 못 볼 지경인데, 이리저리 다른 취향의 작품까지 찾을 필요도, 그럴 시간도 없는 것이다.

그런데 웹툰PD는 그 경계를 뛰어넘어야 한다. 남성향 여성향은 가릴 것도 없고, 10~50대가 선호하는 다양한 웹툰을 섭렵해야 한다. 웹툰PD는 자기가 좋아하는 웹툰만 보아서는 안 된다. 어느 연령대의 어느 성별, 어느 장르에서 어떤 작품들이 인기가 있는지 봐야 하고 그 인기 키워드를 찾아내야 한다. 웹툰PD는 웹툰을 즐기기보다는 공부하고 연구해야 한다. 그래서 웹툰PD는 즐겁지만 또 마냥 즐겁지만은 않은 직업일 수 있다.

웹툰을 좋아하면 누구나 웹툰PD가 될 수 있는 자격이 있다. 진입장벽이 낮아 보이지만 막상 웹툰PD가 되고 나면 엄청난 노력이 필요하다. 웹툰PD가 되면 웹툰을 취미로만 볼 수 없기 때문이다. 항간에는 '웹툰PD가 괴로워야 독자가 즐겁다'는 말도 있다.

웹툰PD가 해서는
안 되는 일 10

웹툰PD로서의 자질을 갖추는 것보다 더 중요한 것은 하지 말아야 할 것을 삼가는 것이다. 웹툰PD로서 훌륭한 자질을 가졌음에도 불구하고 굳이 하지 말아야 할 것을 함으로써 구설에 오르고, 작가나 회사의 신뢰를 잃어버리는 등 자신의 몸값을 깎는 경우가 종종 있다. 웹툰PD가 하지 말아야 할 일을 10가지로 압축해 보았다.

지적질

작가가 만들어온 웹툰을 피드백하면서 장점과 가능성은 놔두고 지적부터 하는 웹툰PD가 있다. 지적하는 것이 웹툰PD가 해야 할 일이라고 착각하는 부류가 이런 잘못을 저지른다. 웹툰작가들 중에는 멘탈이 약한 사람이 의외로 많다. 또 신인작가는 대부분 나이가 어린 편이다. 적게는 몇 주일, 많게는 몇 달 공을 들여 만들어온 원고를 제대로 보지도 않고 원칙이나 뚜렷한 근거 없이 이리저리 난도질하는 갑질(?)을 견딜 수 있는 작가는 그리 많지 않다.

작품의 단점을 지적할 때는 틀리거나 부족한 부분을 정확하게 짚어야 한다. 또한 그 근거와 방향성에 작가가 공감해야 한다. 작가가 공감하지 못하는 지적질은 반감만 키울 뿐이다. 또 꼭 지적하고 싶을 때는 그에 따른 책임감이 동반되어야 한다. 책임감 없는 지적질을 계속하면 결국 작가만 잃을 뿐이다. 전혀 작품으로 발전할 수 없는 원고를 만난다면 친절하고 정중한 사과와 함께 돌려보내기 바란다. 쓸데없는 지적질은 애꿎은 화만 자초할 수 있다.

무성의

무성의한 태도도 금물이다. 작품을 보는 것은 힘든 일이다. 집중하지 않고 건성으로 보면 금방 표가 난다. 원고를 건성으로 보면 마치 난독증처럼 자기가 무엇을 봤는지 모를 때가 많다. 그래서 올바른 피드백이 아니라 횡설수설을 하게 된다. 그러면 작가는 절대 공감하지 않을 것이다. 그런 무성의로 인해 작가와 웹툰PD의 신뢰에 금이 가는 것이다. 원고를 검토할 시간이 없다면 작가에게 정중히 얘기하고 언제까지 보고 피드백하겠다고 약속을 하는 것이 좋다. 그리고 작품을 볼 때는 집중해서 성의 있게 봐야 한다. 그래야 제대로 피드백할 수 있다. 작가와의 약속은 꼭 지켜야 한다.

무관심

웹툰PD가 작가를 만나거나 대할 때 성심성의껏 하지 않는다면 작가는 자기가 무시당했다고 생각할 것이다. 작가는 섬세하고 예민한 존재다. 또 사회생활에 익숙하지 않고 대인관계가 넓지 않은 경우가 많다. 그런데 웹툰PD가 작가를 대할 때 업무적으로만 대하거나 관심이 없다면 작가들은 금방 서운해할 것이다. 그리고 조금 더 인간적인 사람을 찾아 떠날 것이다. 웹툰PD는 자기가 알게 된 작가들이나 담당하는 작가들을 성심성의껏 대해야 한다. 생일이나 대소사를 정성껏 챙기는 것도 필요하다. 그런 부분에서 인간적인 정과 신뢰가 쌓인다. 아무리 비즈니스적인 관계라고 할지라도 아직 그런 인간적인 부분이 많이 작용하는 것이 이 분야이다.

무공부

웹툰PD가 된 이후에 공부를 등한시하는 사람들이 있다. 맡은 업무만 하고, 담당하는 작품만 보려고 한다. 그래서는 안 된다. 웹툰PD가 된 후에는 공부를 더 해야 한다. 자기가 맡은 작품 외에 어떤 작품들이 인기가 있는지 각 플랫폼의 인기순위 작품을 검토하는 것을 비롯해서 트렌드가 어떻게 흘러가는지 파악해야 한다. 그래서 작가들에게 좋은 정보를 제공하고 꾸준히 대화해야 한다. 그리고 매일 웹툰 관련 기사를 검색해서 읽어보고 업계와 산업 동향을 파악하면서 웹툰계가 어떻게 변화할지 예측해 보고, 웹툰PD로서 자신의 역할을 어떻게 더 잘 할 수 있을 것인지 고민하고 행동해야 한다. 또 프로그램도 더 잘 다룰 수 있도록 공부하고, 외국어 공부도 틈틈이 하는 것이 좋다. 이제 평생 공부를 해야 하는 시대가 왔다. 공부를 놓는 순간 뒤처질 것을 각오해야 한다. 이 책을 보는 웹툰PD에게는 그런 일이 없었으면 좋겠다.

무원칙　　　　　웹툰PD가 작품을 보는 눈에 원칙이 없으면 작가가 헷갈리는 경우가 생긴다. 똑같은 것을 어떨 때는 이렇게 얘기하고 어떨 때는 저렇게 얘기하면 작가는 혼란에 빠지고 만다. 웹툰PD의 말 한 마디는 작가에게 엄청난 영향을 미친다. 곧바로 그림 수정과 연결이 되기 때문이다. 작가 입장에서 그림 수정은 정말 피하고 싶은 일이다. 특히 심혈을 기울여 그린 그림이 수정이나 삭제의 대상이 될 때의 상실감은 말로 표현할 수 없을 만큼 크다. 필자도 그림 그리기를 좋아하고, 여러 편 그려 본 입장에서 그 기분을 충분히 이해한다. 작가에게는 죽기보다 싫은 일일 수도 있다. 그래서 웹툰PD는 작품을 보는 관점이 일관될 필요가 있다. 그래야 작가들이 설득되고 공감하면서 그림 수정에 동의할 것이다. 웹툰PD가 핵심을 지적하고, 지적한 대로 고쳤더니 작품이 더 멋있게 변하고 완성도가 높아지더라는 생각이 들어야 한다. 그러려면 웹툰PD의 변하지 않는 원칙이 중요하다.

미루기·뭉개기　　　　　웹툰PD는 아무리 바빠도 원고 피드백을 미루거나, 작가나 거래처와의 약속을 뭉개거나, 특히 작가의 정산을 미루면 안 된다. 작가는 작품을 빨리 보여주고 꿀 같은 칭찬이든 예리한 지적이든 피드백을 받고 싶어한다. 그런데 웹툰PD가 그것을 차일피일 미루면 작가는 마냥 기다리다가 시간 낭비를 하게 된다. 추가 작업에는 손을 대지 못한 채 목을 빼고 피드백만 기다린다. 웹툰PD는 작가의 시간을 아낄 줄 알아야 한다. 내가 피드백을 하지 않으면 작가가 아무것도 하지 못하고 있다는 것을 직감적으로 깨닫고 있어야 한다. 그렇다고 빨리빨리 건성으로 보라는 것이 아니다. 그렇게 피드백하면 작품이 엉뚱한 방향으로 흘러 좋은 결과를 내지 못할 것이다. 피드백은 최대한 빨리 하되 제대로 해야 한다.

웹툰PD는 작가나 거래처와의 약속을 잘 지켜야 한다. 약속을 잘 지키는 것은 사회생활에서 꼭 필요한 부분이지만 특히 작가와의 약속은 철두철미하게 지켜야 한다. 작가는 일반 직장인과 달리 비즈니스 약속이 많지 않다. 옛날과 달리 원고도 디지털로 전송하는 시대라 담당PD와의 만남도 잦지 않다. 그러니 한 번 약속을 잡으면 설레거나 긴장하게 된다. 그런데 약속이 취소되거나 보류되면 그 상실감이 클 것이다. 거래처와의 약속도 마찬가지다. 약속은 신용의 기본이다. 한번 잡은 약속은 꼭 지키기 바란다.

정산은 작가에게 가장 중요한 부분 중 하나다. 자기 작품이 플랫폼이나 기타 다른 곳에서 얼마나 많이 팔렸고, 자신에게 얼마나 배분되는지 초미의 관심사다. 생계와 연결되기 때문이다. 웹툰PD는 계약서에 명시된 대로 정산일에 정확한 정산 금액을 지급해야 한다. 또한, 정산은 투명성이 생명이다. 작가는 자신의 분배금이 투명하게 정산되기를 원한다. 그런데 한 번 의심이 들면 계속 꺼림칙하게 생각하게 되고 거기에 생각이 매몰되는 경우가 생긴다. 1초라도 더 작품에 몰두해야 하는 작가에게 정신적으로나 시간적으로 치명적인 손해가 된다. 그래서 웹툰PD는 자기 회사의 정산 시스템이 투명하고 제때 지급된다는 것을 작가에게 어필해야 한다. 그래서 작가가 회사를 신뢰하게 하고 정산 문제 때문에 스트레스를 받지 않도록 해야 한다. 요즘엔 정산 프로그램이 잘 되어 있어 작가에게도 계정을 개설해 주고 수시로 확인할 수 있도록 오픈하는 회사도 많다. 매번 정산 내역을 보고하는 것보다 오픈해서 작가가 직접 수시로 확인하게 하는 방법이 더 편할 수 있다. '정직이 가장 좋은 정책'이라는 말이 있다.

작가편승주의　　웹툰PD 중에는 줏대 없이 작가에게 무작정 끌려가거나 자기 의견을 못 내는 친구들이 있다. 한편으로는 작가를 존경해서 간섭하지 않는다고 할 수 있지만, 어떤 면에서는 웹툰PD로서의 역할을 제대로 하지 못하는 것이라고도 볼 수 있다. 작가가 정말 완벽하고 뛰어나서 하나도 건드릴 게 없다면 말이 되지만 그런 무결점 작가는 대한민국에 1%도 되지 않을 것이다. 그런 작가가 만들어낸 완벽한 작품이라고 하더라도 티끌만 한 잘못이 보이면 웹툰PD는 정확하게 작가에게 피드백하고 수정할 수 있게 해야 한다. 그래야 더 완벽한 작품으로 승화시킬 수 있기 때문이다.

대중 추수주의　　　온전한 자기만의 기획을 하지 못하고 히트작만 따라 하는 따라쟁이들이 있다. 묻지도 따지지도 않고 히트작과 비슷한 작품을 무작정 만드는 것이다. 이런 작품은 결코 최고가 될 수 없다. 그리고 콘텐츠 시장을 선도할 수도 없다. 운 좋게 조회율이나 매출은 올릴 수 있을지 몰라도 추가로 OSMU 작업이 진행되지 못한다. OSMU는 원천IP에만 주어지는 것이기 때문이다. 한때 '썰툰'이 유행한 적이 있다. [레진코믹스] 성인물 코너에 〈나인틴〉이라는 작품이 연재되었는데, 작가의 은밀한 성경험을 썰을 풀 듯 옴니버스 형식으로 구현한 작품이었다. 그런데 그 작품이 히트를 하자 여기저기서 비슷한 내용의 작품이 쏟아지기 시작했다. 얼마나 많이 나왔는지 '썰툰'이라는 장르가 생겼을 정도다. 그런데 썰툰의 인기가 시들해지자 그 다음이 없다. OSMU되었다는 소식도 없다. 트렌드를 따르고 쫓는 것은 당연한 일인지 모른다. 그러나 무작정 히트작을 따라하는 것은 웹툰PD로서의 한계를 스스로 보여주는 꼴이다.

표절·베끼기　　　웹툰PD가 극히 조심해야 하는 것이 표절과 베끼기다. 남이 만든 아이템이나 아이디어를 허락도 없이 표절하거나 베끼는 것은 저작권 침해일 뿐만 아니라 범죄행위에 해당된다. 웹툰PD는 신인작가가 가져온 작품이 다른 작품을 표절했는지 아닌지 항상 체크해야 한다. 공모전에 출품된 작품도 마찬가지다. 공모전에서 수상했다가 뒤늦게 표절로 밝혀져 수상을 취소하는 웃지 못할 해프닝도 종종 일어난다. 웹툰PD만 조심해서 해결될 일이 아니다. 작가에게 '표절 금지 각서'를 확실히 받아두거나 계약서에 관련 조항을 넣어 이후에 그런 해프닝이 일어나면 법적 책임을 물을 수 있어야 한다.

웹툰PD가 웹툰에 조예가 깊지 못하고, 평소에 다른 작품을 많이 보거나 알지 못하면 표절의 함정에 빠질 수 있다. 보통 표절이나 베끼기는 유명 히트작 위주로 이루어지는 경우가 많으니 그런 작품들을 늘 확인하고 체크하는 습관을 들여야 한다. 그리고 자기가 담당한 작품이 표절이나 베끼기를 한 정황이 보일 때는 대중에게 공개되기 전에 차단해야 한다. 표절 시비가 붙으면 작가와 회사는 세간의 구설에 오르고 한순간에 독자의 신뢰를 잃는 경우가 많으니 미연에 방지하는 것이 최선이다. 그것이 웹툰PD가 작가와 회사를 살리는 길이다.

남 탓하기·
험담하기

남 탓을 잘 하거나 험담하는 것을 좋아하는 사람이라면 웹툰PD가 되어서는 안 된다. 그런 사람이 웹툰 분야에서 활동하면 작가나 이해관계자 등 주위 사람에게 피해를 줄 수 있다. 웹툰이라는 다 같이 식수로 쓰는 깨끗한 우물을 진흙탕으로 만들어 버릴 수도 있다.

웹툰PD는 책임감이 있어야 한다. 작품이 잘 안 되거나 실패했을 때는 자기 잘못을 먼저 인정해야 한다. 그것을 작가의 탓이나 회사의 탓으로 돌리면 신뢰를 잃어버리기 쉽고, 다음 작품을 만드는 것도 어려워진다. 영화감독이 흥행 실패의 탓을 배우와 제작사 탓으로 돌리는 것과 똑같은 이치다. 그런 감독이 차기작을 만들려고 할 때 어떤 배우가 출연하려고 하고, 어떤 제작사가 투자하려고 하겠는가.

또한, 웹툰PD는 항상 입조심을 해야 한다. 낮말은 새가 듣고 밤말은 쥐가 듣는다고 했다. 세상에 믿을 사람은 없다는 생각으로 타인에 대한 험담은 극히 자제해야 한다. 상대방의 잘못을 지적하는 것과 험담하는 것은 전적으로 다르다. 전자는 팩트의 기반 위에서 잘잘못을 따지는 것이고 ,후자는 팩트 여부에 상관없이 감정적으로 상대방을 헐뜯는 것이다. 전자는 쓴 약과 같고, 후자는 독약과 같다. 결과는 말로 하지 않아도 다 알 것이다. 다시 한 번 강조하지만 웹툰PD는 '자나 깨나 말조심'을 해야 한다.

003

웹툰PD가
갖춰야 할 능력

프로그램 능력 웹툰PD가 다룰 줄 알아야 하는 프로그램으로는 ① 한글/
워드 ② 엑셀 ③ 파워포인트 ④ 포토샵 ⑤ 클립스튜디오 ⑥
인디자인이 있다.

일단 대학 졸업생이나 취업준비생이라면 한글이나 워드는
기본적으로 능숙하게 다룰 것이다. 직장생활에서 문서작업은
기본이라 생각하면 된다.

엑셀도 능수능란하게 다룰 줄 알아야 한다. 작품 관리, 작
가 관리, 원고료 지급 및 수익 배분, 정산 등에서 엑셀만큼 유
용한 프로그램은 없다. 모든 것이 전산화되고 모든 정보가 공
유되는 요즘 작가의 수익 배분은 그 어느 것보다 투명해야 한
다. 계약서에 명시된 대로 회사는 작가에게 정해진 시점에 원
고료를 지급하고 추가 수익은 매월 또는 매 분기 배분율대로
나눠 지급하면 된다. 이런 관리를 하는 데 엑셀은 정말 유용한
프로그램이다.

파워포인트는 주로 발표용으로 많이 쓰인다. 과제나 프로젝트를 보고하거나, 제안서, 지원서, 기획서, 사업계획서 등을 만들 때도 파워포인트를 많이 쓴다. 웹툰PD로 일을 하면 생각보다 파워포인트를 자주 쓴다. 특히 작품 기획서를 파워포인트로 만들면 이미지를 첨부하기도 좋고, 보기에도 편하다. 등장인물에 이미지를 첨부할 수 있고, 관계도를 역동적으로 만들 수도 있다. 그것을 플랫폼이나 투자자에게 전달했을 경우 훨씬 더 긍적적인 평가를 얻어 좋은 결과를 거둘 수 있다.

포토샵은 웹툰을 그리거나 채색하고 사진을 수정·보정할 때 탁월한 프로그램이다. 클립스튜디오가 나오기 전까지 모든 만화와 웹툰은 포토샵으로 작업했다고 해도 과언이 아니다. 포토샵은 새로운 버전이 계속 나오면서 기능도 더욱 좋아지고 사용자가 활용하기 편하게 진화했다.

클립스튜디오라는 프로그램이 나오면서 많은 만화가와 웹툰작가가 포토샵에서 클립스튜디오로 이동하고 있다. 클립스튜디오는 특히 태블릿PC에 가장 적합하게 만들어진 프로그램이다. 아이패드나 갤럭시노트에서도 완벽한 웹툰을 제작할 수 있다. 요즘 웹툰작가는 PC보다 태블릿PC로 작업하는 경우가 많다. 어디에서든 웹툰을 만들고 연재할 수 있기 때문이다. 해외에 있더라도 인터넷만 연결된다면 웹툰을 연재할 수 있다. 포토샵이 그래픽 분야의 팔방미인이라면, 클립스튜디오는 만화와 웹툰 제작에 최적화되어 있다고 보면 된다. 일본에서 출시된 프로그램인데 만화가에게 친화적으로 만들기 위해 고심한 흔적이 눈으로 보일 정도다. 포토샵을 다룰 줄 안다면 클립스튜디오는 금방 익힐 수 있다. 각종 도구의 사용 방식은 전체적으로 포토샵과 비슷하다. 프로그램을 구입할 때 한 번에 일괄 구입하는 방법도 있지만, 1년씩 연장하는 것을 권한다. 앱으로 다운로드하고 1년에 3만 원에서 8만 원 사이에서 자신에게 맞는 버전을 선택해 결제하면 된다.

인디자인은 단행본 편집에 유용한 프로그램이다. 예전에 매킨토시에서 사용하던 쿼크라는 프로그램을 윈도우 프로그램으로 변환한 것이다. 웹툰을 다루는 데 굳이 인디자인까지 사용할 필요는 없을지도 모른다. 그런데 웹툰만 다루다 보니 단행본 제작에 대한 감각이 전혀 없는 사람을 종종 본다. 만화 단행본 판매가 저조해 영향력이 떨어진 것은 사실이지만 여전히 판매 시장이 있고, 인기 웹툰은 단행본으로도 잘 팔려서 주요 매출원이 되기도 한다. 또한 요즘 단행본은 굿즈로서 독자의 소장가치 높은 컬렉션 역할도 하고, 인기작가를 섭외할 때 단행본 제작을 옵션으로 활용할 수도 있다. 따라서 웹툰PD는 출판에 대해 어느 정도의 지식과 개념을 갖기 바라며, 거기에 필요한 프로그램으로 인디자인을 배워 둘 것을 추천한다.

외국어 능력 웹툰PD에게는 외국어 구사 능력도 필요하다. 한창 일본만화가 대세일 때는 일본어 능력 우수자를 많이 뽑았다. 전체 작품 중 일본 작품의 비중이 높았고, 일본만화를 수입하고, 번역하고, 출간하기 위해 일본어 능력자가 많이 필요했다. 필자는 영문학과 출신이지만 틈틈이 일본어를 열심히 공부했던 기억이 난다. 그러나 요즘은 일본 출판만화의 기세가 많이 꺾였다. 한때 일본만화에 빠져 있던 독자들이 국내 웹툰으로 돌아오고 있다. 그런 추세가 조금씩 보일 무렵 2019년 일본 아베 정부의 한국에 대한 부당한 수출 규제와 화이트리스트 배제로 촉발된 'No Japan' 운동이 시발점이 되어 일본만화의 수요가 급감하기 시작했다. 당시 필자는 [서울미디어코믹스]에 재직하고 있었는데 〈드래곤볼〉, 〈명탐정 코난〉 등의 구간은 그나마 꾸준히 판매되었지만, 새롭게 계약해서 발간한 신간의 판매는 저조했다. 물론 모두가 그런 건 아니다. 〈귀멸의 칼날〉이나 〈주술회전〉 등 뛰어난 작품은 여전히 높은 판매를 기록하고 있다. 그러나 일본에서 히트한 작품이 국내에서 동시에 히트하는 싱크로율은 현저히 떨어졌고, 그런 현상이 장기화되자 출판사들은 신간보다는 구간 중심의 애장판 출간에 집중하고 있고, 국내 웹툰 제작의 비중을 더 높이고 있다.

이제 우리 웹툰은 글로벌을 지향하고 있다. 끊임없이 우리가 만든 웹툰을 세계에 소개하고, 판매하려고 노력하고 있다. 국내에서 TOP을 찍은 웹툰은 그 자체가 세계의 TOP이라고

자처해도 된다. 세계가 우리 웹툰을 보고 있기 때문이다. 이런 환경에서 웹툰PD라면 세계 공용어인 영어를 확실히 익히고 구사할 수 있는 것이 좋다. 모든 글로벌한 문서나 계약서는 영어로 씌어 있고, 또 영어로 작성해야 하기 때문이다.

요즘 중국은 떠오르는 웹툰 강국이다. 중국은 일본 만화보다 우리 웹툰에서 더 많은 영향을 받아왔다. 일본만화가 침투하기도 전에 디지털 만화와 웹툰이 먼저 대륙을 휩쓴 것이다. 그래서인지 중국에서는 만화보다 웹툰이 훨씬 대중적이고 친숙하며, [콰이콴], [텐센트] 같은 중국 포털에서는 자체적으로 실력 있는 작가가 많이 배출되고 있다. 중국 작가가 만든 웹툰이 역으로 국내에 수입되어 인기를 끈 사례도 있다. 현재 중국의 인구는 약 13억 명으로 세계 인구의 5분의 1을 차지하고 있다. 포털의 트래픽 규모는 상상을 초월한다. 그 인구가 지속적으로 웹툰 시장에 유입된다고 예상하면 중국 웹툰 시장은 무시무시할 정도로 커질 것임을 눈을 감고도 알 수 있다. 웹툰PD가 중국어에도 능통하면 금상첨화일 것이다.

정보검색 능력　　마지막으로 웹툰PD가 갖춰야 할 능력은 웹툰 동향을 늘 써치(Search)하는 정보검색 능력이다. 알다시피 현대사회에서 정보는 돈이다. 웹툰산업에 투신하기로 마음을 먹었다면 웹툰 관련 뉴스에 정통해야만 이 산업을 선도할 수 있다. 하루가 멀다하고 웹툰 회사들의 인수합병 얘기가 넘쳐났다.

투자 소식도 계속 들리고 있다. 웹툰 제작 능력을 갖췄거나 웹소설, 웹툰IP를 보유하고 있다는 얘기만 나와도 인수와 투자 소식이 들리며 몇십억 원에서 몇백억 원에 달하는 거래가 이루어지곤 했다.

[카카오페이지]의 경우 웹툰에이전시 [투유드림]에 200억 원, [삼양씨앤씨]에 59억 원, [네오바자르]에 183억 원, [다온크리에이티브]에 99억 원, [사운디스트]에 35억 원, [알에스미디어]에 36억 원을 투자했다. 뿐만 아니라 [디앤씨미디어]에 1차로 150억 원, 2차로 212억 원, 총 362억 원을 투자했다. 또한 [대원], [학산]에 150억 원, [서울미디어코믹스]에 100억 원 등 만화출판 3사에도 거액을 투자했다.

이외에도 대기업 자금이 웹툰, 웹소설 업계로 몰려들고 있다. [NC소프트]는 2014년 [레진엔터테인먼트]에 50억 원, 웹툰에이전시 [재담]에 45억 원, 웹소설 플랫폼 [문피아]에 50억 원을 투자했고, [KT]는 [스토리위즈]에 100억 원을 투자했다.

2021년에도 굵직한 뉴스들이 이어지고 있다. [키다리스튜디오]가 [레진코믹스]를, [네이버]가 북미 최고 웹소설 플랫폼 [왓패드]와 국내 최대 웹소설 플랫폼 [문피아]를, [카카오]가 북미 웹툰 플랫폼 [타파스미디어]와 웹소설 플랫폼 [래디쉬]를 인수하는 등 다이내믹한 뉴스가 끊임없이 쏟아지고 있다. 웹툰PD는 그런 뉴스를 항상 검색하면서 웹툰산업의 동향을 끊임없이 체크하고 웹툰의 미래를 예측하면서 어떻게 행동해야 할 것인지를 생각해야 한다.

웹툰PD의 하루 시작은?

필자는 출근하자마자 먼저 회사 근처의 카페에 들른다. 그리고 따뜻한 아메리카노 한 잔을 뽑아서 책상에 앉은 후 하루를 '웹툰 뉴스' 검색으로 시작한다. 웹툰 관련 새로운 뉴스를 읽다 보면 어느새 이 분야에 눈이 트이고, 앞으로 어떻게 흘러갈지 방향이 잡히는 것 같다. 인사이트(Insight)가 생기는 것이다. 웹툰 뉴스를 통독하면 플랫폼, CP사 등 업계 동향뿐만 아니라 웹툰의 트렌드도 파악할 수 있다. 열심히 검색하면 웹소설 등 타 분야에 대해서도 빠삭하게 알 수 있다. 요즘은 웹소설과 웹툰 두 분야의 케미가 대세이기 때문이다.

웹툰PD라면 늘 이런 소식에 귀 기울이고 있어야 한다. 그래야 이 업계를 리드할 수 있다. 매일 하루에 30분에서 1시간 정도 짬을 내서 정보검색을 할 것을 추천한다. 먼저 웹툰종합정보 사이트인 [웹툰인사이트]와 [웹툰가이드]의 뉴스란을 검색하면 좋다. 매일 일어나는 웹툰 관련 뉴스가 일목요연하게 정리되어 있어서 보기에도 좋다. 웹툰, 웹소설 업계의 투자, 인수합병 등의 업계 동향은 자본시장 미디어 [더 벨]을 참고하면 좋다. 플랫폼이나 웹툰 회사의 투자, 인수, 합병과 같은 뉴스를 한 발짝 더 빨리 들을 수 있다. 그 외의 뉴스는 포털사이트에서 '웹툰'이나 '웹툰뉴스'를 검색해 찾아보자. 웬만한 뉴스는 다 걸려 올라온다. 웹툰PD라면 매일 아침 그런 뉴스를 검토하며 웹툰작가와 작품 및 웹툰산업 동향을 살피며 앞으로 웹툰이 어떤 방향으로 뻗어나갈지를 생각하는 시간을 갖자.

검색하면서 알게 된 중요한 정보를 회사의 게시판이나 SNS 단톡방에 올려 공유하는 것도 좋다. 작가들과 공유하는 것도 추천한다. 동료나 작가들과의 소통에도 도움이 되며 회사의 경쟁력을 높이는 데도 도움이 된다.

- 웹툰 종합 정보
  - 웹툰인사이트 : www.webtooninsight.co.kr
  - 웹툰가이드 : www.webtoonguide.com

- 웹툰 업계 동향 정보
  - 더 벨 : www.thebell.co.kr

계약서 보는 법 익히기

웹툰PD의 역량은 작품 기획과 작품 제작을 잘 하는 것이 전부가 아니다. 계약서 작성에도 능해야 한다. 웹툰을 기획하고 작가 섭외까지 끝냈다면 웹툰 제작에 앞서 작가와 계약을 진행해야 한다. 또한, 작품이 완성될 즈음에는 각 플랫폼과의 공급 계약을 진행해야 한다.

신생 회사의 CP 계약 방법

사업을 시작하는 신생 에이전시나 CP사는 각 플랫폼과 CP 계약을 해야 한다. 그래야 작품을 보내고 매출을 정산 받을 수 있다. 먼저 담당자를 찾아서 CP 계약을 하고 싶다고 신청 메일을 보내면 플랫폼마다 등록 방법과 계약서를 보내온다. 그것을 잘 검토한 후에 계약을 진행하면 된다. 어떤 곳은 신청만 하면 CP 계약을 하고 계정을 바로 오픈해 주지만 까다로운 조건을 내세우는 곳도 있다. 회사소개서와 계약된 작품 리스트를 요구하기도 한다. 그럴 때 웹툰PD는 시간을 두고 원하는 조건을 충족한 후 지속적으로 노크해야 한다. 비대면 업무가 강화되어 예전처럼 종이 계약서를 주고받지 않고 이메일로 처리하고 있다.

[네이버 시리즈] CP 계약을 예로 들어 보자.

① 먼저 [네이버 시리즈] 플랫폼 담당자를 찾은 후 메일을 보낸다. 담당자를 못 찾겠으면 대표메일로 보내서 도움을 요청한다.

메일 예)

[네이버 시리즈] 플랫폼 CP 계약 000 담당자님, 안녕하세요.

웹툰 콘텐츠 사업을 시작한 XXX회사의 000입니다.

저희는 2021년 10월에 설립되었으며

판타지, 무협, 로맨스 등의 웹툰 기획, 제작, 유통을 주력으로 하고 있습니다.

귀사와 CP 계약을 체결하려고 문의 메일을 보냅니다.

이와 관련하여 진행 프로세스를 알려주신다면 맞춰 진행하겠습니다.

감사합니다.

② [네이버 시리즈] 담당자로부터 메일이 온다.

메일 예)

안녕하세요, [네이버 시리즈]의 000입니다.

시리즈 입점에 관심을 가져 주셔서 감사드립니다.

[네이버 시리즈]와의 계약을 위해서는 계약서 검토와 거래처 등록이 필요합니다.

아래 순서대로 계약서를 검토한 후 [네이버 파트너] 사이트에서 거래처 등록을 진행해 주시면, 바로 콘텐츠를 등록하여 판매하실 수 있는 [네이버 시리즈] CP사이트 이용 안내를 드리겠습니다.

[계약서 검토]

본 메일에 첨부한 계약서 sample 파일 중 개인사업자 or 법인을 선택하여 확인하시고 이견 없으시면, 해당하는 계약서 sample의 필수 항목을 기입하셔서 파일로 메일 회신 부탁드립니다.

계약은 거래처 등록 후 파트너 사이트를 통해 전자계약으로 날인하게 됩니다.

[파트너 사이트 거래처 등록]

매출배분액 입금을 위해 [네이버 파트너] 사이트에서 거래처 등록을 직접 진행하셔야 합니다.

아래 안내드리는 사이트 접속 후 가이드에 따라 가입 부탁드리겠습니다.

　– [네이버 파트너] 사이트 : https://partner.navercorp.com

· 파트너 사이트 가입 안내 가이드

　– 사업자 : https://static.navercorp.com/static/site/path/data/signup_manual_company_KO.pdf

　– 개인 : https://static.navercorp.com/static/site/path/data/signup_manual_individual_KO.pdf

· 가입 시 필요한 서류

　– 사업자등록증 사본　– 입금계좌 사본　– 법인 인감증명서 사본

③ 안내에 따라 등록하면 된다. 다른 플랫폼도 대동소이하다.

계약서 이해하기　　　보통 에이전시나 CP사, 만화출판사 또는 플랫폼에는 회사마다 특유의 계약서가 있다. 웹툰PD는 자사의 계약서를 잘 검토하고 거기에 맞춰 작가와 계약을 진행한다. 그리고 각 기관이나 단체의 웹툰 지원사업을 하다가 표준계약서가 필요해지면 한국만화가협회 홈페이지(www.cartoon.or.kr)에서 다운로드하여 활용하면 된다. 업체의 일방적인 부당계약을 막고 작가의 권익을 보호하기 위해 2015년 문화체육관광부에서 삭가의 입장을 충분히 고려한 현행 웹툰 표준계약서를 마련하였다. 표준계약서가 만들어진 후 업체에서는 대부분 표준계약서를 참고해서 계약서를 만들고 있고, 웹툰이 들어가는 콘텐츠 지원사업이나 공공사업의 경우 작가와 표준계약서를 체결할 것을 요구하는 경우가 많다.

　　먼저 계약서의 사전적 의미를 살펴보자. 계약서란 '계약이 성립되었음을 증명하기 위하여 작성하는 서류'라고 되어 있다. 슬슬 어려워진다. 그러면 계약의 사전적 의미는 무엇일까? 계약이란 '복수당사자의 반대 방향의 의사표시의 합치로써 이루어지는 법률행위'라고 되어있다. 갑자기 머리가 멍해진다. 일부러 법률용어를 써서 어렵게 만들어 놓은 것 같다. 이게 바로 법률의 높은 문턱이자 맹점이다. 이런 요인 때문에 예전에는 많은 작가가 계약 당일 내놓은 계약서를 잘 이해하지 못한 채 도장을 찍거나 사인을 해서 손해를 입는 경우가 있었다. 기획자나 작가는 계약할 때 계약서 초안을 미리 달라고 해서 검토한 후 신중하게 작성해야 한다. 웹툰PD도 마찬가지다. 계약서를 100% 이해한 후에 작가와 계약을 진행해야 한다. 그래야 상호 신뢰할 수 있기 때문이다. 계약서의 어려운 법률용어를 '나만의 언어'로 쉽게 풀어 이해할 것을 추천한다.

1. 복수당사자 = 양쪽
2. 반대 방향의 의사표시 = 자기가 옳다고 주장
3. 합치 = 서로 합의하여
4. 법률행위 = 도장을 찍거나 사인하는 것

계약이란 '양쪽이 자기가 옳다고 주장하는 것을 협상해서 서로 합의한 후 함께 서명하는 것'이라고 하면 얼마나 쉬운가? 그럼 계약서도 '양쪽이 자기가 옳다고 주장하는 것을 협상해서 서로 합의한 후 함께 도장을 찍은 서류'라고 하면 된다.

계약서를 쉽게 이해하기 위해서는 외계어(?)를 나만의 언어로 쉽게 풀어서 이해하는 방법을 추천한다. 표준계약서 중 출판계약에 나오는 용어들을 예로 들어 보자. '저작재산권자'라고 하면 당장 감이 오지 않는다. 그때는 '작가'라고 바꿔서 읽으면 된다. '대상 저작물'은 '작품'으로, '출판권자'는 '출판사'로 바꿔서 읽어 보자. 훨씬 이해도가 높아진다. 계약서를 복사한 후 나만의 언어를 빨간색으로 옆에 적어놓고 읽어도 좋다.

출판계약서 '제2조(정의)'에 낯선 용어를 풀어놓은 게 있다. 복제, 공중, 배포, 발행, 출판권, 출판물, 완전원고 등이다. 그런데 정의해놓은 것이 더 어렵다.

제2조(정의)

"공중"은 불특정 다수인(특정 다수인을 포함한다)을 말한다.

"복제"는 대상 저작물을 인쇄·사진 촬영·복사·녹음·녹화 그 밖의 방법으로 일시적 또는 영구적으로 유형물에 고정하거나 다시 제작하는 것을 말한다.

"배포"는 대상 저작물 원본 또는 그 복제물을 공중에게 대가를 받거나 받지 아니하고 양도 또는 대여하는 것을 말한다.

"발행"은 대상 저작물을 공중의 수요를 충족시키기 위하여 복제·배포하는 것을 말한다.

정의에서 나온 용어부터 쉽게 풀어 보자. 공중을 '독자들'이라고 정의해 보자. 복제는 '똑같이 찍기', 배포는 '나눠주기', 발행은 '팔기'로 바꿔서 다시 읽어 보자. 이렇게 쉬운 용어로 바꾸는 것이 개념상 100% 맞다고 할 수는 없지만 이제 갓 입사한 초보 웹툰PD라면 이해하는 데 훨씬 도움이 될 것이다.

출판계약서 제9조(저작물의 내용에 따른 책임)를 예로 들어 보자.

제9조(저작물의 내용에 따른 책임)

1항) 대상 저작물의 내용 중 저작자가 소재, 내용 등을 모두 독립적으로 제작한 부분이 제3자의 저작권 등 법적 권리를 침해하여 출판권자 또는 제3자에게 손해를 끼칠 경우에는 저작자가 그에 관한 모든 책임을 진다.

▼

수정 후

1항) 작품의 내용 중 작가가 직접 만든 스토리나 그림 등이 다른 작가의 작품을 무단으로 표절하거나 베껴서 법적으로 문제를 일으켜 출판사 또는 다른 작가에게 손해를 끼칠 경우에는 작가가 그에 관한 모든 책임을 진다.

이렇게 고치면 훨씬 더 이해하기 쉬울 것이다. 나만의 언어로 바꾼 후 조항들을 하나씩 이해해 들어가면 어려운 계약서도 점점 자신의 것으로 바뀌는 걸 느낄 수 있을 것이다. 필자가 제시한 방법 외에 계약서를 이해하는 다른 방법도 많을 것이다. 중요한 것은 그것을 공부하고 자기 것으로 만들려고 하는 자세다. 그런데 이런 노력 없이 계약서를 소설 읽듯이 읽으면 100번을 읽어도 무슨 내용인지 모른다. '소 귀에 경 읽기'가 되는 것이다. 계약의 문맥을 제대로 파악하지 못하면 작가와의 마감, 정산, 배분 관계 등 나중에 일어나는 일들을 이해하지 못하게 된다. 그러다 팀장이나 본부장, 대표가 불쑥 물어보면 즉답을 하지 못하고 우물쭈물할 것이다. 그러면 "웹툰 PD가 어떻게 그런 것도 파악하지 못하냐"는 반응이 올 것이고, 나중에 핵심적인 업무에서 배제될 수도 있으니 "계약서를 자신만의 언어로 제대로 파악하라"는 말을 항상 유념하기 바란다. 어쨌든 현재 우리나라의 모든 계약서는 어려운 법률용어로 되어 있고 당분간 쉽사리 변하지 않을 것 같으니, 필자가 제시한 방법으로라도 이해력을 높이는 것이 좋겠다.

MTC 이해하기   계약에서 중요한 것이 바로 MTC다. MTB(Mountain Bike)와 비슷하니 MTC(Mountain Cycle)도 '산악자전거'와 비슷할 거라 생각할지 모르지만 전혀 다른 뜻이다. 필자가 계약서의 빠른 이해를 위해 직접 만든 용어이니 잘 활용하기 바란다. 그러면 계약서에서 MTC가 왜 중요할까? MTC는 과연 무엇인지 알아보자.

M = Money(돈)

T = Time 또는 Term(기간)

C = Condition(조건)

먼저 M부터 살펴보자. 계약서에서는 돈에 관련된 부분이 가장 중요하다. 자본주의 사회라 어쩔 수 없다. Money Talks Everything(돈이 모든 것을 말해준다)이다. 작가의 생존과 회사의 존망이 이것에 달려 있기 때문에 작가도 회사도 제일 중요하게 생각하는 부분이다. 그럼 계약서에 나오는 돈은 어떤 형태인지 알아보자.

① 계약금

② 원고료(연재료)

③ MG(Minimum Garantee)

④ 인세(출판료)

⑤ 선급금(선원고료, 선인세)

웹툰PD는 계약서에서 돈에 관련된 용어의 개념을 확실히 이해한 후 계약서 작성에 임해야 한다. 웹툰PD가 이런 개념을 정확히 파악하지 못하면서 작가에게 사인하라고 할 수는 없다. 잘못 계약하면 곧바로 작가나 회사에 손해를 끼칠 수 있기 때문이다.

① **계약금**을 우리가 부동산 계약할 때의 계약금과 같은 개념으로 생각하면 안 된다. 일반적으로 계약금이란 거래의 성사를 위해 걸어놓는 일부의 금액으로, 어느 한쪽이 계약을 파기했을 때 위약금을 물게 되는 정도로 알고 있을 것이다. 그런데 웹툰 계약에서의 계약금은 작품과 관계없이 작가에게 조건 없이 지급하는 돈을 말한다. 흔히 전속 계약금이라고 더 알려져 있는데, 회사가 작가와 전속으로 계약할 때 지급하기도 하고 인기작가의 차기작이 나오기 전에 보너스 개념으로 지급하기도 한다. 작품이 히트해 매출이 발생하더라도 이 계약금은 회수되지 않는다.

② **원고료**는 연재료라고도 하며, 작가가 웹툰 원고를 완성해오면 그 횟수만큼 지급하는 돈이다. A라는 작가와 작품에 대한 회당 원고료를 100만 원으로 계약했다고 하자. 그러면 작품이 한 회 완성될 때마다 100만 원씩 꼬박꼬박 지급한다. 원고료는 작품이 완결될 때까지 꾸준히 지급하면 된다. 작품이 완성되지 않으면 지급할 필요가 없다.

③ **MG**(Minimum Garantee)는 웹툰의 매출과 수익에 관계없이 무조건 지급을 보장하는 최소의 금액이다. 웹툰이 히트를 해서 수익이 많이 나면 문제가 없지만, 아닌 경우도 많다. 그래도 최소한의 금액을 지급해야 하는 것이 MG 계약이다. 다행히 수익이 났을 때는 추가 수익 배분을 하면 된다. 요즘 많은 웹툰 계약이 MG 계약으로 진행되고 있다.

④ **인세**는 책을 발행할 때 작가에게 지급하는 돈으로, 책 가격에 대한 비율로 책정한다. 책의 가격이 1만 원이고 10%의 인세를 지급하겠다고 계약하면 책이 한 권 팔릴 때마다 1,000원을 작가에게 지급해야 한다. 만일 책을 1만 부 발행했다면 1천만 원을 지급한다. 작가와 단행본을 계약할 때 많이 쓰는 방법이다.

⑤ **선급금**은 먼저 지급하는 돈을 총칭하는 말이다. 작품을 계약하는 시점에서 생활비가 부족한 작가를 종종 만나게 된

다. 최소한의 작업을 할 수 있는 환경을 만들어줘야 하는데 그럴 때 선급금이 유용하게 쓰인다. 선급금에는 선원고료와 선인세가 있다. 선원고료는 원고가 마감되기 전에 먼저 지급하는 원고료이고, 선인세는 책이 팔리기 전에 먼저 지급하는 인세를 말한다. 나중에 원고를 받아서 수익이 발생하면 먼저 지급된 부분부터 차감하고 지급하면 된다.

둘째는 T, 즉 시간(Time)이다. 돈만큼 중요한 것이 시간이다.

① 계약기간
② 계약만료
③ 계약연장
④ 완전원고 인도시기
⑤ 마감시간
⑥ 발행(오픈)시기

웹툰PD라면 '시간'의 개념을 정확히 파악하고 있어야 한다. 작품 계약기간을 언제까지 할 것인지, 완결 후 몇 년까지 할 것인지를 잘 이해하고 작가에게 설명해야 한다. 작가는 CP사나 플랫폼이 마음에 들면 계약기간을 늘릴 것이다. 그러나 신뢰가 가지 않는 곳이라면 계약을 종결하고 다른 곳과 계약하려 할 것이다. 계약기간이 만료되면 계약을 연장할 것인지, 종료할 것인지도 중요한 문제로 떠오르게 된다. 작가의 의사에

의해 계약이 종료될 수도 있고, 연장될 수도 있다. 그 결정은 얼마나 회사와 웹툰PD가 작가와 작품을 잘 관리했느냐에 달려 있다. 요즘은 작품의 계약기간이 만료되면 자동으로 연장되는 그런 시대가 아니다. 작가 입장에서는 조금이라도 더 매출을 올려주고, 작품 프로모션과 작가 매니지먼트에 노력하는 회사로 옮기려고 하는 게 인지상정이다.

또한, 웹툰PD는 완전원고 인도시기와 마감시간도 신경 써야 한다. 계약한 시간까지 원고가 제대로 도착하는지, 작가가 마감을 잘 지키는지가 중요하다. 이 부분은 서로 계약서를 썼다고 자동으로 지켜지는 게 아니다. 계약서를 썼더라도 꾸준히 연락하여 원고가 얼마나 진행되고 있는지, 마감은 지켜지고 있는지 체크해야 한다. 그래야 온전히 완성된 원고를 받을 수 있고, 책이나 이북으로 발행되거나 플랫폼에 제때 업로드해서 독자와의 약속을 지킬 수 있다. 웹툰PD는 계약서에서 이 시간에 해당되는 부분을 주의 깊게 살피고 체크해서 작가와 독자의 신뢰를 잃지 않도록 해야 한다.

마지막으로 C, 즉 조건(condition)을 제대로 봐야 한다.

① 원고 금액
② MG 금액
③ 배분 조건
④ 원고료 계약 방식 VS MG 계약 방식

작가와 회사는 서로 조건을 맞추면서 계약을 진행해야 한다. 웹툰 회당 고료(원고 금액)와 MG 금액은 얼마가 적당한지 질문을 많이 받는다. 필자의 오랜 웹툰 제작 경험으로 신인작가는 회당 얼마, 기성작가는 회당 얼마, 인기작가는 회당 얼마라고 가이드를 제시할 수 있지만, 급변하는 시장 환경에서 금액도 케바케(Case by Case)로 달라지기 때문에 선뜻 얘기할 수는 없다.

가장 좋은 방법은 쌍방이 만족할 만한 금액으로 정해야 한다는 것이다. 무조건 한쪽에 유리하게 정하면 나중에 한쪽이 손해를 보게 된다. 그러면 윈윈이 깨지고 그 계약 관계는 오래가지 못한다. 작품은 오래 연재하는 게 최고다. 10화, 20화에 끝나는 것이 아니라 100화, 200화, 그 이상 계속 진행되는 게 가장 좋다. 그러려면 작가도 일정 정도 생활이 되어야 하고 회사는 제작비 부담이 없어야 한다. 그렇게 계속해서 작품을 만들어야 매출이 생기고 작가는 추가 배분을 받을 수 있으며, 회사는 투자한 금액을 회수하고 수익을 가져갈 수 있다.

배분 조건도 마찬가지다. 작가와 회사가 5:5가 될 수도 있고, 6:4, 7:3, 심지어 9:1이 될 수도 있다. 그것을 정하는 것도 쌍방이 만족하고 서로에게 윈윈이 된다는 가정 하에서 진행하는 게 가장 좋다. 소탐대실(小貪大失)하면 안 된다. 당장의 이익보다 회사는 작가를 키우고, 작가는 회사를 이롭게 하는 큰 관점에서 계약을 진행하는 것을 추천하고 싶다. 욕심보다는 서로 양보하는 자세가 나중에 훨씬 더 큰 이익을 가져온다.

웹툰 계약 조건에는 통상 '원고료 계약 방식'과 'MG 계약 방식'이 있다. 원고료 계약 방식은 연재가 계속되는 기간에 고정적으로 원고료가 나가는 방식이다. 월급 같은 개념으로, 갓 데뷔한 신인이거나, 작품의 성공 여부가 불확실하거나, 비인기 장르처럼 매출의 창출 여부가 불확실한 경우에 이 계약을 주로 한다. 회사에서는 계속 원고료가 나가니 부담이 될 수 있지만, 작가는 안정적으로 작업을 할 수 있다. 이 경우 작품이 히트해 원고료 이상의 매출이 생긴다 해도 작품 연재가 종결될 때까지 추가 수익을 분배할 필요가 없다. 반면에 작품이 히트하지 못해 원고료가 계속 나가더라도 회사에서는 성실하게 원고료를 지급해야 한다.

MG 계약 방식은 최소한의 MG 금액을 정해놓고 매출이 그것을 뛰어넘었을 때 추가로 배분하는 방식이다. 작품이 히트하면 작가는 연재 중에도 추가 배분을 받으니 좋고 회사도 매출이 높아지니 서로 윈윈이다. MG는 원고료보다 적은 게 일반적이다. 히트작을 여러 개 가진 작가들은 MG 금액을 낮추고 추가 수익을 더 가져가기를 원한다. 요즘 웹툰 업계에서는 서로 윈윈할 수 있는 MG 계약 방식을 선호하지만, 원고료 계약 방식을 원하는 작가도 많아 두 가지 방식을 같이 진행하고 있다. 선택은 작가의 몫이다. 어떤 방식이 자신한테 유리한지 잘 판단하고 선택하면 된다.

쌍방이 계약서를 쓰는 이유는 나중에 있을 수도 있는 분쟁의 소지를 미연에 없애기 위해서다. 아무리 신뢰관계라고 하더라도 계약을 구두나 통화로 해서는 안 된다. 나중에 네 말이 다르고 내 말이 다르다고 하는 경우가 다반사기 때문이다. 확실히 서면으로 남기고 도장을 찍거나 친필 사인을 해서 각자 한 부씩 보관해야 한다. 혹시 모를 분쟁의 소지를 없애는 가장 확실한 방법이다.

웹툰PD는 계약서의 조항들을 제대로 이해한 후 작가에게 잘 설명하고 합의해서 계약이 원만히 이뤄지도록 노력해야 한다. 그래야 작가와 회사 간의 분쟁의 소지를 없애고 꾸준히 신뢰 관계를 이어갈 수 있다.

저작권 이해하기

저작권과 판권을 잘 이해하지 못하는 사람들이 있다. 저작권이 어렵기는 하지만 작가가 되거나 콘텐츠 분야에서 일하려면 이 부분에 대한 이해가 꼭 필요하다. 큰 틀에서 설명하자면 저작권이란 창작물을 만든 사람이 자신이 만든 창작물, 즉 저작물에 대해 가지는 법적 권리이다. 문학, 학술, 예술의 범위에 속하는 창작물이라면 창작한 때부터 발생하며 어떠한 절차나 형식의 이행을 필요로 하지 아니한다(저작권법 제10조 제2항). 쉽게 풀어서 설명하면 어떤 사람이 글, 그림, 음악 등의 작품을 만들면 그때부터 창작자의 저작물로서 법적 권리를 가진다는 뜻이다. 작품을 어디에 등록하거나 발표하는 등의 절차나 형식이 필요 없다는 것이다.

저작권에는 크게 '저작인격권'과 '저작재산권'이 있으며, 저작인격권에는 '공표권', '성명표시권', '동일성유지권'이 있다.

저작인격권

① **공표권** : 저작물을 공중에게 공개할 것인지 여부는 저작자만이 결정할 수 있다. 저작자는 공표권, 즉 저작물을 공표할 것인가 공표하지 아니할 것인가를 결정할 수 있는 권리를 가진다(저작권법 제11조 제1항).

공표권은 저작자(작가)가 취미로 만들었든, 상업적 목적으로 만들었든 저작물(작품)을 사람들에게 공개하는 것은 저작자의 고유한 권리라는 것이다. 아무리 훌륭한 저작물이라도 저작권자는 대중에게 공개하지 않을 권리가 있다. 아무리 그 저작물이 아깝고 탐이 난다고 해도 저작권자의 허락 없이 다른 사람이 대신 공개하면 안 된다는 얘기다.

웹툰도 마찬가지다. 자기가 좋아서 만드는 웹툰이 있고, 상업적 목적으로 만든 웹툰이 있다. 그걸 공개하고 말고는 웹툰 작가의 고유한 권리다. 아무리 훌륭한 웹툰이라도 자기만의 공간(블로그나 SNS)에 올려놓고 혼자 보거나 몇몇 지인에게만 공표(공개)할 수 있다. [네이버웹툰]이나 [레진코믹스] 등의 플랫폼에 연재(공표)하는 것은 작가 고유의 권한이라는 것이다. 그런데 그것을 작가 허락 없이 다른 사람이 공개하면 법적인 문제가 발생한다.

② **성명표시권** : 저작자가 자신이 그 저작물의 창작자임을 주장할 수 있는 권리, 즉 저작물의 원본이나 그 복제물에 또는 저작물의 공표 매체에 그의 실명이나 이명을 표시할 권리를 말한다. 이용자는 저작권이나 소유권이 누구에게 있는가와 상관없이 창작자의 성명을 표시해야 한다.

성명표시권은 저작자(작가)의 이름을 저작물(작품)에 표시할 수 있다는 것이다. 옛날 그림이나 서화에 작가의 낙인이 찍힌 것을 본 적이 있을 것이다. 그 작가가 누구냐에 따라 감정평가액이 천차만별로 달라진다. 저작물에 저작자의 이름을 표시하는 건 그만큼 중요한 일이다. 저작물에 저작자가 아닌 다른 사람의 이름을 표시하면 안 된다. 이 또한 법적으로 문제가 된다.

웹툰을 보면 처음이나 중간 또는 마지막에 작가의 이름이 표기되어 있다. 작가가 이 웹툰의 창작자이자 저작권자임을 주장하고 있는 것이다. 글작가와 그림작가가 함께 표시된 경우도 있고, 웹소설을 웹툰으로 만들었을 때는 원작자, 각색작가, 그림작가가 표시된 경우도 있다. 이 창작물을 공동으로 창작했음을 표시한 것이다. 그러면 이 저작물의 저작권은 작가 공동에게 있는 것이다. 그래서 이 저작물에 대한 소유권 이전이나 판매를 결정할 때는 성명 표시된 사람 모두에게 허락을 받아야 한다.

③ **동일성유지권 :** 저작물의 내용, 형식 및 제호의 동일성을 유지할 권리, 즉 저작자의 뜻에 반하는 개변을 금지할 수 있는 권리를 말한다.

동일성유지권은 저작자(작가)가 독특한 방식으로 만든 저작물(작품)을 유지할 권리가 있다는 것이다. 웹툰PD나 출판편집자 등이 작가의 동의 없이 함부로 내용, 형식, 제호 등을 바꿀 수 없다는 얘기다. 이것은 저작물의 임의적 훼손을 의미한다. 하지만 원저작물을 영화나 드라마 등으로 2차 가공할 때는 문제가 달라진다. 2차 저작권에서는 원작의 변형 및 개작에 대해 어느 정도 자율성을 보장한다.

저작재산권　　저작인격권과 달리 저작재산권에는 '복제권', '공중송신권', '전시권', '공연권', '2차저작물작성권', '배포권', '대여권' 등이 있다. 저작재산권자는 저작자와 일치하지 않을 수도 있다. 저작자가 이 권리를 제3자에게 양도할 수 있고 상속할 수도 있기 때문이다.

저작권법은 저작자 사후 70년까지 효력이 발생한다. 그 기간이라면 작가의 손자대까지 혜택을 볼 수 있다. 사후 50년에서 사후 70년으로 늘어난 것은 미키마우스 캐릭터 저작권이 50년이 지나 풀릴 즈음에 디즈니랜드사에서 막대한 로비를 벌여서라는 얘기가 있다. 아직도 미키마우스 등의 캐릭터 저작권료로 전 세계에서 벌어들이는 수익이 수조 원에 달한다고 한다. 그래서 이것을 '미키마우스법'이라고도 한다. 이렇듯 저작재산권은 바로 돈과 연결된다. 그래서 제3자인 출판사, 방송사, 영화사, 팬시회사 등이 저작물을 이용해 부가가치를 만들어내려고 하는 것이다. 저작자는 이런 경우 그에 합당하는 대가를 받고 사용 권한을 팔면 된다. 이것이 바로 저작물사용권(판권)이다.

웹툰 회사는 웹툰작가의 저작물을 일정 정도의 대가(원고료, MG, 인세 등)를 지급하고 구입한 후 매출을 이뤄내는 곳이다. 웹툰 원작을 바탕으로 만들어지는 드라마, 영화, 뮤지컬 등 2차 저작권은 작가와 별도로 협의해서 계약을 진행해야 한다.

위에 거론한 저작권의 내용은 '새발의 피'에 불과하다. 지면이 부족해서 저작권에 대한 설명은 이 정도로 줄인다. 저작권에 관해서는 공부해야 할 내용이 많다. 웹툰PD라면 늘 저작권에 대해 관심을 가지고 공부하여 작가의 권리와 회사의 권리를 잘 지킬 수 있어야 하고, 상호 간에 분쟁이 일어나지 않도록 노력해야 한다.

계약서가 필요한 이유

개인 대 개인, 개인과 회사 등 쌍방 간에 약속만 잘 지키면 되지, 굳이 '계약서'까지 필요할까 생각할지 모른다. 뭐든 신뢰와 신용을 바탕으로 하는 게 기본이지만 사람 사는 세상이 꼭 그렇지만은 않다.

'호사다마(好事多魔)'란 사자성어가 있다. 좋은 일에는 탈이 많다라는 뜻으로 좋은 일에는 방해되는 것도 많고 풍파도 많이 일어난다고 생긴 말이다. 웹툰이 그렇다. 필자의 경험담이지만, 고만고만한 작품은 별문제 없이 진행되는 경우가 많은데 꼭 작품이 히트를 치거나 대박이 나면 계약상에서 분쟁이 발생하는 경우가 많다. 매출이 커지면서 서로 나눠 가질 파이가 커지고 더불어 욕심도 커지기 때문이다.

한국콘텐츠진흥원의 '2020 웹툰 작가 실태조사'에 따르면 2020년 기준 웹툰 작가의 불공정 계약 경험률은 50.4%나 된다고 한다. 그 외에도 2차 저작권 및 해외 판권이 일방적 계약이라든지, 매출 정산 내역 불성실 제공 시비 등이 비일비재하다고 한다. 대부분의 사태가 처음 계약을 맺을 때 조항에 대해서 꼼꼼하게 따져보지 않고 계약을 맺거나, 계약된 내용을 상호 간에 불성실하게 이행함으로써 벌어지는 경우다.

웹툰을 비롯한 콘텐츠 업계는 작가나 업체, 플랫폼이 서로 유기적인 관계에 놓여 있다 보니 한쪽만 유리하거나 이득을 보는 형국으로는 길게 갈 수 없다. 자기에게만 유리하게 계약을 이끌어 가거나 소탐대실을 노리다가는 업계에서 외면받거나 결국 실패를 좌초할 뿐이다.

웹툰업계는 작가, 에이전시, CP사, 플랫폼이 제각각 역할에 충실하고 서로 양보하고 협조해야 롱런할 수 있는 분야다. 그리고 거기서 파이를 키우고 커진 파이를 나눠 먹는 생태계를 추구하는 것이 바람직한 방향이다. 웹툰 관계자들은 '상생과 윈윈(Win Win)만이 살길'임을 늘 머리에 새겨야 한다.

6
장

웹툰 실전 프로젝트
기획하기

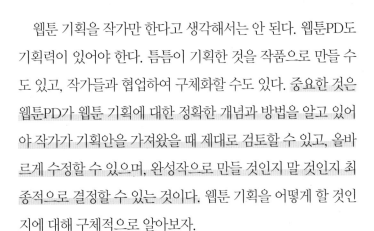

웹툰 기획 순서 살펴보기

001

웹툰 기획을 작가만 한다고 생각해서는 안 된다. 웹툰PD도 기획력이 있어야 한다. 틈틈이 기획한 것을 작품으로 만들 수도 있고, 작가들과 협업하여 구체화할 수도 있다. 중요한 것은 웹툰PD가 웹툰 기획에 대한 정확한 개념과 방법을 알고 있어야 작가가 기획안을 가져왔을 때 제대로 검토할 수 있고, 올바르게 수정할 수 있으며, 완성작으로 만들 것인지 말 것인지 최종적으로 결정할 수 있는 것이다. 웹툰 기획을 어떻게 할 것인지에 대해 구체적으로 알아보자.

작가나 웹툰PD가 아니더라도 이런저런 생각이 머릿속에 날아다니고, 기발한 아이디어가 허공에 떠돌 때 이것을 웹툰으로 만들면 참 재미있을 것 같다는 생각이 들 때가 있다. 그런데 정작 웹툰으로 기획하려고 하면 어떻게 해야 할지 막막함이 느껴진다. 그럴 때 필요한 것은 그런 생각이나 아이디어를 지상(地上)으로 끌어내리는, 또는 지면(紙面)으로 끌어올리는 일이다.

먼저 웹툰이 완성되는 과정은 아래와 같이 총 7단계로 이뤄
진다. 여기에서 ① 시놉시스 만들기를 '기획 단계' ② 스토리
(시나리오) 만들기와 ③ 콘티 만들기를 '준비 단계', ④ 데생 작
업, ⑤ 펜선 작업, ⑥ 컬러 작업을 '본 작업 단계', ⑦ 편집 작업
을 '완성 단계'라 할 수 있다.

①	**시놉시스 만들기**	작품의 개요나 줄거리 등 작품의 설계도를 만드는 것	기획 단계
②	**스토리(시나리오) 만들기**	텍스트로 이뤄진 콘티로, 대사, 지문, 해설, 장면 표시로 구성됨	준비 단계
③	**콘티 만들기**	시나리오를 바탕으로 간단한 그림(캐릭터와 배경 등)과 말풍선을 통해 장면을 표시한 것으로 시나리오를 그림으로 연출하는 단계	
④	**데생 작업**	완성된 콘티 위에 연필이나 데생 펜으로 러프하게 스케치한 것	본 작업 단계
⑤	**펜선 작업**	완성된 데생 위에 펜선을 입혀 그림을 완성하는 것	
⑥	**컬러 작업**	완성된 펜선 위에 컬러를 입히고 배경과 그래픽 효과를 더하는 작업	
⑦	**편집 작업**	완성된 원고에 대사, 해설 등 식자 작업을 하는 것	완성 단계
	최종 완성		

여기서는 기획 단계인 시놉시스 만들기를 중점적으로 살
펴보려 한다. 시놉시스 구성요소는 '① 아이템 발굴하기 ② 로
그라인 만들기 ③ 주제 정하기 ④ 기획의도 정하기 ⑤ 줄거리
정하기 ⑥ 등장인물 정하기 ⑦ 관계도 만들기 ⑧ 장르 정하기'
이다. 시놉시스의 구성 내용을 하나씩 자세히 살펴보자.

보통 신춘문예 소설 부문이나 시나리오, 웹소설, 웹툰 공모
전에서는 작품과 함께 시놉시스를 요구하는 경우가 많다. 또
한, 신인작가가 자신의 작품을 플랫폼이나 CP사 등 기획사에
제안할 때라든지, 기성작가가 제작사나 투자사에 제안할 때도
샘플 원고만 제시할 게 아니라 작품의 시놉시스를 꼭 첨부해
야 한다.

시놉시스란 '작가가 작품의 주제를 다른 사람에게 알리기
위해 알기 쉽게 간단히 적은 것'을 말한다. 흔히 '줄거리' 또는
'개요'라고도 한다. 시놉시스는 작품의 8할이라고 해도 과언이
아니다. '시작이 반'이라는 말이 있다. 작가가 웹툰을 시작하겠
다고 하면 벌써 반, 5할이 이뤄진 것이다. 그렇다고 곧바로 웹
툰을 그려 작품이 되는 것은 아니다. 하늘이 내려준 천재라면
가능할지도 모르겠지만 99%는 불가능하다. 머릿속에서는 줄
거리가 술술 나오고 손은 머리가 시키는 대로 그리기만 하면
얼마나 좋겠는가. 간혹 그렇게 만들어진 웹툰도 있지만, 재미
없는 아마추어 작품이 될 확률이 높다. 무계획으로 만들어진
집, 또는 모래로 지어진 성, '사상누각(沙上樓閣)'과 다르지 않
기 때문이다.

시놉시스의 필요성

90년대를 회상해 보니 많은 신인작가가 원고를 들고 [서울문화사] 편집부에 찾아온 것 같다. 청운의 꿈을 한껏 품고 정성껏 준비한 만화 원고를 바달라며 펼친다. 그때 신인작가들의 심정이 어땠을지 짐작이 간다. 엄청난 기대감과 막연한 불안감을 동시에 가지고 있었을 것이다. 주위로부터 좋은 평가를 받고 용기를 내 찾아왔겠지만 프로의 벽은 높다는 얘기도 많이 들었을 테니 말이다.

그런데 신인작가들이 가져온 원고는 십중팔구 스크린톤까지 다 붙여서 100% 완성된 상태였다. 그것도 몇 화나 되는 엄청난 분량으로. 그것을 만들기 위해 얼마나 많은 노력을 기울이고, 얼마나 뜨거운 열정을 불사르고, 얼마나 많은 밤을 지새웠을까 생각하니 한편으로는 안타까웠다.

"혹시 시놉시스를 볼 수 있을까요?"

그러면 열이면 열 다 없다고 한다. 시놉시스의 존재 자체를 모르는 신인작가가 태반이었다. 그러면 필자는 꼭 이렇게 물었다.

"초반엔 나름 재미가 있는데, 이 작품은 몇 화로 완결할 예정이고, 어떻게 결론을 낼 거예요?"

그러면 다들 거기까지는 생각해 보지 못했다고 당황해한다. 뭔가 엄청난 영감과 자극을 받아서 작품을 시작하기는 했지만, 작가 자신조차 작품이 어떻게 전개되고 완결될 것인지 감을 잡지 못한 것이다. 설계도 없이 이리저리 벽돌을 올려서 집을 지으려는 것과 마찬가지이다. 그런 집들이 아름답고 튼튼하게 지어지기는 불가능에 가깝다고 할 수 있다.

이제 필자는 작가를 붙들고 작품의 시놉시스를 만들기 시작한다. 웹툰PD로서의 역할이 시작된 것이다. 그 작업은 쉽지 않은 과정이다. 원고의 일부만 고치는 리모델링 작업일 수도 있고, 지금까지 해 온 작품을 싹 다 뒤집는 재개발 작업일 수도 있기 때문이다(대부분 재개발에 가깝다). 그것도 가능성 있는 아이템이 포함된 경우에 한해서. 그 과정을 견디지 못하고 포기하는 신인작가도 더러 있다. 이후로 출판사를 몇 번 찾아오다가 소리 소문 없이 사라지는 작가들이 그런 부류다. 하지만 그런 과정을 안내하고 새롭게 원고가 완성되면 만화잡지에 연재의 길이 열린다. 그런 혹독한 과정을 거쳐서 연재한 작품들은 어김없이 독자의 뜨거운 사랑을 받았다.

2010년대 웹툰 시대가 열려도 마찬가지다. 옛날처럼 원고를 들고 찾아오는 신인은 사라졌지만, 회사 대표메일로 투고작이 간혹 들어오는데, 원고지에서 디지털 파일로 형식이 바뀌었을 뿐 달라진 건 별로 없다. 1~3화까지 원고만 덜렁 보내오는 것이다. 3화까지 읽고 나면 어떤 작품은 수준 이하일 때도 있고, 어떤 작품은 다음 내용이 궁금할 때도 있다. 그런데 다음 내용을 말해주고 채워줄 시놉시스가 없는 것이다. 이럴 때 답메일을 보내서 시놉시스를 요구하면 대부분 답을 안 하는 경우가 많다. 작가 스스로 시놉시스에 대해 잘 모르거나, 거기까지 준비가 되지 않아서일 것이다. 작가나 웹툰PD가 왜 시놉시스를 알아야 하는지 조금 이해가 될 것이다.

사상누각이 되지 않도록 나머지 3할을 더해서 시놉시스를 만들어 보자. 시놉시스는 작품의 주제는 무엇인지, 기획의도는 무엇인지, 사건은 어떻게 진행될 것인지, 독자에게 전달하고자 하는 메시지는 무엇인지, 어떠한 등장인물들이 나와서 어떻게 뛰어놀 것인지, 그리고 스토리는 어떤 결론으로 마무리할 것인지 분명하고 명료하게 작성하는 것으로, 건물을 짓기 전에 설계도를 만드는 작업이라 생각하면 된다. 그 설계도를 보고, 터를 다지고, 기둥을 세우고, 벽돌을 쌓고, 지붕을 올리고, 시멘트를 바르는 것이다. 이렇게 기초를 탄탄하게 지은 집은 예쁘고 튼튼할 뿐 아니라 인기도 좋다. 사람들이 너도나도 구경하거나 구입하려고 모여들 것이다. 아파트 모델하우스에 몰려드는 인파를 한번 생각해 보라. 완성되기도 전에 시놉시스만 보고 사람들이 몰려들어 계약하고 구입하는 것과 같다고 하겠다.

보통 작가를 한자로 作家라고 쓴다. 한자 뜻 그대로 풀면 '집을 짓는 사람'이라는 뜻이다. 그러면 어떤 집을 지어야 할까? 무엇보다 튼튼하게 잘 지어야 할 것이다. 집의 규모를 크게 기획해서 박물관이나 놀이공원을 짓는다고 해 보자. 잘 지어놓으면 많은 사람이 모여들 것이다. 놀거리와 볼거리까지 많으면 입소문을 타고 인산인해를 이룰 것이다. 그러면 관람권과 입장권은 불티나게 팔릴 것이다. 작품이 대박 나는 것과 같은 이치다.

시놉시스에는 '주제', '기획의도', '등장인물', '줄거리'의 네 가지 기본요소가 구체적으로 포함되어야 한다. 그리고 더 세분화해서 작품을 한 줄로 표현하는 '로그라인'과 등장인물 간의 관계 설정을 도표로 표시한 '관계도', 그리고 '장르'를 추가할 수 있다. 그러면 작품이 더욱 구체화되고 명료해지는 효과가 있다. 아직까지 '제목'은 안 정해도 된다. 시놉시스가 명료해진 후 그에 알맞은 제목을 '가제'라고 해놓자. 제목은 작품이 완성되고 세상에 공개할 마지막 순간까지 가장 좋은 것을 찾아 고민해도 된다.

시놉시스의 구성요소

①	아이템
②	로그라인
③	주제
④	기획의도
⑤	줄거리
⑥	등장인물
⑦	관계도
⑧	장르

다음 장부터 시놉시스의 구성요소에 대해 하나씩 자세히 살펴보고자 한다.

시놉시스 만들기①
아이템 발굴하기

먼저 기획 단계의 '아이템 발굴하기'에 대해 얘기해 보자. 아이템은 생각에 생각을 거듭해서 나오기도 하지만 길을 걷다가 문득 떠오르기도 한다. 아이디어 회의를 하다가, 책을 보다가, TV를 보다가, 친구들과 수다를 떨다가, 용변을 보다가 불현듯 나오기도 한다. '세렌디피티(Serendifity)'라는 말이 있다. 뜻밖의 발견, 우연으로 얻은 행운 등을 뜻하는 말로, 우연히 중대한 발명 혹은 발견이 이루어지는 경우를 의미한다. 사전적인 의미로 '뜻밖의 재미, 운 좋게 발견하는 것'을 뜻하기도 한다.

세렌디피티는 〈세렌딥의 세 왕자〉라는 호레이스 월폴(영국 작가, 1717~1797)의 우화에서 나왔다는 설이 있다. 세렌딥(스리랑카의 옛이름)의 세 왕자가 우물 속 개구리 같던 왕궁을 떠나 바깥세상을 여행하며 이전에 미처 몰랐던 것을 경험하고 깨닫게 된다는 내용이다. 아무튼 세렌디피티는 나일론, 라면,

페니실린, 포스트잇 등 실생활에 필요한 제품부터 페이스북, 아마존 등 창업 아이디어까지 다양하게 발현되고 있다. 그런데 중요한 것은 이런 우연한 발견이 아무런 생각도 없는 상태에서 하늘에서 뚝 떨어지는 게 아니라는 것이다. 늘 상상하고, 고민하고, 노력하고, 시도하고, 실패하는 와중에서 불현듯 발현된다. 고대 그리스의 수학자 아르키메데스가 왕의 명령을 받고 왕관에 불순물이 섞여 있는지 아닌지 찾아낼 방법을 끊임없이 생각하다가 문득 목욕탕의 물이 넘치는 것을 보고 부력의 원리를 깨달은 후 '유레카(무언가를, 특히 질문에 대한 답을 알아냈을 때 기쁨을 나타내는 말)'를 외친 것과 같은 이치다.

웹툰의 아이템도 마찬가지다. 아무 생각도 없는 사람한테 하늘에서 뚝 떨어지는 게 아니다. 끊임없이 기획하고 만들고자 노력하는 사람에게 뜻밖의 손님이 찾아오듯 우연히 좋은 발상이 떠오르는 것이다. '하늘은 스스로 돕는 자를 돕는다'와 같은 맥락이다. 다른 웹툰을 보다가 떠오르기도 하고, 영화를 보다가 떠오르기도 하고, 책을 보다가 떠오르기도 한다. 떠오르는 장소도 천차만별이다. 화장실에서 볼일을 보다가 갑자기 떠오르기도 하고, 산책하다가 떠오르기도 하고, 잠이 들기 전에 문득 떠오르기도 한다. 세상에 둘도 없는 새로운 작품이 떠오르기도 하고, 기존의 작품을 능가하는 새로운 발상이 더해지기도 하고, 평소 자기가 생각했던 기획을 완전히 뒤엎는 엉뚱한 아이디어가 떠오르기도 한다. 로맨스를 생각하고 있는데 판타지가 나올 때가 있고, 학원물을 생각하는데 코믹물이 떠오를 때도 있다. 대수롭지 않게 생각하던 인물이나 사건이 머리에 꽂히기도 한다.

그럴 때는 주저 없이 수첩을 꺼내 필기해야 한다. 수첩이 없다면 종이도 괜찮고, 휴대폰 메모 기능을 활용해도 좋다. [네이버]의 '내게 쓰기'나 카카오톡의 '나와의 채팅'을 활용해도 된다. 절대 나중으로 미뤄서는 안 된다. 딴 것에 정신 팔리면 십중팔구 잊어버리고 만다. 메모하지 않은 기억은 절대 떠오르지 않는다. 그때 머리를 쥐어짜고 땅을 치고 후회해봐야 아무 소용이 없다. 어쩌면 일생을 바꿀 로또를 잃어버렸는지도 모른다.

2003년 9월 15일부터 2004년 3월 30일까지 총 54부작으로 방송된 MBC 드라마 〈대장금〉(극본/김영현, 연출/이병훈)을 보거나 들은 적이 있을 것이다. 요즘도 가끔 TV에서 재방송을 한다. 이 책을 보는 독자 또는 웹툰PD 지망생 중 아직 안 본 사람이 있다면 꼭 다시보기를 추천한다. 한때 최고 시청률 55.5%를 기록하며 매주 월요일과 화요일 가족들을 TV 앞에 모이게 하는 귀가시계(드라마가 방송되는 요일의 시간대에 저녁 약속 등을 미루고 귀가해서 본다는 의미로 인기 드라마를 애칭하는 말) 역할을 했다. 당시는 요즘처럼 채널이 많지 않아 재방송 보기가 쉽지 않을 때였다.

〈대장금〉은 여자주인공 서장금이 궁궐에 들어가 조선시대 최초의 어의녀가 되기까지의 과정을 그린 드라마로, 장금의 성공과 사랑을 그려낸 작품이다. 〈대장금〉은 조선시대 중종의 신임을 받은 의녀 장금의 삶을 재구성한 픽션으로, 국내에서 대박을 터트리고 중국, 홍콩, 대만, 일본, 미국, 베트남, 이란 등 세계 곳곳에 수출되었다. 이 작품으로 배우 이영애는 한류 스타로 발돋움하였고, 〈대장금〉은 한국을 세계에 알리는 K드라마의 첨병과 같은 역할을 하였다.

'장금'이라는 이름은 〈조선왕조실록〉 중 〈중종실록〉에 실려 있는데, 열 번 가량 거론되어 있다고 한다. 이 드라마의 작가나 PD는 조선왕조실록에서 '장금'이라는 이름을 발견하고 기분이 어땠을까? 그 자리에서 '유레카'를 외쳤을지, 처음부터 대박 작품의 아이템이라고 생각했을지 궁금하다. 보통의 사람이라면 장금이라는 이름을 대수롭지 않게 넘겼을 것이다. 그러나 늘 콘텐츠 기획을 염두에 두고 있는 기획자라면 이런 원석을 보고 그냥 지나칠 리 없다. 아마도 무릎을 탁 쳤을 것이다. 이리 다듬고 저리 다듬어서 보석으로 만들려 했을 것이다. 그래서 장금이는 궁녀가 되고, 궁중 음식을 만들고, 다른 궁녀와 음식 경쟁을 벌이고, 모함을 받아 제주도로 귀향을 가고, 거기서 사또의 도움을 받아 의술을 배우고, 다시 궁으로 돌아오고, 어의가 되고, 마침내 중종의 총애를 얻고, 병이 든 중종을 치료하다가 중종이 죽자 책임을 지고 사형 직전까지 가고,

한 신하가 목숨을 걸고 구명하여 구사일생으로 목숨을 구하고, 결국 자신을 끝까지 지켜 준 신하와 결혼하게 되는 등의 스토리를 붙이고 또 붙였을 것이다. 원석을 갈고 또 닦으며 상상의 나래를 마음껏 펼친 것이다. 이런 과정을 거쳐 장금이라는 아이템은 〈대장금〉이라는 이름(제목)으로 거듭나 대박 드라마라는 보석으로 탈바꿈한 것이다.

실제로 〈조선왕조실록〉에는 '장금이라는 의녀가 있었고, 왕의 신임을 받았다'는 정도밖에 기록되어 있지 않다고 한다. 남녀차별이 심했던 조선시대라서 그런지 장금에 대해서는 본명이나 출신, 구체적인 행적 등의 자세한 기록은 전해지지 않는다고 한다. 인물과 사건에 관한 이야기는 대부분 작가의 상상력으로 만들어진 픽션이라고 봐도 무방하다.

• 포털에서 '드라마 대장금' 검색 바람. 다시보기 추천.

✚ 라떼는 말이야 **조선시대 '책쾌'라는 아이템에서 시작된 〈밤을 걷는 선비〉의 성공**

웹툰 중에 아이템 발굴에 대한 이야기를 하자면 [서울문화사] 재직 시절 히트한 〈밤을 걷는 선비〉를 빼놓을 수 없다. 이 작품은 조주희 작가가 글을 쓰고 한승희 작가가 그림을 그린 작품으로 주인공이 '책쾌'이다. '책쾌'는 조선시대에 사람들에게 필요한 책을 구입해 주는 일을 하던 직업이다.

조주희 작가는 고등학교 국어교사로 평소에도 문학과 역사에 조예가 깊은 것으로 알고 있다. 그는 옛 문헌이나 자료에서 '책쾌'라는 단어를 발견하고 아마 '유레카'를 외쳤을지도 모른다. 그는 작가로서 늘 웹툰 기획을 궁리하는 와중이었을 것이고, 조선시대 책쾌란 직업을 우연히 발견했을 때 이것이 곧 대박 작품이 될 수 있는 아이템이라는 것을 직감했을 것이다.

책쾌라는 아이템이 정해진 다음 원석을 다듬고 뼈를 세우고 살을 붙이는 작업은 기분이 날아갈 만큼 신나는 작업이었을 것이다. 그렇게 탄생한 〈밤을 걷는 선비〉는 웹툰과 단행본으로 대박을 냈고 '2013년 오늘의 만화상'을 수상했다. [윙크]라는 만화잡지에 몇 화 연재되기도 전에 영화, 드라마 등이 같이 묶여 큰 금액에 라이선스(2차 저작권) 계약이 이루어졌다.

이 웹툰은 먼저 드라마로 구현되어 안방 시청자를 찾아갔지만, 드라마 시청률은 좀 아쉬웠다. 차라리 영화로 먼저 구현되었다면 CG를 최대한 활용해 이 작품의 핵심인 뱀파이어들의 결투신 등 다이내믹한 장면들을 잘 살려 재미를 배가시키지 않았을까 하는 아쉬움을 토로해 본다.

• 포털에서 '밤을 걷는 선비' 검색 바람. 웹툰 〈밤을 걷는 선비〉, 드라마 〈밤을 걷는 선비〉 정주행 추천!

자, 다시 '아이템 발굴'에 대해 정리해 보자. 아이템은 절대 공짜로 주어지는 게 아니다. 가만히 있는 사람한테 하늘에서 기적을 뚝 떨어뜨려주지 않는다는 얘기다. 대박 웹툰을 기획하고자 하는 사람이라면 늘 좋은 아이템을 찾기 위해 노력해야 한다. 아이템은 은밀한 곳이나 거창한 데 있는 것이 아니다. 우리 주위에서 일어나는 시시콜콜한 일상에서부터 요리, 여행, 역사책, 문학도서, 만화책, 웹툰, TV 시사프로그램, 드라마, 영화, 유튜브 등 잘 찾아보면 아이템은 널려 있고 그것을 구할 수 있는 장소나 방법은 무한하다. 제92회 아카데미 영화제 시상식에서 봉준호 감독이 한 수상소감이 기억이 난다.

"영화를 공부하면서
'가장 개인적인 것이 가장 창의적인 것이다'라는 말을
항상 가슴에 새겼습니다.
그 말을 한 사람은 우리의 거장, 마틴 스코세이지입니다."

그날 아카데미 시상식장 객석에는 팔순에 가까운 마틴 스코세이지가 앉아 있었다. 봉준호 감독이 그의 이름을 언급하자 감격에 차 눈물을 훔치던 장면이 인상적이었다.

제93회 아카데미 시상식에서는 배우 윤여정이 대한민국 최초로 여우조연상을 받았다. 1980년대 미국으로 건너간 한국인 이민자 가족의 모습을 생생하게 표현한 작품 〈미나리〉를 통해서다. 〈미나리〉는 한국계 미국인 감독 리 아이작 정(한국명 정이삭)이 자신의 어린 시절을 모티프로 만든 작품이다.

헐리우드의 거장 감독 마틴 스코세이지가 말했듯이, 또 세계적인 거장 감독의 반열에 오른 봉준호 감독과 〈미나리〉의 정이삭 감독이 보여주었듯이 '가장 개인적인 것이 가장 창의적인 것이다.' 이 말은 '아이템은 당신 주변에 있다'는 뜻이다. 그러니 괜찮은 아이디어가 떠오르거나 아이템이 발견되면 바로 메모하라. 그리고 그 아이템이 어떤 좋은 재료가 될 수 있을지 부단히 다듬고 또 다듬어라. 당신의 인생을 바꿀 기회가 될 것이다.

필자의 강의가 이즈음에 이르면 많이 받는 질문이 있다. "웹툰작가가 되려고 하는데, 꼭 대학을 나와야 하는가?"다. 웹툰만 잘 그리면 됐지. 굳이 대학을 가면 시간 낭비가 아니냐는 것이다. 그러고 보니 성공한 작가 중에는 대학을 나오지 않은 작가도 많다. 만화계의 레전드 허영만 작가는 대학을 나오지 않았고, 이현세 작가는 대학을 중퇴했다. 〈미생〉으로 유명한 윤태호 작가도 마찬가지다. 하지만 현재 이현세 작가와 윤태호 작가는 대학에서 학생들을 가르치고 있다. 이 외에도 유명한 웹툰작가 중에는 대학을 나오지 않은 사람이 많다. 그렇게 보면 만화와 웹툰이야말로 학벌을 따지지 않고 오직 실력만으로 승부하는 우리나라에서 보기 드문 '무스펙, 무차별 지대' 중의 하나라고 해도 과언이 아니다.

그렇다고 대학 갈 실력과 여건이 되는데 굳이 가지 않는 것도 정답은 아닌 것 같다. 요즘은 많은 대학에 만화학과, 애니메이션학과나 웹툰학과 등이 생겨서 웹툰 공부를 전문적으로 할 수 있다. 그리고 웹툰학과에 가지 않더라도 대학에 들어가 경험하는 것들이 웹툰의 중요한 소재가 될 수 있다. 다양한 학과에서 배우는 전문 지식이 소재가 될 수 있고, 캠퍼스 라이프와 로맨스도 좋은 소재가 될 수 있다. 중간에 군대에 다녀온 얘기도, 군대 간 남자친구를 기다리며 벌어지는 에피소드도, 복학한 얘기도, 취업 준비도 훌륭한 소재로 쓸 수 있다. 웹툰 〈D.P 개의 날〉, 〈치즈 인 더 트랩〉, 〈대학일기〉, 〈공대생 너무만화〉, 〈뷰티플 군바리〉, 〈취사병 전설이 되다〉, 〈고양이에게 보이는 것〉, 〈맘마미안〉, 〈내 아이디는 강남미인〉 등이 좋은 예다.

'아는 만큼 보인다'고 했다. 대학에서 쌓이는 여러 가지 경험과 공부, 사람들과의 만남이 훗날 웹툰의 좋은 소재가 될 것이다. 웹툰PD에게도 좋은 기획거리가 될 수 있다. 많은 독자가 그 시절을 공감하며 작품에 댓글을 달거나 '좋아요'를 누

를 것이다. 결론은 굳이 대학을 안 가도 웹툰작가나 웹툰PD
가 될 수 있다. 하지만 대학에 가는 것이 시간 낭비는 아니라
는 것이다.

웹툰PD 과정을 가르치면서 많이 듣는 사연이 있다. 다니던
학교가 마음에 들지 않아서, 배우는 공부나 전공이 적성에 맞
지 않아서 웹툰PD를 지원하려고 한다는 이야기다. 앞에서 얘
기했듯이 웹툰 분야에서는 인생사 하나하나, 만나는 사람 하
나하나가 모두 소재이자 배울거리가 된다. 비록 자신이 목표
로 한 대학에 들어가지 않았더라도 현재 다니는 학교에서도
많은 군상(群像)을 만날 수 있고, 다양한 캐릭터를 발견할 수
있고, 경험을 할 수 있다. 또 원하지 않는 전공이나 공부에서
도 다양한 지식과 소재를 얻을 수 있다. 웹툰과 거리가 멀 것
같은 과학이나 이공계 분야도 마찬가지다. 필자는 앞으로 그
쪽 분야에서 무궁무진한 소재와 기획이 나올 것이라 예상한
다. 영화에서 SF가 핫한 소재가 되었듯이 머지않아 웹툰에서
도 SF가 굳건한 자리를 잡을 것이다. 이때는 이공계 출신들이
기획자나 창작자로 날개를 달 것이다.

웹툰에 어떤 영역이 있고 어떤 한계가 있는지 잘 생각해 보
자. 웹툰 관련 일을 하기 위해 꼭 웹툰학과나 만화학과에 가
야 하는 것이 아니다. 디자인, 회화 등 미술학과부터 각 나라
의 언어와 문학을 좀 더 밀접하게 공부할 수 있는 영문학, 중

문학, 일문학 등의 어문학 계열과 사학, 철학, 사회학, 경제학, 법학 등 모든 학문이 웹툰의 좋은 자양분이 될 수 있다.

학교 공부가 안 맞아 고민하는 학생들을 일찍 만나 카운슬링했더라면 좋았을 텐데 생각한 적도 있다. 그러면 젊은 시절의 방황을 줄일 수 있고, 학교 공부에 좀 더 충실할 수 있었을 것이다. 그렇다고 때 늦은 후회를 해 봐야 소용없다. 드물지만 그런 방황의 시간도 웹툰의 좋은 소재가 될 수 있다. 또 이 책을 통해서 자신이 그런 방황을 끝내고 열심히 준비해서 웹툰 PD가 된다면 그 또한 인생의 반전 포인트가 될 것이다.

시놉시스 만들기②
로그라인 만들기

로그라인이란 '이야기의 방향을 설명하는 한 문장' 또는 '한 문장으로 요약된 줄거리'란 뜻이다. 필자는 강의할 때 꼭 수강생들에게 자신이 기획하려는 작품을 "한 줄로 정리해 보라"고 한다. 생각보다 쉽지 않은 작업이다. 대다수의 수강생이 몇 줄 이야기를 하다가 흐지부지 끝맺는다. 스스로 자기 작품의 콘셉트를 명료하게 설정하지 못했음을 증명하는 것이다. 콘셉트도 명확하지 않은데 작품의 방향이 제대로 보일 리가 없다. 먼저 역대 대박 작품들의 로그라인을 알아보자. 그리고 한 줄로 정리해 보자.

제목	로그라인
해운대	
극한직업	
쥬라기 공원	
기생충	

미나리
백종원의 골목식당
궁
밤을 걷는 선비
롱 리브 더 킹
미생
이태원 클라쓰

천만 관객이 본 영화 〈해운대〉는 '부산 해운대에 쓰나미가 닥치면서 벌어지는 재난 영화' 딱 한 줄로 정리된다. 또 코믹 장르로 천만 관객을 동원한 영화 〈극한직업〉 역시 '잠복근무를 위해 형사들이 차린 치킨집이 대박나면서 벌어지는 사건을 다룬 코미디 영화'라는 한 줄로 정리된다. 대박 작품은 이렇게 콘셉트가 명료하다. 〈쥬라기 공원〉은 '공룡 복원 작업에 성공한 공룡동물원에서 벌어지는 기상천외한 생존 이야기', 〈기생충〉은 '최상과 최하의 삶을 사는 두 가족의 만남이 빚어낸 기괴한 공생 또는 기생 이야기', 〈미나리〉는 '어디서든 잘 자라는 미나리처럼 낯선 땅에 뿌리를 내리며 살아가는 어느 미국 이민 가족의 이야기'와 같이 모두 한 줄로 잘 정리된다.

이번에는 TV프로그램을 예로 들어 보자. 〈백종원의 골목식당〉은 '요리사업가 백종원의 골목 상권 살리기 프로젝트'라고 정리할 수 있다.

만화와 웹툰의 히트 작품들도 정리해 보자. 〈궁〉은 '대한민국에 왕정이 존재한다는 가정 하에 갑자기 황태자비에 책봉된 여고생의 이야기', 〈밤을 걷는 선비〉는 '조선시대, 기구한 운명의 책쾌와 뱀파이어의 운명적인 사랑', 〈미생〉은 '바둑기사에 실패한 주인공이 대기업 비정규직으로 입사해서 겪는 애환과 부조리', 〈이태원 클라쓰〉는 '외식 대기업 '장가'에 아버지를 잃고 인생을 망친 주인공의 치밀한 복수극'이라고 정리할 수 있다. 이렇게 히트 작품들을 한 줄로 정리하다 보면 자신의 기획 작품도 한 줄로 정리할 필요가 있다는 것을 느끼게 된다. 그래야 작품의 성격과 방향이 명확해진다. 자, 이제 자기 작품의 로그라인을 한번 만들어 보자.

제목	로그라인
해운대	부산 해운대에 쓰나미가 닥치면서 벌어지는 재난 영화
극한직업	잠복근무를 위해 형사들이 차린 치킨집이 대박나면서 벌어지는 사건을 다룬 코미디 영화
쥬라기 공원	공룡 복원 작업에 성공한 공룡동물원에서 벌어지는 기상천외한 생존 이야기
기생충	최상과 최하의 삶을 사는 두 가족의 만남이 빚어낸 기괴한 공생 또는 기생 이야기
미나리	어디서든 잘 자라는 미나리처럼 낯선 땅에 뿌리를 내리며 살아가는 어느 미국 이민 가족의 이야기
백종원의 골목식당	요리사업가 백종원의 골목 상권 살리기 프로젝트
궁	대한민국에 왕정이 존재한다는 가정 하에 갑자기 황태자비에 책봉된 여고생의 이야기

밤을 걷는 선비	조선시대, 기구한 운명의 책쾌와 뱀파이어의 사랑
롱 리브 더 킹	목포 조폭 두목의 파란만장한 대통령 도전기
미생	바둑기사에 실패한 주인공이 대기업 비정규직으로 입사해서 겪는 애환과 부조리
이태원 클라쓰	외식 대기업 '장가'에 아버지를 잃고 인생을 망친 주인공의 치밀한 복수극

시놉시스 만들기③
주제 정하기

다음은 주제이다. 주제는 작품의 콘셉트라고 이해하면 된다. 콘셉트의 사전적 의미는 '어떤 작품이나 제품, 공연, 행사 따위에서 드러내려고 하는 주된 생각'이다. 한마디로 '작품의 뼈대'라고 보면 된다. '주제 = 작품의 뼈대'인 것이다.

어린 시절 점토로 만들기 수업을 한 기억을 떠올려 보자. 맨 먼저 해야 하는 것은 철사로 뼈대를 만드는 일이다. 덩치 큰 공룡을 만들거나, 키 큰 기린을 만들려면 철사로 먼저 뼈대를 잡아줘야 한다. 그리고 노끈으로 돌돌 감아서 점토가 잘 붙도록 해야 한다. 그다음에 점토를 붙이면 제대로 된 모양이 나온다. 뼈대의 크기에 따라 공룡의 크기도 정해지고, 뼈대의 모양에 따라 공룡의 모양도 정해진다.

뼈대의 모양대로 점토를 붙이다가 어느 정도 모양이 갖춰지면 점토를 깎거나 덧붙여 눈, 코, 입 등을 만들어 작품을 완성한다. 점토만으로도 크고 길쭉한 공룡과 기린을 만들 수는 있지만, 시간이 지나 점토가 마르면 뼈대 없는 점토는 곧 갈라져 부서지거나 떨어지고 만다. 점토를 받치고 지탱할 기초가 튼튼하지 못하기 때문이다. 왜 작품의 주제가 중요한지 이제 감이 올 것이다.

또한, 주제는 작품이 나아갈 방향을 알려주기 때문에 기능적인 가치를 지니고 있다. 작가나 기획자가 앞으로 나아가야 할 방향이 막막할 때, 어떻게 해야 할지 감을 잡지 못할 때, 주제를 상기하면 작품의 전개 방향을 잡아나갈 수 있다. 반대로 얘기하자면, 주제가 없는 작품은 작품을 진행하다가 중간에 막혔을 때 길을 잃는 경우가 많다. 선장이 없고 항로를 제대로 잡지 못한 배가 목적지를 향해 똑바로 항해하는 건 불가능하기 때문이다. 십중팔구 표류하거나 심하면 선원들이 배를 등에 지고 산으로 갈지도 모른다. 웹툰이 그런 상황에 처해 있다면 결과가 뻔하다. 몇 화 지나지 않아서 갈 길 잃은 독자들이 가을낙엽 떨어지듯 우수수 떨어져나갈 것이다.

필자는 늘 작가들에게 작품이 막히면 주제를 상기하라고 얘기한다. 독자에게 무엇을 보여주려고 이 작품을 만들었는지를 늘 생각하라는 것이다. 어른들이나 유경험자들이 어려운 곤경에 처한 신참에게 "초심으로 돌아가라"는 말을 하는 것도 같은 이유다.

그럼 웹툰 〈미생〉의 주제를 한번 알아보자. 이 작품에서 드러내고자 하는 주된 생각은 다음과 같다.

'대기업에 비정규직으로 입사한 주인공이
신입사원으로서 겪는 애환을 보여줌으로써,
가진 것 없어 스펙을 제대로 쌓지 못한 이 시대
계약직 사원의 현실을 생생하게 보여주고 싶다.'

웹툰 〈미생〉은 처음부터 끝까지 이 주제에 충실했다. 그래서 시작부터 완결까지 엉뚱한 곳으로 새지 않고 일관되게 이야기를 끌고 갈 수 있었다. 대기업 직장생활, 신입사원 생활, 계약직으로서 겪는 차별과 사회적 시선, 그리고 그런 현실에 맞닥뜨리면서 주인공은 좌절도 하고 분노도 하지만 절대 포기하지 않고 극복하면서 실낱같은 희망과 카타르시스를 보여주었다. 그리고 마침내 큰 울림으로 다가왔다.

이 작품이 내포한 주제의 파장은 컸다. 독자들은 작가가 얘기하려는 주제에 크게 공감했고, 이 시대 계약직의 삶을 간접적으로나마 뼈저리게 느꼈다. 그 주제는 곧 이슈화되고, 공론화되었다. 그리고 2014년에 임시완 주연으로 만들어진 드라마 〈미생〉은 그야말로 폭발적인 반응을 일으켰다. 드라마는 원작을 뛰어넘었다는 평을 받았고, 우리 사회에 '미생 신드롬'을 일으켰다. 〈미생〉은 계약직 사원으로 상징되는 우리 사회

비정규직 문제를 전면에 부각시키면서 계약직을 보호하는 취지의 '장그래법' 제정 움직임으로 이어지는 등 사회적으로도 큰 반향을 일으켰다.

• 포털에서 '미생' 검색 바람. 웹툰 〈미생〉, 드라마 〈미생〉 정주행 추천!

+ 래떼는 말이야

직장물의 변천사

웹툰 장르에서 학원물이 10대의 전유물이라면 직장물은 20~30대의 전유물이라고 할 수 있다. 그만큼 독자층이 탄탄하다는 것이다. 직장물은 〈미생〉처럼 그 자체로 하나의 카테고리가 되어 많은 직장인의 에피소드와 애환을 다루면서 공감을 얻을 수 있다. 또한 〈김비서가 왜 그럴까〉, 〈꿈의 기업〉, 〈사장님을 잠금해제〉, 〈가우스전자〉, 〈후덜덜덜 남극전자〉, 〈청년시장〉, 〈조류공포증〉 등에서와 같이 로맨스나 드라마, 개그, 현대판타지, 스릴러 등 타 장르의 소재나 배경으로도 많이 활용된다.

자기가 즐겨 본 웹툰 작품을 한번 생각해 보라. 직장이 안 나오는 현대물이 있는지. 백수가 주인공이어도 직장 얘기는 꼭 나온다. 부모님이 직장에 다니든지, 아르바이트하는 여동생한테 구박을 받는 내용이 나온다든지, 어디서든 꼭 나온다. 〈김비서가 왜 그럴까〉는 직장을 배경으로 하는 로맨스물이다. 〈가우스전자〉, 〈후덜덜덜 남극전자〉도 직장물이지만 장르는 개그다. 〈조류공포증〉에서는 직장 상사가 '하르퓌아'로 나온다. 하르퓌아는 그리스 신화 속에서 반은 사람, 반은 조류의 모습을 한 반인반수 괴물이다. 직장 상사는 한 직원에게 정체를 들키자 증거를 인멸하기 위해 그 직원을 꿀꺽 삼켜서 먹었다. 반쯤 소화시킨 후 회사에서 몰래 키우고 있는 자기 새끼에게 먹이로 준다. 특이한 소재의 스릴러물인데 시작은 직장이다. 그만큼 직장은 웹툰과 우리 삶에서 떼려야 뗄 수 없는 곳이다.

직장물의 변천을 살펴보는 것도 재미있다. 2000년대 〈미생〉이 대표적인 직장물이었다면 1990년대 대표적인 직장물로는 일본만화 〈시마과장〉을 들 수 있다. 일본 단카이세대(제2차 세계대전 직후 태어난 일본의 베이비 붐 세대를 가리키는데, 1970년대와 1980년대 일본의 고도성장을 이끌어낸 세대로 풍요의 상징처럼 여겨진다)의 직장생활을 배경으로 한 작품이다. 〈시마과장〉은 시마가 신입사원부터 사장이 될 때까지의 일대기를 그린 일본 샐러리맨의 바이블이다. 마침내 시마가 사장이 되었을 때 일본의 모든 언론이 대서특필했을 정도로 만화인지, 현실인지 구분이 안 될 만큼 시마의 인기는 대단했다. 탄탄한 스토리, 뛰어난 그림체, 그리고 적절하게 나오는 성인적 요소로 인해 국내에서도 인기가 많았다. 〈시마과장〉을 단행본으로 출간한 [서울문화사]에서는 웹툰 형식으로 리메이크를 시도한 적이 있다. 〈시마과장〉이라면 웹툰 세대에도 충분히 어필할 수 있을 거라 판단했다. 일본출판사인 [강담사]에서도 좋은 시도라고 승인해서 스크롤 형식과 부분 컬러로 재편집했다. 사실 일본 작가들은 자신의 원작을 건드리거나 변형하는 것을 극도로 싫어한다. 그런 면에서 보면 웹툰 〈시마과장〉은 아주 획기적인 기획이자 사건이라 할 수 있다. 그런데 웹툰 〈시마과장〉은 큰 반향을 일으키지 못했다. 국내 독자들은 풍족했던 80~90년대의 일본 직장생활에 크게 공감하지 못하는 듯했다. 2010년대에는 직장의 문화도 크게 바뀌었고, 상사의 역할, 남녀의 역할도 크게 달라져 있었다. 정년보장이란 말도 사라졌고, 회사나 승진을 위한 희생이나 충성보다 '욜로'와 '워라밸'이 대세가 되었으며 또 '미투운동'이 일어날 때이기도 했다. 이런 이유로 〈시마과장〉의 새로운 변신은 조용히 묻히고 말았다.

다음으로 인기를 끈 것은 〈용하다 용해〉였다. 강주배 작가가 그림을 그리고 [서울문화사]의 김기정 기자가 퇴사하면서 초반 스토리를 담당하였다. 〈용하다 용해〉는 코믹 개그물로 [스포츠서울]에 연재되면서 폭발적인 인기를 끌었다. 일류물산에 근무하는 주인공 무용해는 과장으로 승진하는 게 소원이지만, 가는 곳마다 사고를 치고 제대로 하는 게 없어 '만년 대리' 신세다. 늘 허점투성이고 사고를 일으켜서 만화 표현 그대로 상사의 주먹을 부르는 인물이다. 그런 허당 캐릭터가 국민적인 인기를 끈 것이다. 한때 웬만한 광고에 무대리가 출연하지 않은 곳이 없을 정도로 대한민국 대표 샐러리맨의 표상이 되기도 했다.

이렇듯 직업과 직장은 웹툰에서 빼놓을 수 없는 소재다. 초히트 직장물 〈미생〉이 탄생한지 어언 10년이 넘어간다. 우리는 또 한번 메가히트 직장물의 탄생을 기대하고 있다.

시놉시스 만들기④

기획의도 정하기

다음은 기획의도이다. 기획의도는 한마디로 '작가가 작품 속에서 나타내려는 생각이나 본뜻'이다. 주제와 비슷해 보이지만 다른 면이 있다. 예를 들어 콜럼버스가 공언한 '인도로 항해하겠다'는 주제가 될 수 있다. 그러나 콜럼버스의 항해는 기존의 항해 루트(유럽에서 아프리카 해안을 따라서 희망봉을 지나 인도로 가는)와 달랐다. 그때까지 항해사들이 한 번도 가지 않은 새로운 길, 대서양을 건너서 인도로 가겠다는 것이었다. 주제는 같지만 기획의도는 천지 차이다. 그는 "에스파냐와 인도는 가까우며 적당한 바람만 불어준다면 며칠 안에 도착할 수 있다"라고 비전을 제시했다. 콜럼버스는 확실히 차별성 있는 기획의도로 에스파냐 이사벨 여왕을 설득했으며 여왕은 그 기획의도에 찬성해 전폭적인 투자를 아끼지 않았다.

기획의도는 제작자나 투자자에게 해당 콘텐츠가 어떤 내용인지를 차별적이고 명료하게 보여줘야 한다. 그래서 대부분 선언적인 형태의 단문으로 써야 효과가 높다. 웹툰 〈내부자들〉의 기획의도를 예로 들어 보자. 우선 작가의 의도는 '열혈 검사가 되어 대한민국을 좌지우지하는 권력자들의 더러운 이면을 낱낱이 까발리겠다'이다. 그런데 다른 검사물이나 느와르물의 주제와 큰 차이가 없어 보인다. 이러면 투자자의 관심이 시큰둥해진다. 그럴 때는 기획의도에서 좀 더 차별적인 것을 보여 줘야 한다.

'권력자들의 **내부자**가 되어서 그들의 민낯을 적나라하게 파헤치겠다'라고 덧붙이자 투자자들의 호감도가 올라가기 시작한다.

〈내부자들〉기획의도

검사인 주인공이 대한민국을 좌지우지하는 정치인, 언론인, 재벌의 더러운 이면을 내부자(한통속)가 되어 낱낱이 까발리려 한다. 그래서 민낯이 드러난 권력자들을 엄벌하고 그것을 지켜보는 독자에게 재미와 카타르시스를 선사하겠다.

제작자나 투자자들은 '내부자(한통속)'가 되어 권력자들의 더러운 이면을 파헤치겠다는 이 작품만의 차별화된 기획의도를 보고 제작과 투자를 결정하게 된다. 이제 주제와 기획의도의 차이점이 조금 보일 것이다. 투자자들은 기획의도를 보고 여러 가지 고민을 할 것이다.

'정말 기획에 차별성이 있는가?'

'어떤 점이 다른가? 그리고 그것은 충분히 매력적인가?'

'과연 투자할 만한 작품인가?'

'어느 독자층에 어필할 것인가?'

면밀한 분석이 뒤따를 것이다. 다행히 〈내부자들〉은 시류의 흐름을 잘 탔다. 당시 친기업 성향인 MB정권의 부패와 삼성 이재용 부회장 불법승계를 도와주는 대가로 뇌물을 수수한 박근혜 정부에 실망한 많은 국민으로부터 호평을 받았다. 독자들은 이 작품을 보고 비록 픽션이지만 마치 논픽션 같은 정치인, 언론인, 재벌의 더러운 민낯을 접하고 현실에 투영했다. 웹툰은 여러 상황으로 완결되지 못했지만, 영화로 재탄생해 관객 수 7백만 명을 기록하는 초히트 블록버스터가 되었다.

• 포털에서 '내부자들' 검색 바람. 웹툰 〈내부자들〉, 영화 〈내부자들〉 정주행 추천!

웹툰 〈이태원 클라쓰〉의 기획의도를 하나 더 예로 들어 보자.

〈이태원 클라쓰〉 기획의도

"원하는 것만 하며 살 수 있나?", "혼자 사는 세상이냐?"

누구나 한 번쯤 들어봤을 법한 말. 많은 사람이 이런 타인의 말에 길들여져 자신의 가치관을 '현실'이라는 '장벽'에 맞춰 타협하며 살아가고 있다.

누구도 비난할 수 없다. 정해진 틀 안에 자신을 맞추는 것이 어른스럽고, 사회생활을 잘한다고 여겨지고 있는 현시대이기에. 없는 자의 소신은 이득 없는 고집이고 객기가 되는 세상. 하지만 그렇게 타인과 세상에 맞춰가는 삶이 정말 잘 사는 삶일까? 누구를 위한 삶인가? 삶에서 가장 소중한 것은 자기 자신이어야 하지 않을까? 당신의 삶에 당신은 있는가?

여기 고집, 객기로 똘똘 뭉친 사회 부적응자 한 놈이 있다. 박새로이. 이 남자는 무릎 한 번 꿇지 못해서 고등학교 중퇴, 전과자가 되었다. 재벌의 갑질로 인해 꿈, 가족 모두를 잃고 끝없는 나락 속에서 우연히 걷게 된 이태원 거리. 다양한 인종, 느낌 있는 이국적인 건축물, 자유로운 사람들, 각국의 맛있는 요리들. 세계가 압축된 듯한 이태원에서 자유를 느낀 그는, 다시금 희망을 품고 반해버린 이곳 이태원 골목에서 뜻이 맞는 동료들과 창업을 시작한다.

"소신에 대가가 없는 그런 삶을 살고 싶습니다."

주인공 박새로이는 타협하지 않는다. 자유를 좇는 힘없는 자의 소신, 필연 같이 찾아오는 고난과 역경 속에서도 자신의 소신을 관철시키며 원하는 바를 이루려 한다. 그는 머리가 똑똑하지도, 특출한 재능이 있지도 않다. 그저 단단할 뿐. 그런 보통사람인 새로이의 거침없는 행보는 많은 사람에게, 한때는 그와 같은 삶을 살았으나 현실에 타협했을, 또는 그 험난한 길을 걷고 있을 많은 시청자로 하여금, 카타르시스와 강한 자극을 줄 것이다.

– [출처] JTBC 〈이태원 클라쓰〉 소개

광진 작가의 〈이태원 클라쓰〉 기획의도를 보면서 투자자들은 기꺼이 투자를 결정했을 것이다. 플랫폼이라면 연재를 결정했을 것이고, 기획사나 출판사는 제작비로 원고료를 지급했을 것이다. 웹툰의 케케묵은 주제인 '아버지의 복수'에 초점을 맞췄지만, 요즘 트렌드인 요식업을 배경으로 통쾌한 복수극을 펼친다는 점, 젊음의 성지 같은 이태원을 배경으로 해서 글로벌한 콘텐츠로 확대할 수 있다는 점 등이 투자자들의 입맛을 당겼을 것이다. 특히 특별한 재능도 없는 평범한 흙수저인 주인공 박새로이가 그저 단단한 의지 하나만으로 불의에 타협하지 않고 고난과 역경 속에서도 소신을 관철시키려는 모습이 젊은 층의 취향을 저격할 거라는 것도 예측했을 것이다.

이 작품은 [카카오웹툰]과 [카카오페이지]에서 누적 독자 수 1천만 명과 누적 조회 수 3억여 건을 기록하였다. 그리고 JTBC에서 드라마로 상영되어 최고 시청율 16.5%를 기록하는 히트작이 되었다. 이 작품으로 인해서 무명의 신인들이 대거 스타로 떠올랐는데, 조이서 역을 맡았던 김다미, 오수아 역의 권나라, 마현이 역의 이주영, 최승권 역의 류경수, 장근원 역의 안보현이 그 주인공이다. 주인공 박새로이를 열연했던 박서준은 두말할 것도 없고 악역인 안보현과 조연들까지 모두 인기를 얻었다. 원작의 작품성이 뛰어난 것도 이유겠지만, 드라마가 원작을 뛰어넘었다는 평가를 받았기에 가능한 일이었다.

• 포털에서 '이태원 클라쓰' 검색 바람. 웹툰 〈이태원 클라쓰〉, 드라마 〈이태원 클라쓰〉 정주행 추천!

제작자나 투자자의 존재를 웹툰에 대입하면 기획사, 출판사, 플랫폼이 된다. 회사마다 고유한 색깔과 특징이 있고, 각 회사는 투자할 웹툰을 고를 때 입맛에 맞는 작품을 선택할 것이다. 특히 공모전에서는 그런 경향이 더 짙다. 작가라면 자신이 연재하고 싶은, 소속하고 싶은 회사나 플랫폼을 잘 파악해서 그에 맞는 기획의도를 짜는 것이 좀 더 빠른 성공의 지름길이 아닐까 생각해 본다. 웹툰PD 지망생도 마찬가지다. 자신이 어떤 성향의 작품을 더 잘 만들고 기획할 수 있는지 파악하고, 자기가 일을 가장 잘 할 수 있는 회사나 플랫폼에 지원하는 것이 좋겠다.

각 플랫폼별 성향을 매트릭스로 표현해 보았으니 참고하기 바란다.

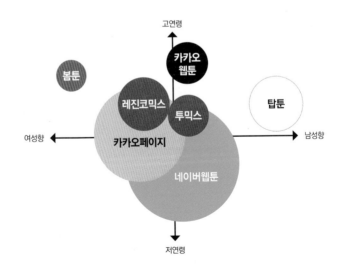

도표에서 보면 알 수 있듯이 가로축은 남성향과 여성향으로, 세로축은 연령으로 분류된다. [네이버웹툰]과 [카카오페이지]가 넓은 영역을 차지하고 있다. [네이버웹툰]이 [카카오페이지]보다 남성향으로 조금 더 치우쳐져 있다. [탑툰]은 독보적으로 남성향에 가깝고 [봄툰]은 독보적으로 여성향에 가깝다. 연령면에서는 [카카오웹툰]이 가장 높고 [네이버웹툰]이 낮은 부분을 차지하고 있다. 독자 스펙트럼은 [네이버웹툰]이 가장 넓다.

이렇게 웹툰 플랫폼의 성향을 도표화해서 매트릭스로 만들어 보니 자신이 웹툰PD로서 어떤 플랫폼과 맞는지, 기획하고 만든 작품을 어떤 플랫폼에 런칭하고 셀링해야 할지 알 수 있을 것이다. 현재 이 매트릭스가 100% 정확하다고는 할 수 없다. 플랫폼에 연재되고 있는 작품을 통해 주관적으로 판단한 부분도 있다. 그리고 플랫폼들이 다른 영역으로 확장을 계속 시도하고 있기 때문에 규정짓기가 애매해졌다. 그러나 이렇게 매트릭스를 만들면 분석하기에 용이한 것이 사실이다. 여기에 거론되지 않은 플랫폼도 이런 식으로 도표화하면 일하거나 관계를 맺는 데 적잖이 도움이 될 것이다.

시놉시스 만들기⑤

줄거리 정하기

줄거리는 '전체 스토리의 축약본'이라고 보면 된다. 기획한 웹툰이 100화 분량이라고 가정하자. 이 작품의 줄거리를 짧게는 몇 줄부터 길게는 A4 한 페이지로 임팩트 있게 압축할 수 있어야 한다. 더 길게 쓰면 바쁜 제작자나 투자자는 물론 빠른 시간 내에 수상작을 골라야 하는 공모전 심사위원들의 시선에서 비껴갈 수 있다.

〈밤을 걷는 선비〉는 웹툰으로는 113화, 단행본으로는 20권이 출간된 장편 드라마다. 이 안에는 상당한 분량의 스토리가 녹아 있다. 필자가 그 많은 양을 A4지 한 장으로 축약해 보았다.

주인공 양선은 '책쾌'로서 조선시대 필요한 사람들에게 책을 구입해 주는 일이 주업이다. 양선은 원래 명문가의 여식이었으나 집안이 역적으로 몰려 부모와 오빠 셋이 죽임을 당하고 자신은 여자라는 이유로 간신히 살아남는다. 양선은 목숨을 부지하기 위해 남장을 하고 책을 팔러 다닌다. 그러던 어느 날, 음석골이란 멀고 깊은 곳에 책을 팔기 위해 김성열이란 선비를 만나게 된다. 선비의 정체는 알고 보니 영원히 죽지 않는 '뱀파이어'. 거기서 둘의 첫 만남이 시작되었고 둘은 옥신각신하다가 서서히 사랑에 빠진다. 김성열은 원래 조선 인조 때의 촉망받는 선비로서 청에 볼모로 잡혀간 소현세자와 막역한 사이였다. 그리고 두 사람은 조선에 돌아가서 새로운 나라를 세우기로 약조한다. 그렇게 희망을 꿈꾸던 어느 날. 김성열은 청나라 연경에 가서 소현세자를 알현하고 함께 천주교당에 들렀다가 뱀파이어에 물려 뱀파이어가 되지만 강렬한 의지로 살아남는다. 김성열이 사라진 것을 알고 안타까운 마음을 가진 채 조선으로 귀국한 소현세자는 그를 가로막는 현실의 벽을 만나고 좌절한다. 김성열은 뒤늦게 그를 돕기 위해 찾아가지만 이미 소현세자는 정적의 타깃이 되어 꿈을 이뤄보지도 못하고 불귀의 몸이 되고 만다. 소현세자를 죽음으로 내몬 것은 정적들이 아니라 바로 '귀'라는 요괴. 조선왕조는 태조 때부터 대대로 강력한 귀(뱀파이어)에 의해 장악되어 있었다. 귀는 대대로 조선의 왕과 결탁했고 결국 영조까지 즉위시켰으며, 영조와 사도세자 사이를 이간질하여 사도세자를 죽음으로 내몬다. 영조는 자식을 죽였다는 죄책감으로 마침내 귀의 손아귀로부터 벗어나기로 한다. 그리고 영조와 김성열, 세손과 양선이 힘을 합쳐 일식 날 귀를 물리친다. 마침내 세손은 조선의 왕이 되고 조선은 요괴의 손아귀로부터 벗어나게 된다. 살아남은 김성열과 양선은 혼인을 하고 아이를 낳는다. 김성열은 밤의 신이자 요괴가 되어 영원한 삶을 살게 된다. 그리고 양선의 삶이 끝날 때까지 지켜준다. 양선은 음석골에서 살면서 아이를 키운다. 아이는 인간과 요괴의 아들로서 낮과 밤을 모두 살 수 있다. 나중에 인간이 될지 요괴가 될지는 아이가 선택할 몫. 이렇게 '밤을 걷는 선비'는 해피엔딩으로 막을 내린다.

어떤가? A4 한 페이지가 안 되는 줄거리지만 113화분의 웹툰을 다 본 것 같은 느낌을 받았는가? 받았다면 필자가 작성한 줄거리는 성공했다고 할 수 있다. 그렇지 않다면 실패한 것이다. '기-승-전-결' 방식에 따라 줄거리를 쓰면 짜기에도 수월하고 관계자들의 시선도 편하게 만들 수 있다. 드라마 성격의 작품은 대부분 이런 방식으로 진행된다.

기

주인공 양선은 '책쾌'로서 조선시대 필요한 사람들에게 책을 구입 해주는 일이 주업이다. 양선은 원래 명문가의 여식이었으나 집안이 역적으로 몰려 부모와 오빠 셋이 죽임을 당하고 자신은 여자라는 이유로 간신히 살아남는다. 양선은 목숨을 부지하기 위해 남장을 하고 책을 팔러 다닌다. 그러던 어느 날, 음석골이란 멀고 깊은 곳에 책을 팔기 위해 김성열이란 선비를 만나게 된다. 선비의 정체는 알고 보니 영원히 죽지 않는 '뱀파이어'. 거기서 둘의 첫 만남이 시작되었고 둘은 옥신각신하다가 서서히 사랑에 빠진다.

승

김성열은 원래 조선 인조 때의 촉망받는 선비로서 청에 볼모로 잡혀간 소현세자와 막역한 사이였다. 그리고 두 사람은 조선에 돌아가서 새로운 나라를 세우기로 약조한다. 그렇게 희망을 꿈꾸던 어느 날, 김성열은 청나라 연경에 가서 소현세자를 알현하고 함께 천주교당에 들렀다가 뱀파이어에 물려 뱀파이어가 되지만 강렬한 의지로 살아남는다. 김성열이 사라진 것을 알고 안타까운 마음을 가진 채 조선으로 귀국한 소현세자는 그를 가로막는 현실의 벽을 만나고 좌

절한다. 김성열은 뒤늦게 그를 돕기 위해 찾아가지만 이미 소현세자는 정적의
타깃이 되어 꿈을 이뤄보지도 못하고 불귀의 몸이 되고 만다.

전

소현세자를 죽음으로 내몬 것은 정적들이 아니라 바로 '귀'라는 요괴. 조선
왕조는 태조 때부터 대대로 강력한 귀(뱀파이어)에 의해 장악되어 있었다. 귀는
대대로 조선의 왕과 결탁했고 결국 영조까지 즉위시켰으며, 영조와 사도세자
사이를 이간질하여 사도세자를 죽음으로 내몬다. 영조는 자식을 죽였다는 죄책
감으로 마침내 귀의 손아귀로부터 벗어나기로 한다. 그리고 영조와 김성열, 세
손과 양선이 힘을 합쳐 일식 날 귀를 물리친다.

결

마침내 세손은 조선의 왕이 되고 조선은 요괴의 손아귀로부터 벗어나게 된
다. 살아남은 김성열과 양선은 혼인을 하고 아이를 낳는다. 김성열은 밤의 신이
자 요괴가 되어 영원한 삶을 살게 된다. 그리고 양선의 삶이 끝날 때까지 지켜
준다. 양선은 음석골에서 살면서 아이를 키운다. 아이는 인간과 요괴의 아들로
서 낮과 밤을 모두 살 수 있다. 나중에 인간이 될지 요괴가 될지는 아이가 선택
할 몫. 이렇게 '밤을 걷는 선비'는 해피엔딩으로 막을 내린다.

이렇게 기승전결에 맞춰 줄거리를 보니 전체 줄거리가 눈
에 확연히 더 잘 들어온다. 제작자나 투자자, 심사위원으로부
터 선택받을 가능성이 훨씬 더 높아졌다고 할 수 있겠다.

시놉시스 만들기⑥

등장인물 정하기 & 관계도 만들기

마지막으로 정해야 하는 것은 '등장인물'이다. 연극이나 영화에 비유하면 무대나 화면에서 뛰어노는 배우들이다. 재미있는 연극이나 영화와 마찬가지로 웹툰도 탄탄한 스토리 속에서 갈등과 사건을 만들어내는 등장인물이 중요하다. 그리고 재미있는 웹툰의 특징은 등장인물의 성격(캐릭터)이 분명하고, 그들이 사건의 원인과 결과를 연결하는 역할을 제대로 해낸다는 것이다.

등장인물은 크게 '주인공'과 '적대자'로 나뉜다. 먼저 주인공은 반드시 이뤄야 할 목표가 있다(모든 작품의 주인공이 그렇지는 않다. 일상툰이나 병맛류 웹툰의 주인공은 특별한 목표가 없을 수도 있다). 그 목표는 이성친구를 사귀는 것이나, 학창시절에 빵셔틀을 시킨 일진에게 복수하는 것과 같이 소소할 수도 있다. 또는 부모의 원수를 갚거나 지구의 평화를 지키는 등의 큰 목표일 수도 있다.

목표의 스케일은 작품의 흥행 여부와는 상관이 없다. 그러나 목표가 분명할수록 등장인물의 캐릭터는 뚜렷해진다.

영화 〈라이터를 켜라〉는 백수이자 찌질남인 주인공이 우연히 조폭 두목에게 빌려주었다가 받지 못한 일회용 라이터를 되찾기 위해서 조폭들과 끈질긴 싸움을 벌인다는 이야기다. 결국 그것이 계기가 되어서 조폭을 일망타진한다. 주인공의 목표는 찌질남답게 '일회용 라이터 되찾기'였다. 목표의 스케일은 아주 사소하지만, 목표를 이루려는 주인공의 행동은 일관된 것이었다. 여기에서 우리는 캐릭터가 '살아 있다'라고 말할 수 있다.

두 번째로 주인공은 매력이 있어야 한다. 매력은 비주얼적인 매력만을 뜻하는 것은 아니다(순정 장르나 BL 장르에서는 매력적인 외모가 꼭 필요한 요소이긴 하다). 주인공의 매력은 누구나 인정하는 정의로운 방법을 통해 감동적으로 갈등을 해결할 때 표출된다. 얼떨결에 또는 찌질하게 해결해서는 안 된다는 얘기다. 한 마디로 '간지'가 나야 한다.

주인공이 있으면 '적대자'가 있어야 한다. 적대자도 목표가 분명해야 한다. 그 목표는 주인공의 목표를 가장 확실하고, 강력하고, 비열하게 가로막는 것이다. 목표가 분명할수록 주인공의 캐릭터가 빛이 나듯이 주인공의 목표를 방해하는 목표가 일관되고 분명할수록 적대자의 캐릭터도 존재감이 커진다.

웹툰 〈롱 리브 더 킹〉에 나오는 주인공 장세출은 목표가 생겼다. 목포의 조폭 두목인 장세출은 한 여자한테 반해 일방적으로 프로포즈를 한다. 그런데 그 여자로부터 "당신이 대통령이 되면 허락하겠다"는 말을 듣는다. 이것은 누가 봐도 뻔한 거절의 표시다. 조폭 두목한테 대통령이 되라니, 하늘에 있는 별을 따달라는 것만큼 실현 불가능한 요구다. 그런데 그것이 주인공의 목표가 된다. 그리고 무식하게 이것을 하나씩 실현해나간다. 그것도 정의롭고 감동적인 방법으로. 장세출은 극적으로 국회의원이 되고 당대표가 되더니 마침내 법무부장관까지 돼버린다. 점점 대통령이란 목표에 다가가고 있는 것이다. 그것을 강력하고 비열하게 막는 적대자가 조광춘이다. 한때 조폭 두목 자리를 두고 장세출과 경쟁해서 패배한 그의 꿈은 다른 조폭처럼 권력도, 돈도, 여자도 아니다. 단지 장세출이 출세하는 것을 막는 것이 그의 목표다. 어쩌면 그것은 한없는 열등감의 극한적 표현인지도 모른다. 웹툰 〈롱 리브 더 킹〉에서는 그런 부분이 너무나 잘 묘사되어 있다.

그리고 조력자가 있다. 조력자는 주인공에게만 있는 것이 아니다. 적대자에게도 조력자가 있다. 팽팽한 4각 관계. 이것이 잘 물리고 얽히면서 작품은 풍성해지고 탄탄해진다. 〈롱 리브 더 킹〉의 주인공 장세출을 돕는 조력자는 양심 있는 시민, 시민운동가, 올바른 정치인, 전직 대통령이다. 반면에 적대자 조광춘을 돕는 조력자는 조직폭력배, 정치검사, 재벌과 권력에 빌붙은 하수인, 비양심적 언론인, 구시대 정치인들이다. 선과 악이 분명하다. 이들의 대결 구도가 점점 이야기를 흥미롭게 만들고, 독자는 주인공에 동화되거나 같은 편이 되어 주인공이 적대자를 하나씩 물리치며 목표를 달성할 때마다 열광하고 환호하게 된다. 현재 [카카오페이지]에서 245만 뷰라는 어마어마한 조회율을 기록하고 있는 비결이기도 하다.

• 포털에서 '롱 리브 더 킹' 검색 바람. 웹툰 〈롱 리브 더 킹〉, 영화 〈롱 리브 더 킹〉 정주행 추천!

이렇게 등장인물을 설정했으면 그 등장인물의 이미지나 등장인물과 비슷한 이미지의 연예인 사진을 붙여놓고 관계도를 만들어 보자. 주인공, 적대자, 주인공의 조력자, 적대자의 조력자 등을 붙이고 화살표로 서로의 관계를 표시해 보자. 대립 관계, 애정 관계, 협력 관계 등으로 표시해도 좋지만 더 밀접하게 파고 들어가서 라이벌 관계, 원수 관계, 애정 관계 등으로 구체적으로 표시하는 게 좋다. 애정 관계도 시기 · 질투 관계, 일방적 애정, 썸 등으로 표현하고, 협력 관계도 일방적 협력, 전략적 협력, 맹목적 협력 등 등장인물 간의 관계를 세세하게 설정할수록 좋다.

마치 형사가 범죄를 해결할 때 칠판에 용의자들의 사진을 붙여놓고 관계와 동선을 이리저리 표시해놓은 것과 흡사하다. 이렇게 관계도를 만들면 작품을 한눈에 볼 수 있다. 그리고 등장인물과 등장인물의 관계가 스토리가 된다는 것을 알 수 있을 것이다. 화살표 하나하나가 에피소드인 것이다. 그리고 잘 짜인 관계도는 스토리의 처음과 끝을 개연성 있게 만들고 완결성을 높여준다. 건축에서 설계도와 기초 작업이 완벽하게 되어 있으면 앞으로 올릴 건물의 모습이 눈에 보이는 것과 같은 이치다.

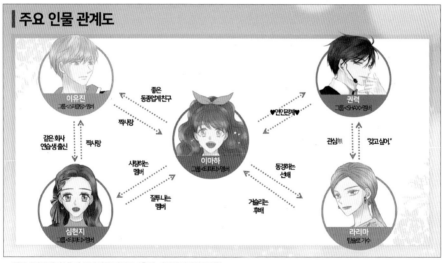

▲ 웹툰 〈이미테이션〉의 등장인물 관계도 (출처 : [씨엔씨레볼루션])

시놉시스 만들기⑦

장르 정하기

'장르' 부분을 강의할 때 학생들에게 늘 얘기하는 게 있다. '닭이 먼저냐, 달걀이 먼저냐'이다. 세상에 닭이 먼저 생겼을까, 달걀이 먼저 생겼을까? 이런 질문을 받으면 당황할 수밖에 없다. 필자도 뭐가 먼저인지 잘 모른다. 시놉시스를 만들면서 장르를 먼저 정해놓고 기획을 할 때도 있고, 기획하다 보니 특정 장르가 어울릴 것 같아서 나중에 정할 때도 있다. 처음부터 끝까지 로맨스를 밀고 나간다면 별문제가 없을 것이다. 그런데 남녀 간 로맨스를 기획하다가 이런저런 등장인물을 넣고 줄거리를 짜다 보니 뜻밖에 살인사건에 휘말리게 되면서 이야기가 흥미진진해지는 경우가 생길 수도 있다. 그러면 로맨스가 갑자기 스릴러로 바뀔 수 있다.

작가와 마찬가지로 웹툰PD도 장르의 개념을 분명하게 알고 있어야 한다. 작품의 장르를 확실히 해서 플랫폼의 장르 카테고리에 맞게 작품을 런칭해야 한다.

로맨스 작품을 판타지 장르에 런칭하는 우를 범해서는 안 된다는 말이다. 무협을 좋아하는 독자는 플랫폼에 방문할 때 무협 카테고리를 먼저 찾고, BL을 좋아하는 독자는 BL 카테고리를 먼저 찾을 것이다. 웬만해서는 자기가 좋아하는 카테고리를 벗어나지 않는다.

만약 웹툰PD의 장르에 대한 무개념으로 무협 작품을 BL 카테고리에 런칭한다면 '낙동강 오리알 신세'가 될 것이다. 어떤 독자도 찾지 않을 것이고, 유료 결제나 매출도 일어나지 않을 것이다. 이런 경우는 로맨스와 로맨스 판타지, 판타지와 현실 판타지에서 종종 발생한다. 또 학원물과 액션물 등 유사 장르에서도 종종 실수가 일어나므로 특히 조심해야 한다. 먼저 각 플랫폼에서는 장르별 카테고리를 어떻게 구성하고 있는지 살펴보고, 장르별 특징과 대표작도 알아보자.

플랫폼별 장르 카테고리

네이버웹툰	드라마 / 로맨스 / 학원 · 액션 / 판타지 · 무협 / 스릴러 / 일상 · 개그
카카오페이지	소년 / 드라마 / 로맨스 / 로판 / 액션무협 / BL · GL
카카오웹툰	에피소드 / 스토리 / 공포 / 드라마 / 무협 / 미스터리 / 순정 / 스릴러 / 스포츠 / 액션 / 일상 / 지식 / 코믹 / 판타지 / 학원 / 성인
레진코믹스	로맨스 / BL / 드라마 / 판타지 / 개그 / 액션 / 학원 / 미스터리 / 일상 / 백합

장르별 특징 및 대표작

드라마	특징	스토리가 계속 이어지는 장르를 포괄해서 만든 카테고리로, 로맨스+액션, 로맨스+스릴러, 현대물+판타지 등 복합적인 장르거나 하나의 장르로 구분하기 어려운 작품을 이곳에 배치하는 경우가 많다.
	대표작	〈외모지상주의〉, 〈랜덤 채팅의 그녀〉, 〈연놈〉, 〈소녀재판〉, 〈뷰티풀 군바리〉, 〈롱 리브 더 킹〉, 〈닥터 최태수〉, 〈나빌레라〉, 〈2주간 재워주세요〉, 〈조국과 민족〉, 〈미생〉, 〈26년〉, 〈D.P 개의 날〉, 〈유부녀 킬러〉 등
로맨스 · 로맨스 판타지	특징	기본적으로 남녀 간의 사랑 이야기이며 소재와 배경이 다양하다. 황후의 사랑, 조폭과의 사랑, 재벌남과의 사랑, 선생님과의 사랑, 뱀파이어와의 사랑, 해서는 안 될 사랑, 짝사랑, 외사랑 등 다양한 소재에서부터 학교, 직장, 병원, 우주, 던전, 조선시대, 중세시대 등 배경도 천차만별이다.
	대표작	〈아내가 돌아왔다〉, 〈이미테이션〉, 〈인소의 법칙〉, 〈좋아하면 울리는〉, 〈우리사이느은〉, 〈화홍〉, 〈편의점 샛별이〉, 〈바른 연재 길잡이〉, 〈재혼황후〉, 〈금혼령〉, 〈아홉수 우리들〉, 〈순정만화〉, 〈이 봄을 갖고 싶다〉, 〈백작가의 망나니가 되었다〉, 〈취향저격 그녀〉, 〈사귄건 아닌데〉, 〈바니와 오빠들〉, 〈화홍〉 등
판타지	특징	현실에 존재하지 않는 마법이나 초자연적인 것들로 구성된 주제와 소재를 주요 테마로 다루는 장르로, 캐릭터가 화려하고 초능력이 있으며, 탁월한 능력이 넘치는 내용으로 이뤄져 있다.
	대표작	〈나 혼자만 레벨업〉, 〈도굴왕〉, 〈템빨〉, 〈킬 더 히어로〉, 〈FFF급 관심용사〉, 〈언데드킹〉, 〈뱀파이어 신드롬〉, 〈밤을 걷는 선비〉, 〈경이로운 소문〉, 〈도깨비 언덕에 왜 왔니?〉, 〈전지적 독자 시점〉, 〈취사병 전설이 되다〉, 〈갓 오브 하이 스쿨〉, 〈신의 탑〉, 〈열렙전사〉, 〈만렙돌파〉, 〈튜토리얼 탑의 고인물〉 등
무협	특징	협객이 등장하는 무협의 세계를 다룬 만화로, 중원을 배경으로 하는 전통 무협이 있고 현실 세계를 배경으로 하는 신무협이 있다. 최근에 무협소설이 다시 인기를 얻으면서 그 소설을 원작으로 하는 웹툰이 만들어지고 있다.
	대표작	〈권왕무적〉, 〈북검전기〉, 〈고수〉, 〈불사무적〉, 〈아비무쌍〉, 〈화산전생〉, 〈낙향문사전〉, 〈서울협객전〉, 〈무림수사대〉, 〈비뢰도〉, 〈마검왕〉, 〈화산귀환〉 등
액션	특징	학원물, 느와르물에서 자주 볼 수 있듯이 짱을 가리기 위한 결투 장면, 조폭 간의 폭력신, 격투기나 스포츠물 등 액션이 주로 나오는 작품을 총칭한다.
	대표작	〈참교육〉, 〈더 복서〉, 〈싸움독학〉, 〈급식아빠〉, 〈한림체육관〉, 〈격기3반〉, 〈고삼무쌍〉, 〈통〉, 〈독고〉, 〈총수〉, 〈일진의 크기〉, 〈해동고 짱짱맨〉, 〈최강왕따〉, 〈트리거〉, 〈윈드 브레이커〉, 〈헬퍼〉, 〈까락〉, 〈방구석 여포〉 등

BL	**특징**	Boy's Love의 준말(반대말 GL : Girl's Love)로, 동성 간 특히 남성 간의 사랑을 주로 다룬 작품을 일컫는다.
	대표작	〈엔네아드〉, 〈우렁강도〉, 〈킹스메이커〉, 〈용이 비를 내리는 나라〉, 〈남첩〉, 〈전학생〉, 〈달콤한 남자〉, 〈접근금지거리 10M〉, 〈너란 남자〉, 〈그 끝에 있는 것〉, 〈미성년〉, 〈고진감래〉, 〈일상다정사〉 등
스릴러	**특징**	공포물. 인간의 생존 본능을 자극하는 작품이 여기에 포함된다.
	대표작	〈기기괴괴〉, 〈욕망일기〉, 〈엽총소년〉, 〈원주민 공포만화〉, 〈민간인 통제구역〉, 〈아도나이〉, 〈악취〉, 〈타인은 지옥이다〉, 〈조류공포증〉, 〈멸종인간〉, 〈기숙사(死)〉, 〈Dr.브레인〉 등
일상 개그	**특징**	일상의 시시콜콜한 내용을 개그와 감각적인 센스로 풀어나가는 웹툰이다. 그림도 극화체보다 만화체가 어울리고, 한 화에 이야기가 끝나는 옴니버스 구성이 많다.
	대표작	〈독립일기〉, 〈노곤하개〉, 〈대학일기〉, 〈쌉니다 천리마마트〉, 〈후덜덜덜 남극전자〉, 〈여탕보고서〉, 〈마음의 소리〉, 〈데이지〉, 〈오무라이스 잼잼〉, 〈퀴퀴한 일기〉, 〈뽀짜툰〉, 〈가우스전자〉, 〈레바툰〉, 〈바퀴멘터리〉, 〈이말년 시리즈〉, 〈술꾼도시 처녀들〉, 〈슬프게도 이게 내 인생〉 등

이제 시놉시스의 구성요소도 어느 정도 이해가 되었을 것이다. 그리고 직접 시놉시스를 짤 수 있을 것 같은 자신감도 생길 것이다. 이제 다음 단계로 기획하려는 웹툰이 성공하려면 어떤 요소가 중요한지 그 비결을 알아보자.

그 외의 기획들

브랜드 웹툰 만들기

웹툰을 만들다 보면 창작웹툰 이외의 웹툰기획을 할 기회가 생긴다. 브랜드 웹툰이란 공공기관이나 단체, 또는 민간기업의 홍보를 목표로 만들어지는 웹툰으로, 의외로 많은 곳에서 의뢰가 들어오고 제작이 되고 있다. 그러므로 웹툰PD는 브랜드 웹툰 창작 능력을 갖추어야 한다. 브랜드 웹툰의 목표는 홍보하고자 하는 기관이나 업체가 웹툰의 인기를 빌려서 재미와 홍보의 두 마리 토끼를 쫓는 것이다. 그리고 기관이나 업체는 상당한 홍보비를 쓰기 때문에 거기에 참가하는 작가는 높은 원고료를 받을 수 있다. 기획사나 CP업체는 인건비 및 기타 제작비를 보전 받을 수 있을 뿐만 아니라 매출도 올릴 수 있고, 플랫폼은 연재 비용을 가져갈 수 있다.

이런 브랜드 웹툰은 분량이 짧은 편이라 웹툰작가가 연재 중에도 하나 더 맡아서 할 수 있다. 기획사나 CP사에서는 작가가 제작하는 데 큰 어려움이 없도록 자료 정리를 해 주거나 스토리나 콘티 부분을 맡아서 진행해 주면 좋다. 플랫폼과 협의를 잘 해서 브랜드 웹툰이 잘 노출되도록 연재 코너를 만들어야 한다.

특히 웹툰PD는 작가가 브랜드 웹툰을 잘 할 수 있도록 홍보할 내용을 스토리와 콘티로 잘 녹여서 제공해야 한다. 의외로 정부출연연구기관이나 공공기관에서 하는 일이 전문적이어서 그것을 푸는 게 힘들 수도 있다. 또 여러 번 수정이 나올 수 있어서 웹툰 제작의 접근 방식부터 달라져야 한다.

브랜드 웹툰의 소재는 정부의 정책을 홍보하기 위한 웹툰부터 지방자치단체의 관광지 홍보, 축제 홍보, 정부출연기관이나 공공단체 소개 등 이미지 제고를 위한 홍보, 민간기업의 제품 홍보 등 다양하다. 예를 들어 [네이버웹툰]의 테마연재 카테고리를 보면 다양한 브랜드 웹툰의 예를 볼 수 있다. 〈여신강림〉으로 유명한 야옹이 작가는 〈희망강림〉이라는 제목으로 기획재정부의 경제정책 방향을 웹툰으로 만들었고, 〈좀비딸〉로 유명한 이윤창 작가는 경기관광공사의 브랜드 웹툰을 맡아 〈경기딸〉을 연재하면서 삼봉기념관, 행주산성, 수원산성, 융건릉 등을 소개한 바 있다. 〈가우스전자〉로 유명한 곽백수 작가는 안전보건공단의 산업재해 예방 캠페인으로 〈가우스 임파서블〉을, 삼성생명의 3대 자산 바로알기 캠페인으로 〈(주)소크라테스〉를, 중소벤처기업부와 창업진흥원의

〈도전 K-스타트업〉이라는 브랜드 웹툰을 연재한 적이 있다. 〈가우스전자〉를 활용한 작품이 많은 것을 보니 클라이언트나 웹툰PD들이 보기에 곽백수 작가의 그림체가 브랜드 웹툰에 적합하다고 생각한 것 같다.

웹툰PD의 브랜드 웹툰 기획 순서

[네이버웹툰] 이외의 여러 플랫폼에서도 브랜드 웹투이 연재되고 있다. 또 플랫폼이 아니더라도 각종 홈페이지나 SNS, 교육용 사이트 등 많은 곳에서 브랜드 웹툰이 활용되고 있고 제작 요청이 들어오고 있다. 웹툰PD는 이런 요청에 맞춰서 회사의 또 다른 부가가치를 만들어낼 수 있는 브랜드 웹툰 제작 능력을 갖추고 있어야 한다.

브랜드 웹툰의 기획 순서는 다음과 같다.

① 클라이언트(제안사나 제안기관)의 브랜드 웹툰 요청
② 홍보 요청사항 파악(기관 홍보, 정책 홍보, 상품 홍보 등)
③ 자료 요청 및 공부(기관 · 정책 · 상품에 대한 공부, 기관 · 업체 방문 및 담당자 미팅 필수)
④ 공부한 것을 이해하기 좋게 구성하기
⑤ 브랜드 웹툰에 적합한 작가 섭외
⑥ 작가와 자료 공유 및 소통
⑦ 스토리와 콘티 제작(웹툰PD가 제작 또는 피드백)
⑧ 작화 그리기(웹툰PD가 피드백)

⑨ 클라이언트에게 웹툰 전달

⑩ 클라이언트의 수정 요구 → 수정

⑪ 클라이언트의 최종 승인 → 브랜드 웹툰 완료

✚ 라떼는
말이야

브랜드 웹툰의 제작 비화(?)

필자도 브랜드 웹툰을 자주 만들어봤다. 그것의 기원은 홍보만화인데, [어린이과학동아] 기자 시절 여기저기서 홍보만화를 만들어 달라는 제안이 들어왔다. [어린이과학동아]가 과학만화 잡지라서 그런지 과학 관련 단체에서 주문이 많았다. 그때 만든 것이 [표준과학연구원]의 〈특명, 표준을 지켜라〉, [카이스트] 홍보만화 〈비바, 카이스트〉 등이다. 작가들과 함께 [표준과학연구원]과 [카이스트]에 가서 취재하고 인터뷰했던 기억이 난다. 취재를 하고 나니 쉽게 풀어서 만화로 만들 수 있었다. [표준과학연구원]은 암행어사가 마패와 함께 들고 다니는 유척(길이를 재는 도구)에서 아이디어를 얻어서 원기와 척도의 중요성을 알렸고, [카이스트]는 한 자동차 동아리에서 벌어지는 대학생활을 모티프로 해서 재밌는 스토리를 짰다.

2020년에는 [태권도진흥재단]에서 발주한 '2020 태권도 소재 연재웹툰 제작지원사업'에 선정되어 태권도 웹툰을 만든 적이 있다. [태권도진흥재단]이 태권도 문화콘텐츠 육성을 위해 태권도 소재 웹툰 제작을 지원한 것이다. 그 지원공고를 보고 많은 CP사와 만화출판사에서 신청을 했고 최종 3곳이 선택되었는데 [서울미디어코믹스]가 그중 하나로 선정되었다. 웹툰 한 편의 제작에 1억 원 정도를 지원하는 사업이라 거의 제작비 100%를 지원받는 셈이었고 거기다 인건비도 지원되니 인건비 절감 효과도 컸다. 제작비는 약 30화 정도 지원되지만, 이 웹툰이 인기가 있으면 그때부터 회사 비용으로 계속 연장해서 만들 수 있어 일거양득이었다. 태권도 소재로 웹툰을 만들려면 일단 태권도를 알아야 하기 때문에 태권도를 잘 아는 작가를 섭외하는 게 먼저였고, 잘못된 부분을 고쳐줄 태권도 코치를 감수자로 붙였다. [태권도진흥재단]이 전라북도 무주에 있어 직접 자동차를 몰고 협약식으로 향했다. 가는 도중에 자동차가 고장나는 바람에 별의별 고생을 다 한 기억이 나는데, 그래도 무사히 협약식에 도착해서 기념사진을 찍을 수 있었다.

BBQ치킨의 브랜드 웹툰을 만든 기억도 난다. 브랜드 웹툰이지만 브랜드 웹툰이라는 표시가 나지 않게 드라마로 만드는 것이 기획의도였다. 치킨을 소재로 하되 기업홍보를 전혀 넣지 않고 웹툰을 제작해 나중에 인기를 얻으면 드라마나 영화로 만들어서 홍보를 극대화하자는 전략이다. 그렇게 해서 나온 작품이 〈황홀한 치킨〉이었다. 프랜차이즈 치킨집을 배경으로 두 대학생의 달달한 로맨스를 그렸는데, 기업홍보나 제품홍보는 전혀 넣지 않고 진행했다. 나름 재미도 있고 인기도 있다고 생각했는데 드라마나 영화로 만들기에는 역부족이었던 것 같다. 하지만 나름 의미 있는 기획이었다.

7장

웹툰 실전 프로젝트
대박 웹툰의 공식 파악하기

트렌드를 읽어라

001

<내 아이디는 강남미인>, <여신강림>,
<쌍년의 미학>, <먹는 존재>,
<오무라이스 잼잼> 등

세상은 끊임없이 변한다. 생활환경이 변하고, 그에 따른 인간의 의식도 같이 변한다. 오랫동안 우리의 정신을 옭아매었던 '유교사상'은 엄청난 시대적 변화를 겪고 있다. '자식은 굶어도 제사는 꼭 지내야 한다'는 옛날 생각에서 '죽은 사람보다 산 사람이 먼저'라는 실용적 생각으로 대체되고 있다. 그래서 명절 때 제사 음식 만들기보다 연휴를 즐기기 위해 해외로 여행을 떠나는 인구가 계속 늘고 있다. 항간에는 조상 덕을 본 후손은 명절마다 해외여행을 떠나고, 조상 덕을 못 본 후손은 제삿날이나 명절날 주야장천 제사만 지낸다는 말이 있다. 아이러니라 아니할 수 없다.

제사 음식을 만드는 것은 대부분 여자의 몫이다. 조선시대부터 대한민국까지 유교사상 이래 600년 동안 얼마나 여성이 무시되고 차별받아왔던가. 단편적인 예로 제사 음식을 만든 여자들은 막상 실제 제사에서는 조상에 절 한 번 올리지 못했다. 제사는 여자에게 굴종의 존재다. 그런 제사에서 벗어난다는 것은 여권이 신장하고 있다는 증거다. '남아선호사상', '여필종부' 등 변하지 않을 것 같은 사람들의 생각은 순식간에 옛것으로 변하고 그 자리에 '미투운동', '워라밸', '욜로' 등 새로운 '시대정신'이 들어서고 있다. 시대정신이란 그 시대를 관통하는 절대정신으로, 그것을 잘 반영해 활용하는 정치인이 대통령이 된다. '지역감정 타파', '동서화해'의 시대정신에 맞춰서 그것을 주장했던 노무현 전 대통령이나, 경제가 어려울 때 '부자됩시다'라는 슬로건으로 당선된 이명박 전 대통령이나, 박근혜 전 대통령의 국정 농단에 들고 일어난 촛불 정신을 계승한 문재인 대통령이나, 그것이 시대정신이든 정치구호든 그것에 결핍을 느끼거나 갈망하던 유권자가 손을 들어 준다는 것을 잘 지켜볼 필요가 있다.

대박 웹툰작가가 되려면 '시대정신'을 잘 파악하고 반영할 줄 알아야 한다. 그리고 현재 독자들이 무엇에 '결핍'되어 있는지, 무엇을 '갈망'하는지 잘 파악해야 한다. 〈내 아이디는 강남미인〉을 예로 들어 보자. 기맹기 작가의 웹툰으로 [네이버웹툰]에 인기리에 연재되었고 JTBC에서 드라마되어 안방 시청자도 사로잡았다. 특히 강미래 역을 맡은 임수향의 연기가 압권이었다. 웹툰의 주인공이 드라마로 툭 튀어나온 것 같은 싱크로율 100%라는 평가다. 이 웹툰은 어렸을 적 못생긴 외모로 놀림 받았던 주인공 강미래가 대학입학을 앞두고 성형수술을 받아서 새롭게 태어난다는 내용이다. 그리고 대학에 들어가 새로운 친구들을 만나게 된다. 얼굴이 예쁘게 변했으나 옛날부터 위축되었던 성격은 하루아침에 변하지는 않는다. 새로운 친구들을 만나도 과거의 트라우마 때문에 자연스럽지 못하고 왠지 쭈뼛쭈뼛하다.

대학에서 만난 도경석이란 친구는 얼굴 천재라고 할 만큼 잘 생기고 집안도 좋다. 그런데 그 친구가 강미래에게 조금씩 다가온다. 둘이 썸을 타고 있을 때 강미래가 성형미인이라는 사실이 조금씩 밝혀지고 아이들 사이에서 강미래는 성형미인이라는 뜻의 '강남미인'으로 불린다. 그 사실이 도경석의 귀에도 들리지만, 도경석은 그게 무슨 상관이냐는 듯 한결같이 강미래를 아끼고 사랑한다. 도경석을 좋아하는 완벽한 자연미인 현수아가 둘 사이를 질투하고 방해하지만 강미래를 향한 도경석의 마음은 변함이 없다. 아마 이 부분이 많은 여성 독자의 마음을 사로잡지 않았나 싶다.

이제 대한민국에서 성형은 더이상 숨겨야 하는 치부가 아니다. 아니, 숨길 필요도 없다. 연예인들은 토크 프로그램에 나와서 자신이 성형했다는 것을 얘기하며 방송 분량을 확보하고 실시간 검색어에 오르기도 한다. 어느 미모의 연예인은 한 번도 성형한 적이 없다고 했다가 밉상이 되어 일순간에 인기가 급락하기도 했다. 그렇다. '과거는 묻지 마세요'가 시대

정신이다. 자기 힘으로, 아르바이트를 해서 모은 돈으로, 월급과 보너스를 착실히 모아서 성형수술로 운명을 개척(?)했다면 (정의롭고 감동적인 방법으로 목표를 달성했다면) 그것을 즐길 자격이 충분히 있다는 것이다. 단, 부모의 재력이나, 남에게 피해를 주는 등(부모님 닦달, 훔친 돈, 뺏거나 사기 친 돈) 찌질(?)한 방법으로 목표를 달성한 것은 예외다. 강미래는 얼굴 천재 도경석을 남자친구로 가질 자격이 충분히 있는 것이다. 그것은 운명을 개척한 사람이 가질 수 있는 선물이다. 도경석은 과거를 문제 삼지 않는 완벽한 남자로 나온다. '카르페 디엠(Carpe Diem : 지금 살고 있는 현재 이 순간에 충실하라는 뜻의 라틴어)'의 정신을 제대로 구현하고 있는 매력적인 캐릭터. 이것이 시대정신인 것이다. 여자들은 늘 이런 남자를 꿈꾸고 있는지도 모른다. 작가는 여자의 로망을 도경석을 통해 완벽하게 구현하고 있다.

• 포털에서 '내 아이디는 강남미인' 검색 바람. 웹툰 〈내 아이디는 강남미인〉, 드라마 〈내 아이디는 강남미인〉 정주행 추천!

〈여신강림〉은 또 어떤가. 야옹이 작가가 [네이버웹툰]에 연재하고 있는 작품으로, 외모 콤플렉스를 가지고 있다가 화장을 통해 여신이 된 여자주인공 임주경과 남모를 상처를 간직한 남자주인공 이수호가 만나 서로의 비밀을 공유하며 성장하는 자존감 회복 로맨스 드라마다. [네이버웹툰] 화요일자에서 줄곧 1위를 차지할 정도로 인기가 높다. 그럼 〈여신강림〉의 인기 비결은 무엇일까? 임주경은 못생긴 외모로 왕따까지 당할 처지가 되었다. 그래서 그녀가 선택한 것은 바로 메이크업! 임주경은 메이크업이란 마법을 통해서 여신으로 변신한다. 그래서 많은 이로부터 사랑을 받는다. 그래서 임주경은 화장 전의 쌩얼을 어떻게든 감춰야 한다. 이 웹툰의 로그라인은 '사랑받기 위해 쌩얼을 감출 수밖에 없는 열여덟 소녀의 처절하고도 눈물겨운 생존기'라 할 수 있다. 이런 가슴 아픈 비밀을 지닌 소녀가 자신만큼이나 깊은 마음속 상처를 지닌 한 소년을 만나게 된다. 그의 이름은 이수호. 둘은 서로 위로하고 위로받으며, 사랑하고 또 사랑받으며 겁먹고 달아났던 세상에 다시 나아갈 용기를 얻는다. 그리고 자신감 충만한 인격체로 성장해 나간다는 이야기. 여기서 '화장(化粧)'이라는 것은 더이상 부끄럽고 숨기고 싶은 것을 감추고 덮는 도구가 아니다. 오히려 자기 노력으로 운명을 개척하는 상징이다. 이것이 시대정신이다. 시대가 바뀜에 따라 변화된 화장의 개념이 독자의 취향을 저격했을 것이다.

• 포털에서 '여신강림' 검색 바람. 웹툰 〈여신강림〉, 드라마 〈여신강림〉 정주행 추천!

〈쌍년의 미학〉은 [저스툰]에서 인기리에 연재된 민서영 작가의 웹툰이다. 페미니즘을 정면으로 다룬 내용으로 누적 400만 뷰를 기록한 화제작이자, [위즈덤 하우스]에서 단행본으로도 출간되어 1년 만에 13쇄를 찍는 등 인기리에 판매되고 있고, 웹드라마로도 제작되고 있다.

필자는 페미니즘에 대해 잘 모르기도 하거니와 어쩌면 선입견도 있었는데 이 웹툰을 보고 페미니즘에 눈을 뜰 수 있었다. 이 웹툰은 첫 화부터 강렬한 충격을 주었다. 어느 날 갑자기 남녀가 뒤바뀌면서 벌어지는 일들이 생생하게 묘사되었다. 여자들이 떡 하니 벤치에 앉아서 지나가는 남자를 평가하여 날리는 막말과 조롱, 비웃음은 정말 참을 수 없는 것이었다. 페니미즘은 거창한 게 아니라는 생각이 들었다. 남녀를 바꾸어 생각하니 의외로 쉽게 이해가 되었다. 민서영 작가의 글에 페미니즘의 핵심이 들어 있다.

"여자와 남자가 같은 임금을 받는 세상,
여자와 남자가 같은 비율로 채용되는 세상,
여자와 남자가 같은 취급을 받는 세상,
여자와 남자가 같은 대우를 받는 세상,
여자와 남자가 같은 세상.
우리는 그저 공평하기만을 바랄 뿐인데,
그런 마음으로 이 만화를 그리고 글을 썼습니다."

요즘 여권이 너무 강해졌다느니, 여자들만 좋아졌다느니 하는 볼멘소리를 들은 적이 있다. 한편으로는 이해가 되지만 곰곰이 생각해 볼 필요가 있다. 조선왕조 이래 600년 동안 우리나라에는 여성의 권리가 없었다. 해방되고 민주주의가 들어온 몇십 년 동안 서서히 그리고 조금씩 찾아가고 있다. 짧은 시간에 여권이 회복되느라 빨라 보이는 것뿐이지, 아직 대한민국의 여성은 찾아야 할 권리가 많이 남아 있다. 그런 시대적 흐름을 이 웹툰은 잘 보여주고 있다.

• 포털에서 '썅년의 미학' 검색 바람. 웹툰 〈썅년의 미학〉, 단행본 〈썅년의 미학〉 정주행 추천!

마지막으로 웹툰에서 인기 있는 트렌드는 '소확행'이다. 작지만 확실한 행복을 가장 잘 느끼게 해주는 것은 뭐니 뭐니 해도 '음식'이다. 젊은 세대에게 이제 이념, 사상, 체제, 민주화, 민족 통일과 같은 거대한 담론은 영향을 미치지만 대세가 되지는 않는다. 1970년대 산업화 세대처럼 수출역군이 되어 조국을 위해 충성하지 않아도 되고 1980~1990년대 민주화세대처럼 민주화를 위해 젊음과 목숨을 희생하지 않아도 된다. 대한민국은 할아버지와 아버지 세대의 노력으로 살 만한 나라가 되었고 민주주의 시스템도 어느 정도 정착되었다고 할 수 있다.

그래서인지 젊은 세대는 작지만 확실한 행복을 찾기 시작했다. 각종 취미활동 등 자신을 행복하게 하는 것에 시간과 돈을 투자하는 것이다. 필자는 젊은 시절에 먹는 것에 큰 의미를 두지 않았던 것 같다. 잠시 배를 채워주는 행위에 지나지 않았다. 그런데 그것은 나의 불찰이었다. 음식의 참맛을, 인생의 참맛을 깨닫지 못하고 있었던 것이다. 이후 음식 만화인 〈초밥왕〉, 〈고독한 미식가〉부터 〈먹는 존재〉, 〈오무라이스 잼잼〉 등 음식 웹툰을 보면서 생각이 달라지기 시작했다. 밥 한 술 뜰 때부터 맛에 집중하고, 만든 사람의 정성을 느끼는 습관을 갖기로 했다. 이후부터 점심시간이나 저녁시간이 그렇게 행복할 수가 없다. 요즘 TV를 보면 음식이나 요리 프로그램이 대세다. TV만 틀면 먹는 장면이 나온다. 유튜브에서도 먹방이 대세다. 세상에서 사람들에게 행복을 주는 존재로 이보다 더 큰 게 있겠는가. 그렇다면 '먹는 것'과 관련된 웹툰은 꾸준히 독자의 사랑을 받을 가능성이 높다.

002

구조를 탄탄하게 만들어라!
<내부자들>, <강철비>,
<은밀하게 위대하게>, <이태원 클라쓰> 등등

우리는 많은 웹툰을 접하면서 '재미있다', '재미없다'를 금방 가려낼 수 있다. 사람에게는 재미를 판별할 수 있는 보편적인 감각이 있기 때문이다. 특히 우리나라는 보편적 감각에 아주 민감한 민족이다. 재미있다고 입소문이 나면 먼저 보려고 안달을 한다. 안 보면 뒤처지는 것처럼 여겨져 기를 쓰고 본다. 심지어 너무 많은 콘텐츠가 생산되고 난립하기 때문에 시간을 쪼개서 골라 봐야 할 지경이다. 이럴 땐 친구나 지인, SNS에서 올라오는 입소문을 믿고 보는 게 가장 확실하다.

말이 쉬워 천만 관객이지, 한 영화를 인구의 약 5분의 1 이상이 본다는 얘기다. 기가 막힌다. 이렇게 쏠림 현상이 강한 나라는 없다. 인구별로 따진 블록버스터 규모가 전 세계에서 단연 최고라 할 수 있다. 이 특이한 민족성과 한쪽에 왕창 밀어주기 편향성에는 부정적 요소와 긍정적 요소가 공존한다.

먼저 부정적 측면은 '다양성이 부족하다'는 것이다. 천만 관객이 다양한 장르의 다양한 재미를 추구한다면 감독이나 연출자들이 굳이 대박만 좇으려 하지 않을 것이다. 상업영화뿐만 아니라 예술영화도 영화관의 한 자리를 잡을 것이다.

긍정적 측면은 '한 방이 있다'는 것이다. 천만 관객이 들어오면 그 수입액뿐만 아니라 여파로 발생하는 부가가치도 천문학적인 규모로 커진다. 영화가 대박나면 감독과 제작자, 투자자들은 평생 벌 것을 한 방에 벌어들일 수 있다. 굉장히 매력적인 부분이다. 하지만 쪽박을 차면 패가망신이다. 재기하기도 쉽지 않다. 대한민국에서 패자부활전은 기적에 가깝기 때문이다.

다행히 웹툰 분야에서는 다양성이 유지되고 있다. 다양한 장르의 웹툰이 무료, 또는 유료로 서비스되고 있다. 병맛, 블랙코미디, 개그, 시대극, 로맨스, 판타지, SF, 19금 성인물 등이 다양하게 나오고 있다. [네이버웹툰]이나 [카카오페이지], [카카오웹툰]처럼 작가에게 일정한 원고료를 지급하는 대형 플랫폼부터 [레진코믹스], [탑툰], [미스터블루], [투믹스] 등 작가의 웹툰을 유료로 판매하고 수익금을 배분하는 곳도 많기 때문이다. 작가에게 안정적인 제작 환경을 만들어주면 다양한 장르의 작품은 언제든지 만들어질 수 있다는 것을 보여주는 사례다.

그렇다면 웹툰의 보편적 재미는 어디서 나오는 것일까? 필자는 탄탄한 구조에서 나온다고 본다. 탄탄한 구조는 바로 이야기의 '기-승-전-결'에 '갈등과 클라이막스, 반전'이 적재적소에 얼마나 조화롭게 잘 배열되고 자리 잡고 있느냐이다. 우리가 손에 땀을 쥐고 보는 재미있는 작품에는 모두 갈등과 클라이막스, 반전이 존재한다. 등장인물이 있고 우연한 사건이 터진다. 사건은 등장인물 사이에 갈등을 유발하고, 점점 눈덩이처럼 커진다. 그리고 그것을 해결하기 위한 다양한 방법이 등장하면서 이야기가 점점 더 흥미진진해진다. 적대자가 나타나서 사건의 해결을 방해하는가 하면 또 그 어려움 속에서 조력자가 나타나 한 줄기 희망이 생기기도 하고, 배신자가 나와서 뒤통수를 치기도 한다. 뜻하지 않은 반전으로 허를 찔리기도 하지만 그것이 갈등을 해결하는 계기가 되고 짜릿한 클라이막스를 제공한다. 이런 구성의 특징은 잘 짜인 탄탄한 구조에서 나온다.

〈내부자들〉은 윤태호 작가의 원작 웹툰으로 영화화되어 7백만 관객을 동원한 초히트작이 되었다. 윤태호 작가는 작품의 처음부터 끝까지 구조를 치밀하게 짜기로 유명한데, 대한민국을 좌지우지하는 정치인, 언론인, 재벌의 더러운 이면을 이 작품을 통해 낱낱이 까발리고 싶었을 것이다. 원래 정치 느와르 장르에서는 정치인, 재벌, 깡패의 삼각 구조가 일반적이다. 그런데 〈내부자들〉에서는 언론인을 추가하여 4각 구도로 만들고 악당 중의 최고 악당으로 설계했다. 지성과 화려한 필력을 지닌 [조국일보]의 논설주간 이강희(백윤식)는 재벌기업인 미래자동차의 협찬을 받아 실적을 쌓으면서 미래자동차의 노조와 비정규직 노동자를 공격하는 칼럼을 써댄다. 검사에서 잘린 장필우(이경영)를 영웅으로 만들어 정계에 입문시킨 후 유력 대선 후보가 되도록 밀어주는 대신 총리 자리를 약속받는다. 그리고 정치 깡패 안상구(이병헌)를 일찍이 키우고 일감을 알선하는 대가로 돈을 받아 치부를 했지만 안상구를 한낱 자신의 종으로 여긴다. 이강희는 오직 자본의 편에 서서 돈과 권력만을 좇는 '기레기(기자+쓰레기)'의 전형이다.

종으로 여겼던 안상구가 미래자동차의 비자금과 장필우와 관련된 비리가 담긴 장부를 우연찮게 습득하고 이강희와 거래하려 한다. 그런데 이강희는 미래자동차와 이미 그렇고 그런 관계다. 형, 동생 하던 안상구를 심호흡 한번 안 하고 한쪽 팔을 자른 후 정신병원에 입원시킨다. 그렇게 우환을 제거한 장필우는 유력 대선 후보로 떠오른다. 우장훈(조상우) 검사는 미래자동차 오회장과 장필우의 비리 관계를 포착하고 수사에 나서지만 커다란 벽에 막혀 번번이 실패한다. 안상구도 자신을 불구로 만든 자가 누구인지 밝혀내고 복수하려 한다. 마침내 우장훈은 안상구를 설득해 그가 숨겨둔 미래자동차의 비리장부 파일을 언론에 공개한다. 그것으로 사건이 일단락되는 듯했지만 이강희의 방해 공작으로 계획은 실패로 돌아가고, 오히려 안상구가 감옥에 갇힌다. 똘똘 뭉친 자본과 권력 그리고 언론 앞에 정의는 짓밟혀 터져버리는 벌레보다 못한 무력한 존재임을 깨닫게 된다.

그러나 여기에서 끝나면 너무 억울하지 않은가. 곧 반전이 일어난다. 감옥에서 탈출한 안상구는 이강희를 찾아가 다시는 글을 못 쓰게 손목을 자르려고 한다. 그러자 겁에 질린 이강희는 모든 게 장필우가 시킨 짓이라고 허위 자백을 한다. 안상구는 그것을 녹음해 우장훈 검사에게 전달한다. 우검사는 이것을 장필우에게 선물로 주면서 신뢰를 쌓고 자연스럽게 '내부자'로 편입된다. 내부자로 편입된 우검사는 미래자동차 오회장과 장필우, 이강희가 펼치는 성접대 등 온갖 더러운 장면을 몰래 촬영하고 그것을 언론에 퍼트린다. 이로써 사건이 재조명되고 지금까지 세 사람의 악행이 세상에 드러나며 마침내 정의가 승리한다는 내용이다.

줄거리만 소개했는데도 숨이 가쁘고 손에 땀이 날 정도로 이 작품은 구조가 탄탄하다. 잠시 숨 돌릴 틈도 허락하지 않는다. 비록 픽션(Fiction : 허구)이지만 너무나 생생해서 정말 현실이 저렇지 않을까 생각될 정도다.

형사들이 사건을 조사할 때 칠판에 용의자와 주변 인물의 얼굴을 붙이고 이리저리 동선을 화살표로 그리는 것처럼, 윤태호 작가도 등장인물을 설정하고 똑같이 관계도를 만들었을 것이다. 미래자동차 오회장과 이강희는 기생 · 협력 관계, 장필우와 이강희는 협력 · 견제 관계 등 관계도를 화살표로 표시하면서 작품을 진행했을 거라고 미뤄 짐작한다. 그리고 그 속에 갈등과 클라이막스, 반전을 넣어서 탄탄하고 완벽하게 배열했을 것이다. 단단한 구조물(작품)은 물 샐 틈이 없어 독자가 빠져나가지 못하게 만든다. 또한, 독자가 지루함을 느끼는 것도 허락하지 않는다. 그러니 재미있을 수밖에 없다. 〈내부자들〉은 웹툰이 완결되기도 전에 영화 계약이 되었고 화려한 캐스팅으로 개봉 전부터 화제가 되었다고 한다.

• 포털에서 '내부자들' 검색 바람. 웹툰 〈내부자들〉, 영화 〈내부자들〉 정주행 추천!

003

장르를 정했다면
확실히 해라

<마음의 소리>, <쌉니다 천리마마트>,
<몸에 좋은 남자> 등

작품을 기획할 때 장르를 먼저 정하기도 하고, 기획하다 보니 그에 맞는 장르가 나오기도 한다. 닭이 먼저냐, 달걀이 먼저냐인데 그렇게 중요한 부분은 아닌 것 같다. 정작 중요한 것은 장르가 정해졌다면 '확실히 하라'는 것이다. 자신의 작품을 '개그'나 '코믹'물로 잡았다면 기상천외한 방법으로 독자를 웃겨야 한다. 모 개그맨이 연말 시상식에서 "영혼을 팔아서라도 웃겨드리겠습니다"라고 수상 소감을 밝힌 적이 있다. 그런 정신으로 웹툰을 만들어야 한다.

웹툰작가가 평생 발표하는 작품의 수가 평균 1.5개밖에 안 된다는 조사결과가 나왔을 때 필자도 깜짝 놀랐다. 그리고 보니 나를 스쳐 간 많은 작가 중에 두 개 이상의 히트작을 낸 작가가 드물었다는 것을 새삼 깨닫는다. 출판만화 작가든 웹툰 작가든 사정은 똑같을 것으로 짐작된다. 그렇다면 현재 작품을 연재하고 있다면 그것은 일생에 한두 번 올까 말까 한 기회라는 의미이다. 그런 기회를 게으름과 나태함으로, 또는 재능이 없다는 핑계로 대충 연재하다가 날려버린다면 평생을 두고 후회할지도 모른다.

일찍이 하늘이 내린 천재작가를 몇 명 만난 적이 있다. 그 중 한 작가는 대충 휙휙 선만 그려도 기막힌 작품이 되었다. 그런 재능을 아끼고 좋아하는 팬층도 두터웠다. 그런데 그 작가는 너무나 자유분방한 성격 탓에 남의 간섭을 받는 것을 싫어하고 마감을 지키는 것에 서툴렀다. 그래서 편집기자의 조언도 싫어해 자기중심적으로 작품을 끌고 나갔고, 치명적으로 마감에 여러 번 늦더니 휴재를 하고 말았다. 이런 일이 몇 번 반복되자 결국 연재는 중단되고 그 작가는 독자와 세인의 눈에서 멀어져 결국 펜을 놓게 되었다.

다른 모 작가는 그렇게 재능이 뛰어나지는 않았지만, 마감만큼은 칼같이 지켰다. 그는 지금까지 단 한 번의 휴재도 없었다는 걸 자랑으로 삼고 있다. 연재를 지킨다는 것은 출판사나 플랫폼과의 계약사항이 아니라 엄밀하게 얘기하면 독자와의 약속이다. 독자는 약속을 지키지 않은 작가에 대해서 냉정하리만치 차가운 평가를 한다. [네이버웹툰]이나 여타 플랫폼에 휴재가 뜨면 댓글에서 난리가 나는 게 그런 이유다. 마감만큼은 칼같이 지킨 모 작가는 이후 여러 편의 히트작을 냈고 한국 개그만화계의 레전드로서 여전히 이름을 알리고 있다.

조석 작가의 〈마음의 소리〉가 2020년 6월 30일, 무려 1229화를 끝으로 대장정의 마침표를 찍었다. 2006년에 처음 연재를 했으니 14년째다. 〈마음의 소리〉는 매주 화요일에 연재된 에피소드 스타일의 일상 개그 웹툰이다. 한 회 분량도 엄청난데, 14년의 연재 기간 동안 단 한 번도 휴재나 지각을 하지 않은 것으로 더 유명하다. 대단한 내공이다.

〈마음의 소리〉는 회당 평균 조회 수 500만 뷰, 누적 조회 수 50억 뷰를 기록한 [네이버웹툰]의 간판 작품이었다. 대다수 기성세대가 〈마음의 소리〉를 본다면 도대체 무슨 말인지 이해하지 못할 뿐더러 엽기적인 그림체에 적응을 잘 못할 것이다. 그러나 대부분의 10~20대 독자는 시종일관 낄낄거리며 작가의 유머에 공감한다.

〈마음의 소리〉 역시 다양하게 OSMU가 되었다. RPG 장르의 모바일 게임으로 출시되었고, KBS에서 시트콤 드라마로 방영되었다. 또한, 7분 분량 78편의 TV애니메이션도 방영되었다. 또한, 조석과 애봉이 등 주요 캐릭터를 활용한 피규어, 인형, 문구류 등 70여 종의 관련 상품이 출시되어 인기를 얻었다. 당시 중국에서의 인기는 국내만큼 높아 많은 팬이 조석 작가를 팔로우했다.

• 포털에서 '마음의 소리' 검색 바람. 웹툰 〈마음의 소리〉, 시트콤 드라마 〈마음의 소리〉 정주행 추천!

엽기의 원조, <이나중 탁구부>를 아시나요?

<마음의 소리>는 매번 다른 에피소드로 진행되는 코믹 웹툰이다. 주인공이자 작가인 조석과 친형 조준, 그리고 여자친구인 애봉이를 비롯한 다양한 등장인물이 벌이는 황당무계한 일상 개그물이다. 또한, <마음의 소리>는 세대 차이를 확연하게 가르는 문화적 상징물이기도 하다. 만약 <마음의 소리>를 보면서 '그림체가 왜 이래?', '이게 뭐가 웃기고 재미있다는 거야?'라고 느끼면 구세대일 가능성이 높다. 이건 나이와 상관이 없다. 문화적 세대 차이인 것이다. 40대 이상에서도 <마음의 소리>를 재미있어 하고 좋아하는 사람이 많다. 문화적 신세대라고 할 수 있다.

필자는 이 작품을 보면서 1990년대 <이나중 탁구부>가 떠올랐다. <이나중 탁구부>는 <멋지다! 마사루>, <괴짜가족>과 더불어 일본 엽기 만화 3대 축을 이루고 있다. 만화의 주인공으로는 호감이 가고 잘생긴 캐릭터가 대세였던 당시에 <이나중 탁구부>의 등장인물은 그야말로 엽기적이었다. 마에노, 이자와, 타나까, 타나베 등 멀쩡하게(?) 생긴 캐릭터가 한 명도 없고, 누가 주인공인지도 모를 만큼 개성(?) 만점 캐릭터였다. 그리고 스토리나 개그도 당시에는 너무나 특이하고 기괴했다. 당시에는 '엽기'라는 단어조차 없었다. 필자가 이 작품을 잡지에 싣자고 주장한 것은 일본에서도 슬슬 인기가 올라가고 있었고, 우리나라도 이제 이렇게 못생긴 캐릭터가 주인공으로 등장할 때가 됐다는 순진한 생각에서였다.

<이나중 탁구부>는 청소년 만화잡지 [영점프]에 실리자마자 인기순위 밑바닥에 내동댕이쳐지더니 계속 바닥에서 헤맸다. 많은 사람이 필자의 작품 보는 감각을 의심하기 시작했다. 바늘방석 같은 시간이 꽤 오래 갔던 기억이 난다. 그로부터 몇 년 후 대한민국에 엽기바람이 불고 대표작품으로 <이나중 탁구부>가 선봉에 섰다. 정말 거짓말처럼 단행본이 날개 돋친 듯 팔리기 시작했다. 국내에서도 150만 부 이상이 팔려나갔다. 만약 엽기바람이 1~2년만 늦게 불었어도 회사에서 필자의 운명이 어떻게 되었을지 모르는 일이다. 고맙다, 엽기바람! 이나중 탁구부!

[레진코믹스]에 처음 연재되었고 현재 [탑툰]에 연재되고 있는 <몸에 좋은 남자>도 마찬가지다. '19세 미만 구독불가'인 이 작품은 성인물이다. 우리나라에서는 19금 성인물이라고 하면 색안경을 끼고 보는 사람이 많다. 그래서 이 책에서 거론하는 것도 좀 조심스럽지만, 스마트폰 등 개인 디바이스가 발달하면서 19세 이상 성인은 자신만의 은밀한(?) 콘텐츠를 즐길 수 있는 기회가 많아졌다.

웹툰의 대중화에도 성인물이 기여한 점이 많다. 옛날 인터넷이 대중화되지 않았을 때 여배우의 정사 장면 등 은밀한 성인물이 인터넷에 돌면서 많은 사람이 호기심에 인터넷을 접속하기 시작했고 그로 인해 인터넷 대중화가 빠르게 정착되었다. 웹툰이 빠르게 대중화되고 유료화되는 데도 성인물의 역할이 컸다. 남자들의 성적 경험담을 웹툰으로 제작해 성인물 코너에 올린 게 인기를 끈 것이다. 얼마나 인기가 있었던지 소위 '썰툰'이라는 장르가 생겨서 플랫폼의 한 카테고리를 차지하기도 했다.

그런데 〈몸에 좋은 남자〉는 그런 성인물과는 격이 달랐다. 콘셉트는 간단하다. 평범하디 평범한 남자주인공이 우연히 특별한 재능이 생겨서 여자들을 행복(?)하게 해 준다는 스토리다. 박형준, 이원식 작가의 이 작품은 특히 작화의 질이 타의 추종을 불허한다. 인물과 배경, 채색, 효과의 수준이 필자의 판단에 10점 만점에 10점을 주어도 아깝지 않을 만큼 뛰어나다. 어떻게 보면 단순한 스토리와 뛰어난 그림체로 독자을 사로잡은 것이다. 성인물은 스토리가 복잡하면 마이너스로 작용할 수 있다. 이 작품은 단순하지만 흥미로운 스토리와 수준 높은 비주얼로 성인물의 성공 방정식을 썼다. 그 폭발력은 대단했다. 국내에서의 인기 폭발에 힘입어 성인만화 종주국이라 할 수 있는 일본에까지 진출했고, 1억 4천만 뷰를 기록했다니 대단한 성과가 아닐 수 없다.

이렇듯 장르가 정해지고, 독자 반응이 올라오는 것이 보인다면 그 장르에서 최고가 되도록 목숨을 걸고 최선의 노력을 다해야 한다. 물 들어올 때 노를 저어야 한다. 작가와 웹툰PD는 당분간 뒤돌아보지 않고 직진하기 바란다.

• 포털에서 '몸에 좋은 남자' 검색 바람. 웹툰 〈몸에 좋은 남자〉 정주행 추천! 단 19세 이상만!

+ 라떼는 말이야

〈가우스 전자〉의 곽백수 작가

웹툰 〈가우스 전자〉로 유명한 곽백수 작가가 있다. 곽백수는 필명이 아니라 본명이다. 지금은 [네이버웹툰]에서 빼놓을 수 없는 작가로 성장했지만 90년대에는 꾸준히 만화잡지를 노크하던 신인작가였다. 곽백수란 이름도 특이하거니와 유머감각과 개그감각이 뛰어나 주의 깊게 지켜본 작가 중 한 명이었다. 그런데 그림체가 아주 특이했다. 당시 만화판에서 보지 못한, 극화와 명랑만화의 중간 즈음에 위치한 독특한 그림체로 기억된다. 지금의 〈가우스 전자〉 그림체와 좀 닮은 점도 있지만, 당시에는 그것보다 좀 거친 편이었다. 편집부에서는 곽작가의 재치 넘치는 개그와 유머 감각을 높이 샀고 몇 번 단편을 게재해 본 뒤 가능성이 있다고 판단해서 연재 기획안을 올렸다. 그런데 당시 데스크에서 계속 반대를 했다. 그림체도 마음에 안 들어 했고 곽작가 특유의 개그 감각도 이해하지 못했다. 편집부에서 여러 번 연재 기획안을 올렸음에도 불구하고, 데스크의 고집을 꺾을 수가 없었다. 그 당시 곽작가의 실망하고 좌절한 표정을 아직도 잊을 수가 없다.

하지만 곽백수 작가는 만화를 포기하지 않고 2007년 [스포츠서울]에 〈트라우마〉라는 개그물을 연재하여 서서히 인정을 받기 시작하더니, [네이버웹툰]에 '다국적 문어발 기업 가우스전자에서 벌어지는 웃픈 현실 직장인 이야기'를 다룬 〈가우스 전자〉를 시즌1~4까지, 2070화 장기연재를 하는 등 인기 웹툰작가로 우뚝 섰다.

곽백수 작가는 출판만화에서 웹툰으로 무대를 옮기자 비로소 물 만난 고기처럼 자유롭게 헤엄치는 것 같다. 투박한 그림에 컬러가 입혀지고, 지면이 아닌 모니터 상에서 보이는 곽작가의 그림은 훨씬 더 완성도가 높아 보이고, 특유의 개그감각도 더 살아나는 것 같았다.

낭중지추(囊中之錐)란 말이 있다. '주머니 속의 송곳'이라는 뜻으로, 뾰족한 송곳은 아무리 감추고 숨겨도 반드시 삐져나온다는 뜻이다. 능력과 재주가 뛰어난 사람은 어떻게든 두각을 드러내는 법이다. 곽백수 작가가 바로 그런 사람이라고 생각한다.

공감을 활용하라

<미생>, <복학왕>, <유미의 세포들>,
<조조코믹스>, <치즈 인 더 트랩>, <Ho!>,
<나빌레라>, <참교육>, <D.P 개의 날> 등등

인기 있는 웹툰이라면 남녀노소 모든 독자층에서 골고루 사랑받을 것 같지만 어느 특정 연령층이나 성별에 선호도가 집중되는 경우가 많다. 그것은 그 특정 층의 이야기를 정말 잘 풀어서 공감을 이뤘다는 얘기이기도 하다. 공감력이 높은 작품은 독자로 하여금 자기를 대변하는 것 같은 기분이 들게 한다. 힐링 받는 느낌을 주기도 한다.

어려운 취업난이 사회문제가 된 것은 오래된 얘기다. 특히 대기업에 들어가는 것은 하늘의 별따기보다 어렵다고 한다. 초등학교부터 아니 유치원부터 부모의 월급을 탈탈 털어 학원에 다니기 시작해 어렵게 대학에 합격한다. 요즘 대학입학은 세 가지가 좌우한다는 농담도 있다. 조부모의 재산, 엄마의 정보력, 아빠의 무관심이 그것이다. 그렇게 해서라도 합격하면 좋으련만 제때 인서울 대학에 들어가는 건 그리 쉽지 않다. 재수가 기본이라는 얘기가 있는데 그 비용과 시간이 시쳇말로

'벌금 5천만 원에 징역 1년'은 각오해야 한다고 한다.

그런데 이렇게 어렵게 대학에 들어가도 끝이 아니다. 토익, 자격증, 해외연수, 대학원까지 다양한 스펙을 만들어서 대기업에 이력서를 넣었는데 서류전형부터 떨어지는 것은 무슨 이유에서일까? 그 많던 일자리는 다 어디로 간 것일까? 인서울의 웬만한 대학을 나와도 이 정도이니, 지방대는 두말하면 잔소리다. 불난 데 부채질하는 격으로 공기업이나 은행에서는 유력 정치인이나 VIP 인사의 자녀 특혜 입학 뉴스가 뜬다. 그것은 상처받은 취업준비생의 가슴에 불을 지르고 난도질하는 것이다. MZ세대에게 병역비리와 입사비리는 그 어떤 이라도 용서받지 못한다. 공인이나 정치인이라면 더더욱 용서가 안 된다.

어렵게 회사에 들어갔는데 직원은 정규직과 비정규직으로 나뉘어 있다. 똑같은 일을 하는데 비정규직은 정규직보다 월급도 낮고, 노동환경도 계약조건도 열악하다. 그리고 열심히 일한다고 해도 정규직으로 전환되는 것은 낙타가 바늘구멍에 들어가기보다 어렵다. 이런 현실을 가장 생생하게 그린 웹툰이 〈미생〉이다. 처음 기획은 바둑에 중점을 두고 시작되었으나 정작 결과물은 비정규직의 현실, 신입사원의 고군분투기 및 샐러리맨의 애환이 주된 주제가 되었다고 한다.

〈미생〉은 윤태호 작가의 작품으로 2012년 1월 [카카오웹툰]에서 연재되었다. 바둑에서 '미생'의 뜻은 집이나 대마 등이 살아있지 않은 상태 혹은 그 돌을 이르는 말이다. 주인공 장그래의 위치를 가장 잘 설명해 주는 단어이다. 어릴 때부터 바둑기사를 꿈꿔온 주인공 장그래가 프로 입단에 실패한 뒤 대기업 계약직원으로 입사해 겪는 과정과 애환을 그렸다. 특히 직장생활은 물론 다양한 인생사의 순간을 바둑에 빗대 풀어내고, 직장인의 고달픈 삶과 인간관계를 생생하게 그려내 '샐러리맨의 교과서'라고 불리기도 했다. 누적 조회 수 10억을 넘어설 정도로 큰 사랑을 받았다.

• 포털에서 '미생' 검색 바람. 웹툰 〈미생〉, 드라마 〈미생〉 정주행 추천!

〈복학왕〉은 기안84 작가의 작품이다. 기안84 작가는 요즘 방송을 자주 타면서 연예인 반열에 올랐다. 암튼 웹툰작가 중에서도 독특한 캐릭터임이 분명하다. 〈복학왕〉은 〈패션왕〉으로 인기작가 반열에 오른 기안84 작가가 그 작품의 연장선상에서 내놓은 작품이다. 주인공 우기명이 통칭 지방대라 불리는 기안대에 복학하면서 펼쳐지는 캠퍼스 라이프로, 지방대의 현실을 생생하고도 과장되게 그렸다. 에피소드 중 미국대통령 오바마가 와서 학생들과 깡소주를 마시며 날밤을 새는 것은 비약이 좀 심하다고 느꼈는데, 나중에는 트럼프도 출연한다. 대단한 발상이다.

이 작품은 만화적 허용의 최대치를 보여준다. 오바마마저 기안대 학생들과 똑같이 변하는 것을 보고 또 놀랐다. 그만큼 환경이 중요하다는 것을 새삼 느끼게 하는 웹툰이다. 학생들은 수업에는 관심이 없고 오로지 연애에만 눈을 돌린다. 수업을 열심히 들어서 학점을 잘 따도 취직이 안 되는 건 똑같다는 것을 잘 알기 때문이다. 졸업해 취직한 대선배의 직업이 중국집 배달원이고, 학교는 지방의 외곽에 위치한데나 관리도 엉망이다. 캠퍼스 곳곳에 잡초가 무성하고 멧돼지가 활보한다. 학력 인구의 급감으로 벚꽃 피는 순서대로 지방대가 무너질 거라는 현 세태를 적나라하게 표현한 작품이다. 그러나 작가는 거기서 희망을 잃지 말라는 메시지와 함께 커플들의 애틋한 로맨스와 기적 같은 성공신화를 곁들여놓고 있다.

현실적으로 인서울 대학에 입학하려면 고등학교에서 최소 내신 1, 2등급은 따야 한다. 반에서 최소 1~3등 정도다. 나머지는 그럼 어떻게 하냐고? 대한민국에는 고졸이 설 땅이 별로 없다. 그래서 어떻게든 대학은 들어간다. 전문대로 가든지, 지방대로 가든지. 현재 대한민국은 오랜 저출산의 결과로 입시생보다 대학교가 남아돌기 때문에 돈만 있으면 대학 입학은 누구나 가능하다. 〈복학왕〉은 그 지방대생의 캠퍼스 라이프를 너무나 생생하게 표현해서 많은 독자의 공감을 얻고 있다.

이 웹툰을 보는 사람들의 반응은 다양하다. 공감하는 사람, 안도하는 사람, 불편한 사람, 경각심을 갖는 사람, 욕을 하는 사람, 웃으며 배꼽을 잡는 사람 등으로 가지각색이다. 그만큼 사람들이 이 작품에 공감하는 것이고 조회율이 높은 것이다. 그것만으로도 〈복학왕〉은 의미가 있고, [네이버웹툰] 수요일자에서 높은 인기순위를 차지했다. 그런데 〈복학왕〉이 계속 연재되면서 스토리를 억지로 끌고간다는 생각이 들기 시작했다. 기안대 학생들의 생생한 현실을 표현하고자 했는데 결국 무리한 스토리 전개로 여성비하와 외국인 차별로까지 비추어졌다. 기안84 작가 특유의 자유분방하고 거침없는 표현방법일 뿐 그것을 의도하지는 않았을 것이다.

그런데 처음 접하는 사람들은 불쾌감을 느낄 수도 있겠다는 생각을 했다. 결국 〈복학왕〉 연재를 중단해달라는 청와대 청원까지 올라 사회적 이슈가 되자 작가가 급히 스토리의 일부를 변경했다. 그런데 이를 두고 "웹툰의 내용을 가지고 청와대 청원까지 올리느냐", "군사정권 때나 있었던 검열을 21세기에 부활시키려는 것이냐"는 반응과 "표현의 자유가 허용되더라도 표현할 것이 있고, 못할 것이 있다"는 의견이 팽팽하게 맞서며 한참 논쟁이 됐다.

필자의 생각에 만화와 웹툰만큼 작가의 상상력이 무한대까지 뻗칠 수 있는 매체는 드물다. 어쩌면 그것이 만화와 웹툰의 생명이라고 할 수 있다. 그 무한한 상상력이 누구에게는 시원한 사이다가 될 수도 있지만 누구에게는 불편할 수도 있고, 통렬한 풍자와 해학이 될 수도 있지만 날카로운 비수가 될 수도 있다. 그러나 그것이 작가의 의도가 아니라 표현의 한 방법이었다면, 그것을 어떤 외부의 힘이나 수단을 통해 검열하거나 통제하는 것은 한 작가의 문제가 아니라 우리나라 만화·웹툰계, 더 나아가 예술과 문화의 모든 영역에서 아주 민감한 문제가 될 수 있다.

옛날 공권력으로 작가의 표현의 자유를 구속했던 시대까지 소급하지는 않겠지만 또다시 그런 일이 벌어지는 사회가 도래한다면 작가들은 또다시 자기 검열에 빠질 수밖에 없고, 그로 인해 창작활동은 움츠러들 수밖에 없다. 그리고 그것은 웹툰뿐만 아니라 문화 전반에 치명적인 악영향을 끼칠 수밖에 없다는 의견을 조심스럽게 밝히고 싶다.

• 포털에서 '복학왕' 검색 바람. 웹툰 〈복학왕〉 정주행 추천!

[네이버웹툰]에 인기리에 연재되었고 현재 완결된 〈유미의 세포들〉도 많은 공감 팬을 가지고 있다. 세포를 의인화한다는 아이디어도 기발하고, 어쩌면 여자의 심리를 이렇게 잘 묘사하고 공감을 끌어낼 수 있는지 감탄한 작품이다. 웹툰 〈유미의 세포들〉은 참 묘한 작품이다. 줄거리는 단순하다. '주인공 유미가 살아가고 사랑하는 이야기'다. 평범한 여성인 유

미의 뇌 속에는 수많은 세포가 있다. 그런 세포의 결정이 유미의 행동으로 나타난다. '사랑 세포', '응큼 세포', '출출 세포', '이성 세포', '감성 세포' 등 세포들의 이야기를 통해 유미의 감정이 섬세하게 그려지는데, 그런 유미의 감정과 행동이 또래인 20~30대 여성의 많은 공감을 불러일으켰다. 필자도 〈유미의 세포〉가 섬세한 여성의 심리를 너무나 잘 묘사해서 작가가 여성인 줄 알았다가 남자라는 사실에 한 번 더 놀랐다. 모 일간지에 수록된 이동건 작가의 인터뷰 한 대목을 보면서 어떻게 여성의 심리를 잘 묘사할 수 있었는지 궁금증이 해소되었다.

"남녀의 마음이 다르다고 생각하지 않습니다.
다만 남녀가 표현하는 방식은 확실히 다르다고 생각합니다.
'내가 만약 이 여주인공이라면 어떤 느낌일까' 생각한 후에
'그 감정을 아내가 말로 표현한다면 어떻게 할까'
라고 생각해 봅니다.
어쩌면 여성의 심리를 잘 표현한 것이라기보다는
현시대를 살고 있는 30대 여성의 표현 방식을
잘 담았다는 쪽이 맞을 것 같아요."

– 웹툰 〈유미의 세포들〉 이동건 작가에게 듣는 유미 이야기 (출처 : [중앙일보])

이동건 작가의 비결은 '역지사지(易地思之)'였다. 기본적으로 남녀의 마음은 다르지 않은데 표현 방식이 다를 뿐이라는

것이다. 공감한다. 남자든 여자든 느끼는 것은 같을 것이다. 다만, 표현 방식이 다를 뿐이다. 그것을 여자라면 어떻게 표현할 것인지 여자의 입장에서 생각해 풀어낸 것이다. 독자의 공감을 끌어내기 위해서 그만큼 자신의 생각을 고집하지 않고 여자의 입장을 생각해 보고, 관찰하고, 연구해서 나온 결과물이라는 의미. 흔히 우리는 남자는 남성향의 작품을, 여자는 여성향의 작품을 좋아한다고 생각하지만 의외로 많은 독자가 교집합 속에 있다. 그리고 남자보다 더 남성향 작품을 잘 그리는 여자 작가가, 여자보다 더 여성향 작품을 잘 그리는 남자 작가가 있다. 그 비결은 바로 '역지사지'와 '노력'에 있다는 것을 〈유미의 세포〉를 통해서 알게 되었다.

• 포털에서 '유미의 세포' 검색 바람. 웹툰 〈유미의 세포〉 정주행 추천!

대학 강의를 하면서 학생들에게 가장 재밌게 본 웹툰을 물으면 〈치즈 인 더 트랩〉과 〈Ho!〉가 꼭 나왔다. 순끼 작가의 〈치즈 인 더 트랩〉은 평범한 여대생 홍설과 어딘가 수상한 선배 유정. 미묘한 관계의 두 사람이 펼쳐나가는 이야기다. 로맨스같으면서 스릴러적 요소가 강하다. 억수씨 작가의 〈Ho!〉는 청각장애인 호와 그를 가르치는 대학생 원이의 사랑 이야기다. 대학생 원이가 학원에서 초등학생 호를 가르치다 인연이 되어 나중에는 연인으로 발전하는 이야기인데, 필자도 보는 내내 진한 감동을 받았다. 대학생들의 최애 작품으로 빠지지 않는 것을 보니 정말 공감되는 작품인 것 같다.

최근 〈D.P 개의 날〉을 보고 군대생활이 기억나서 묘한 기분이 든 적이 있다. 어떤 이에게는 자부심으로, 어떤 이에게는 불편함으로 심하면 트라우마를 겪는 사람도 있을 것이다. 남자에게 군대는 그런 곳이다. 이 작품은 드라마가 되어 더 큰 호응과 공감을 얻었다. 특히 군필자들과 군대에 들어가야 할 남성 독자들의 큰 공감을 얻었다. 아무튼 이 웹툰으로 인해 우리는 상처를 제대로 들여다 볼 수 있었고, 재발하지 않도록 치료할 수 있는 기회를 얻게 된 것이다.

이 글을 읽고 있는 여러분이 웹툰PD가 된다면 꼭 독자층의 '공감'을 이끌어낼 작품을 만들 수 있기를 바란다. 그러려면 공감을 얻을 포인트를 잡아낼 수 있어야 한다. 타깃팅한 독자층의 문화, 트렌드, 니즈, 버킷리스트 등을 연구하고 아픈 곳, 상처, 트라우마까지 파악해서 작품에 잘 반영해야 한다. 그래야 팬층이 생기고 작품이 히트할 수 있다.

005

공포를 이용하라

<이끼>, <기기괴괴>, <타인은 지옥이다>,
<악취>, <조류공포증> 등

공포물은 웹툰의 인기 장르 중 하나다. 영화나 드라마에서
도 마찬가지지만 공포물은 꾸준히 제작되고 있으며 그만큼 꾸
준히 사랑을 받고 있다. 요즘 사람들은 워낙 공포물에 단련되
어 있어 웬만한 것으로는 좀처럼 떨게 하기 힘들다. 특수분장
부터 CG까지 완벽해야 한다. 웹툰도 마찬가지다. 스토리도
뛰어나야 하지만 그림의 연출과 효과가 완벽해야 독자를 공포
에 빠뜨릴 수 있다.

우리 인간도 동물이므로 본능에 아주 민감하다. 특히 생존
본능에는 엄청난 집중력이 발휘된다. 무엇보다 배고픔을 잘
못 참는다. 죽을 만큼 배가 고플 때는 무슨 짓을 해서든지 배
고픔을 벗어나려는 게 인간이다. 다음에 추구하는 것은 안전
본능이다. 인간의 공포심은 생존에 위협을 느낄 때 나타나는
반응이다. 살인이나 폭행, 납치, 귀신, 자연재해, 전쟁 등 '나
한테도 이런 일이 일어날 수 있구나'라고 느끼는 순간 인간은

엄청난 공포심과 동시에 그에 상응하는 놀라운 집중력을 발휘한다.

예를 들어, 악당에게 납치를 당하면 처음에는 공포를 느끼지만, 인간은 탈출하기 위해 모든 방법을 강구한다. 생존 본능만큼 인간을 집중하게 하는 건 드물다. 공포물은 집중력이 높은 장르라서 그런지 웬만해서는 실패하는 작품이 드물다는 얘기도 있다. 독자나 관객이 집중하면서 보는데 작품이 인기를 끌지 못한다는 것이 더 이상한 것이다. 멍석을 제대로 깔아줬는데 못 노는 광대 같다고 할 수 있다.

공포물은 작품의 표현 방식도 일반 웹툰과는 조금 다르다.

예를 들어 [네이버웹툰]에 연재되고 있는 공포물의 대명사인 〈기기괴괴〉나 완결된 〈타인은 지옥이다〉의 그림체를 보자. 기존 웹툰의 그림체와 좀 다르다는 것을 느낄 것이다. 어떻게 보면 미완성된 듯한 느낌도 있고, 채색이 덜 된 듯한 거친 느낌을 주기도 한다. 잘생기거나 예쁘다고 할 만한 캐릭터도 없다.

또한 〈기기괴괴〉와 〈타인은 지옥이다〉는 청회색 계열의 일관된 모노톤으로 채색되어 있다. 화려한 컬러로 도배된 요즘 웹툰에 비하면 무성의하게 보일 수도 있다. 그런데 아이러니하게도 이런 스타일이 더 공포심을 불러일으킨다. 비유하자면 마치 전기가 끊긴 폐가나 폐교에 손전등 하나 들고 들어갈 때의 느낌이라고 하겠다.

- 포털에서 '기기괴괴' 검색 바람. 웹툰 〈기기괴괴〉, 애니메이션 〈기기괴괴〉 정주행 추천!
- 포털에서 '타인은 지옥이다' 검색 바람. 웹툰 〈타인은 지옥이다〉, 드라마 〈타인은 지옥이다〉 정주행 추천!

[카카오웹툰]에 연재 중인 〈조류공포증〉도 흑백톤으로 일관되게 이어진다. 〈조류공포증〉은 어릴 때부터 조류 공포증이 있던 주인공이 회사 상사가 자꾸 새로 보여서 공포를 느끼기 시작한다는 이야기다. 알고 보니 회사 상사는 인간과 조류가 합쳐진 '하르퓌아'라는 종족이었다. 그리고 마침내 인간과 하르퓌아와의 전쟁이 시작된다는 공포물인데, 여기에서 작가가 활용한 '부분 채색'이 빛을 발한다.

김종훈 작가는 흑백톤으로 일관되게 진행하다가 새의 눈이나 부리 등에만 컬러를 넣고 있다. 그런데 그 부분컬러가 압권이다. 특히 컬러가 칠해진 새의 눈은 마치 죽었다 살아난 새의 눈을 보는 것처럼 생생하다. 그래서 더 집중이 잘 되고, 더 공포심을 자아낸다. 만약 전체를 컬러로 칠했다면 새의 눈이 그렇게 무서울 거라고 생각하지 못했을 것이다.

- 포털에서 '조류공포증' 검색 바람. 웹툰 〈조류공포증〉 정주행 추천!

우리는 될수록 많은 컬러를 사용하면 작품의 질이 높아지고 완성도도 높아질 것이라고 생각하지만, 실제로는 그렇지 않다. 빽빽하게 채워진 컬러보다 적절히 사용된 컬러가 작품의 완성도를 더 높이는 경우가 많다. 어떤 기계에 도구와 장치가 너무 많이 달리면 작동이 잘 안 되는 것과 같은 원리라 보면 된다. 운동할 때도 긴장하지 말고 힘을 빼야 잘 된다. 컬러도 마찬가지다. 가득 채우는 것보다 적절히 비우는 것이 작품의 완성도를 높일 수 있다. 웹툰PD는 이처럼 컬러를 보는 눈을 길러야 한다. 그래야 작가에게 적절한 채색 방향을 조언하거나 작품에 맞는 채색을 요청할 수 있다.

웹소설과 케미하라

<황제의 외동딸>, <김비서가 왜 그럴까>,
<권왕무적>, <북검전기>, <나 혼자만 레벨업>,
<재혼 황후>, <전지적 독자 시점> 등

요즘 웹소설 원작을 바탕으로 한 웹툰이 인기를 얻으면서 그 바람을 타고 많은 작품이 만들어지고 있다. 필자도 처음 시도를 할 때는 긴가민가했다. 그 당시에는 왠지 정도(定道)가 아닌 것 같다는 생각을 한 것 같다. 필자가 생각한 웹툰의 정도는 웹툰작가가 직접 글과 그림을 모두 만드는 오리지널 창작물이었기 때문이다.

그런데 지금은 웹툰을 만드는 제작 환경이 많이 바뀌었다. 주간 연재가 기본이 되었고, 컬러 등 모든 공정에서 빠른 스피드가 필요해졌다. 독자는 휴재를 싫어하고, 휴재하면 항의성 댓글을 다는 등 직접적으로 불만을 표출한다. 작가 혼자만의 작업보다 여럿이 협업하는 공동 작업이 바뀐 환경에 대처하는 데 유리해지기 시작했다. 그리고 출판만화에서 강조되던 작화의 퀄리티가 웹툰에서는 절대적인 기준이 되지 않았다. 그림 실력보다는 연출력과 전달력이 더 중요한 요소가 되었다.

그만큼 스토리의 비중이 높아진 것이다.

　기존의 웹툰은 스토리부터 작화까지 작가가 모든 부분을 도맡아 하다 보니 특히 스토리 진행에서 막히는 경우가 있었다. 그래서 그것을 극복하기 위해 스토리에 더 많은 시간과 비중을 두면 이번에는 그림의 퀄리티가 떨어진다. 이러지도 저러지도 못하는 상황이 되는 것이다. 결국 작품의 인기가 점점 떨어지고 조기 종영하는 경우가 생겼다.

　그러나 인기가 검증된 웹소설을 웹툰으로 만들면 스토리에 대한 부담이 훨씬 줄어든다. 웹툰작가는 원작 웹소설을 잘 소화해서 거기에 맞는 캐릭터를 뽑아내고 연출을 잘 해서 작품의 성공 가능성을 높였다. 그렇게 해서 힘을 받은 작품은 롱런할 확률도 높아졌다.

　〈황제의 외동딸〉, 〈김비서가 왜 그럴까〉 등은 이미 인기 웹소설로 독자의 검증을 거친 작품이었고, 〈권왕무적〉, 〈북검전기〉는 무협의 고전이라고 할 만큼 독자층이 탄탄한 작품이다. 이 작품들은 모두 성공한 웹소설이다. 그리고 이 웹툰들의 공통점은 웹소설을 그대로 만화로 옮겼다기보다는 작가가 원작을 충분히 읽고 자기 것으로 소화해서 만들었다는 것이다. 원작의 맛은 고수하면서도 과감하게 뺄 건 빼고 붙일 건 붙인 것이다. 이렇게 만들어진 웹툰을 '노블코믹스'라는 신조어로 불린다. 소설의 '노블'과 만화의 '코믹스'를 붙였는데 이제는 웹소설 기반 웹툰의 대명사가 되었다.

- 포털에서 '황제의 외동딸' 검색 바람. 웹소설 〈황제의 외동딸〉, 웹툰 〈황제의 외동딸〉 정주행 추천!
- 포털에서 '김비서가 왜 그럴까' 검색 바람. 〈김비서가 왜 그럴까〉 웹소설, 웹툰, 드라마 정주행 추천!

이렇게 만들어진 웹툰이 인기를 얻자 웹소설까지 덩달아 인기를 얻는 기현상이 발생했다. 웹툰을 재미있게 본 독자가 원작 웹소설이 궁금해서 찾아보기 시작한 것이다. 또 예전에 웹소설을 이미 본 독자가 한 번 더 완독하는 경우도 많다. 웹툰과 웹소설이 서로 윈윈하게 된 것이다.

웹툰 〈황제의 외동딸〉은 국내 인기몰이 이후 중국으로 진출해 많은 중국 독자를 확보하였고, 〈김비서가 왜 그럴까〉는 드라마로 만들어져 또 한 번 인기를 얻었다. 〈권왕무적〉은 최초로 웹툰화된 무협소설로, 아재들을 웹툰 독자로 끌어오는 데 큰 역할을 하였다. 〈북검전기〉는 〈권왕무적〉으로 무협웹툰에 맛을 들인 아재들의 식성을 더욱 풍요롭게 만들어준 작품이다. 이런 웹소설과 웹툰의 케미 성공 스토리는 계속 이어지고 있다. 인기 웹소설의 웹툰화는 이제 대세가 되어서 다양한 장르에서 지속적으로 제작되고 있으며, 독자들의 기대를 계속해서 채워 줄 것으로 전망된다.

- 포털에서 '권왕무적' 검색 바람. 무협소설 〈권왕무적〉, 웹툰 〈권왕무적〉 정주행 추천!
- 포털에서 '북검전기' 검색 바람. 무협소설 〈북검전기〉, 웹툰 〈북검전기〉 정주행 추천!

웹툰과 웹소설의 성공적인 케미로 새롭게 떠오르는 분야가 '각색'이다. 사실 웹툰은 그림의 영역이고, 웹소설은 텍스트의 영역이다. 지금까지는 그림에 익숙한 독자는 텍스트를 받아들이는 데 어려움이 있었고, 텍스트에 열광하는 독자는 그림을 그다지 선호하지 않았다. 웹소설과 웹툰이 따로 놀 때는 둘 모두를 즐기는 독자가 그렇게 많지 않았다. 그런데 웹툰과 웹소설의 성공적인 케미로 두 가지를 모두 즐기는 독자가 많이 생겼으며, 이는 두 시장이 급속하게 커지는 계기가 되었다.

그런데 문제는 웹툰작가가 웹소설을 웹툰으로 옮기는 데 어려움이 많다는 것이다. 웹툰작가는 어렸을 때부터 워낙 그림에 소질이 있고 친화적인 반면 텍스트를 이해하고 소화하는 능력이 상대적으로 낮은 경우가 많다. 그러다 보니 웹툰작가가 웹소설을 다 읽고 소화한 후에 작품을 만드는 데 많은 시간이 걸리고 효율도 떨어진다는 문제점이 발견되었다.

그런데 그것을 해결해 주는 존재가 나타났다. 바로 '각색자'이다. 각색자의 역할은 단순하게 보면 '콘티'를 짜는 것이지만, 크게 보면 작품 전체를 디렉팅하는 플레잉코치나 감독의 역할과 흡사하다. 먼저 웹소설 전체를 읽고 소화한 후 방향을 설정하고, 재미있는 부분을 살리고, 재미없는 부분을 들어내고, 매회 분량을 조절하고, 한 회가 끝날 때마다 다음 화가 궁금해지도록 만드는 역할을 한다. 그 외에도 웹소설의 묘사 부분, 지루하거나 불필요한 스토리 부분은 과감하게 삭제하고, 재미있는 사건과 에피소드 부분을 끌어내 웹툰의 재미가 계속 이어지게 하는 역할을 한다. 어쩌면 웹툰의 성공을 좌우하는 핵심 역할이라고도 할 수 있다.

요즘 웹소설로 크게 인기를 끌고 있는 두 작품을 예로 들어보자. 〈나 혼자만 레벨업〉과 〈전지적 독자 시점〉이다. 〈나 혼자만 레벨업〉의 크레딧은 '그림/장성락, 각색/기소령, 원작/추공'으로 되어 있고, 〈전지적 독자 시점〉은 '그림/슬리피-C, 각색/UMI, 원작/싱숑'으로 되어있다. 두 작품의 공통점은 이미 웹소설에서 최고로 히트한 작품으로 엄청난 조회 수와 팬덤을 가지고 있고, [레드아이스] 스튜디오에서 웹툰을 제작하고 있다는 것이다. 또한 각색자를 따로 두어서 분업을 통해 제작 시간을 절약하고 전문성을 더했다는 평가다. 웹소설을 이미 접한 독자는 웹툰이 나오자 연재 플랫폼으로 몰려들었고 기대보다 뛰어난 퀄리티에 열광했다. 원작보다 더 재밌다는 평가도 있을 정도였다. 웹툰을 먼저 접한 독자는 뒤늦게 웹소설을 읽으며 완간된 분량을 미리보기로 정주행하기도 했다. 윈윈이 이뤄진 것이다.

현재 〈나 혼자만 레벨업〉은 [카카오페이지]에 연재되면서 단일 IP 기준으로 국내에서만 누적 조회 수 4억 5000만, 일본에서 5억 3000만을 돌파했다. 〈전지적 독자 시점〉은 [네이버웹툰]에 연재하면서 폭발적인 반응을 올렸고, 웹툰으로 런칭한 주에 웹소설 매출 16억 원을 기록하기도 했다. 그리고 9개 언어로 서비스되면서 글로벌 누적 조회 수 3억 6000만을 달성했다. 두 작품은 애니메이션과 영화로 계획, 제작 중에 있어 흥행몰이는 계속 진행될 것이다.

이 폭발적인 반응에는 또 다른 관전 포인트가 있다. 이 두 웹툰을 제작하고 있는 [레드아이스]라는 스튜디오가 주목받고 있기 때문이다. 웹소설을 특화된 웹툰으로 풀어내는 소화력과 마치 애니메이션을 보고 있는 듯한 착각에 빠지게 하는 연출 등 지금까지의 국내 웹툰에서는 보기 힘든 퀄리티를 이곳에서 구현하고 있다. 그 성공의 1차 비결은 철저히 웹소설을 분석해 콘티, 작화, 컬러, 효과를 분업하는데 있고, 2차 비결은 그것이 가능하도록 하는 막대한 선투자에 있다. 투자자나 제작자 입장에서는 높은 비용을 투자해도 충분히 그 이상의 매출을 거둘 거라고 확신이 있었기에 가능한 일이다.

또 한 가지 특이한 점은 컬러와 효과 부문에 일본 작가들을 썼다는 것이다. 일본 애니메이션을 보는 듯한 착각은 바로 일본 작가들을 효과적으로 기용하고 활용했기 때문에 가능한 일이었다. 1970~1980년대에는 우리나라가 일본 애니메이션의 하청 역할을 했다. 잘 기획된 일본만화에 국내 업체가 한 장 한 장 컬러를 칠하던 게 엊그제 같은데 이제는 우리가 기획한 웹툰에 일본 작가들이 컬러와 효과 작업을 하고 있다. 단순하게 보면 제작의 외주화이지만 크게 보면 50년 만에 '문화의 역전'이 이뤄진 쾌거라고 할 수 있겠다. 아무튼 필자는 2020년대 웹툰의 첫 번째 화두로 '웹툰과 웹소설의 케미'를 뽑는 데 주저함이 없다.

- 포털에서 '나 혼자만 레벨업' 검색 바람. 웹소설 〈나 혼자만 레벨업〉, 웹툰 〈나 혼자만 레벨업〉 징주행 추천!
- 포털에서 '전지적 독자 시점' 검색 바람. 웹소설 〈전지적 독자 시점〉, 웹툰 〈전지적 독사 시점〉 정주행 추천!

한국웹툰 vs 일본만화

풍부한 작가진과 뛰어난 퀄리티를 유지하고 있던 국내 여성향 만화, 일명 '순정만화'는 일본만화의 유입에도 불구하고 작품 관리를 통해 경쟁력을 유지한 반면, 남성향 만화(소년물과 성인물)는 IMF 시기 범람한 대여점 공급을 목적으로 작가들이 공장 시스템으로 무분별하게 작품을 찍어내면서 그에 실망한 독자층을 잃어버리고, 그 자리를 양질의 일본만화가 대신했다.

한동안 국내 만화시장은 국내 여성향 만화와 일본 남성향 만화가 양분했다. 그 와중에 일본만화는 〈드래곤볼〉을 위시해 〈슬램덩크〉, 〈나루토〉, 〈원피스〉, 〈명탐정 코난〉, 〈진격의 거인〉 등이 꾸준하게 발행되고 판매되었으며 〈원펀맨〉과 〈나의 히어로 아카데미아〉로 그 상승세가 계속 이어지는 듯싶더니 2020년에 터진 'No Japan'으로 큰 타격을 받았다. 이후 일본만화의 신간 판매가 약속이나 한 것처럼 저조해졌다. 일시적인 현상이려니 생각했는데 생각보다 오래 지속되고 있다.

이제 국내 독자는 흑백 페이지뷰 방식의 일본만화를 굳이 찾아서 보지 않아도 충분히 볼거리가 많은 환경에서 살고 있다. 인터넷을 켜기만 하면 어디서든 웹툰을 무료로 볼 수 있다. 그리고 어렸을 적부터 학습만화 등 컬러만화에 익숙하다 보니 흑백의 일본만화가 눈에 잘 들어오지 않게 되었다. 아무리 내용과 그림이 뛰어나다고 해도 흑백이라는 점에서 일단 몰입도가 떨어진다(컬러로 된 일본 애니메이션은 양상이 다르다. 애니메이션 〈귀멸의 칼날〉과 〈주술회전〉은 여전히 인기가 높다).

일본만화 판매 부진의 또 다른 이유로 변하지 않는 '마케팅 방식'을 꼽기도 한다. 국내 웹툰은 일단 무료로 독자에게 접근한다. 그리고 일정 정도 무료를 접한 독자에게 유료 결제를 요구한다. 유료 결제는 독자가 선택할 몫이다. 재미있다고 판단한 독자는 유료 결제를 마다하지 않을 것이고, 재미없다고 판단한 독자는 무료분에서 구독을 멈추면 그만이다. 그러나 일본만화는 무조건 단행본 1권부터 유료 결제를 요구한다. 지금까지 이어온 전통적 방식이고, 지금도 크게 변화가 없다. 이 작품이 재미있을지 아닐지는 일단 책을 구입한 후에야 판단할 수 있다. 복불복과 같은 상황이다. 이 오래된 결제 방식은 이제 대한민국에서는 통하지 않는다. 이 방식이 변화하지 않는 이상 국내에서의 일본만화 침체는 지속될 것으로 보인다.

만화의 종주국인 일본의 최대 약점은 변화가 빠르지 않다는 것이다. 구한말 상황이 오버랩된다. 그때 일본은 서양의 문물을 빠르게 받아들여 강대국이 된 반면 쇄국으로 일관한 조선은 결국 쇠락의 길을 걷다가 일본에게 먹히고 말았다. 그런데 지금은 상황이 180도 바뀌었다. 역사의 아이러니라 아니할 수가 없다.

등장인물을 제대로 세워라

<롱 리브 더 킹>, <미생>, <나빌레라> 등등

007

등장인물이 '살아 있다'는 의미는 무엇이고, 등장인물을 제대로 세워야 작품이 산다는 의미는 무엇일까? 당신이 웹툰작가나 웹툰PD, 또는 드라마PD나 영화감독이라면 등장인물을 제대로 살리기 위해서 어떻게 하는 것이 좋을까? 앞 장의 '시놉시스 만들기- 등장인물' 편에서 살펴보았지만, 다시 한 번 설명할 테니 잘 알아두기 바란다.

등장인물이 제대로 살아 있으려면 '일관되게 자신이 세운 목표를 달성해 나가야' 한다. 그 목표가 이성친구를 사귀는 것이든, 지구를 지키는 것이든, 목표의 크기는 별로 중요하지 않다. 웹툰PD는 작품 속의 등장인물들이 일관되게 각자의 목표를 달성해 나가고 있는지 항상 체크해야 한다. 그것도 찌질하거나 비열하지 않고 '간지나게' 말이다.

〈롱 리브 더 킹〉의 장세출이나 〈미생〉의 장그래가 그래서 각광을 받은 것이다. 대통령이라는 얼토당토않은 목표를 향해서 일관되게 나아가는 조폭 두목을 보면서, 현실의 차별과 부조리 속에서도 정규직을 향한 일관된 장그래의 눈물겨운 노력을 보면서 우리는 '캐릭터가 살아 있네!'를 연신 외치게 되는 것이다.

[카카오웹툰]에 연재된 Hun 작가의 〈나빌레라〉는 남녀노소 폭넓은 독자층을 가지고 있기로 유명하다. 덕출이라는 70대의 노인이 평생 간직한 어릴 적 꿈인 발레리나를 시나브로 이뤄나가는 이야기다. '젊은이도 하기 힘든 발레리나의 꿈을 70대의 노인이 어떻게'라고 의아해할지 모른다. 정말 만화 같은 이야기라고 치부할 수도 있다. 그러나 덕출은 그 목표를 조금씩 실현해 나간다. 주위의 한숨 섞인 시선과 점점 심해지는 치매 증상에도 불구하고 덕출은 어린 스승 채록의 도움을 받아 마침내 자신이 가장 하고 싶었던 '백조의 호수' 2인무를 해낸다. 그리고 "덕출아, 나중에 기억을 다 잃어도 이것만은 진짜 안 잊었으면 좋겠다. 심덕출 네가 발레하는 사람이었다는 걸, 꿈이 있었다는 걸 잊지 마."라며 자신에게 영상편지를 보내는 에필로그 장면은 정말 압권이다. 자신의 목표를 향해 마지막까지 나아가는 주인공의 '살아 있는' 모습을 보며 독자들은 깊은 감명을 받는 것이다.

• 포털에서 '나빌레라' 검색 바람. 웹툰 〈나빌레라〉, 드라마 〈나빌레라〉 정주행 추천!

거인의 어깨를 빌려라

\<네이버웹툰\>, \<카카오페이지\>, \<카카오웹툰\>, \<탑툰\>, \<봄툰\>, \<투믹스\>, \<레진코믹스\> 등

에이전시PD나 제작스튜디오PD가 되어 웹툰을 기획하고 만들었다면 웹툰의 연재처를 찾아야 한다. 연재처가 있어야 매출이 발생하기 때문이다. 첫 단계로 자신이 만든 웹툰에 가장 맞는 플랫폼을 찾아야 한다. 그러기 위해서는 플랫폼에 대한 분석이 필요하다. 플랫폼의 인지도는 높은지, 얼마나 많은 회원을 보유하고 있는지, 회원의 성향은 어떤지, 유료 결제율은 얼마나 되는지 알아볼 필요가 있다. 만약 남성향의 무협 웹툰을 만들었다면 어떤 플랫폼이 좋을지, 10~20대가 좋아하는 판타지물을 만들었다면 또 어떤 플랫폼을 선택할지 판단해야 한다. 여성향도 마찬가지고 BL도 마찬가지다. 어느 플랫폼이 남성향 또는 여성향에 가까운지, 어느 플랫폼의 연령층이 높은지 또는 낮은지 등에 대한 정확한 판단이 필요하다.

여러 플랫폼 중에서 [탑툰]이 가장 남성향에 가깝고, [봄툰]이 가장 여성향에 가깝다. 그런 성향의 작품을 해당 플랫폼에 많이 연재하고 있다는 얘기다. 연령층은 [카카오웹툰]이 높은 편이고 [네이버웹툰]이 낮은 것으로 파악되고 있다. 이런 식으로 플랫폼을 분석하는 데는 가로축·세로축을 만들어서 플랫폼을 배치해 보는 매트릭스 기법이 유용하다. 그리고 작품을 한 플랫폼에 독점으로 주는 게 나을지, 모든 플랫폼에 공유하는 비독점이 나을지도 판단해야 한다.

작품에 맞는 플랫폼을 찾는 것도 방법이지만 유능한 웹툰 PD라면 작품을 기획할 때 어느 플랫폼에 연재할 것인지 사전에 계획을 세우고 전략을 짜두는 것이 좋다. 그래야 매출이 어느 정도 발생할 것인지 예상할 수 있고, 이후 OSMU 및 글로벌 계획도 세울 수 있다. 한마디로 빅픽처를 그릴 수 있어야 한다.

연재처를 선택할 때는 먼저 메이저 플랫폼을 공략할 것을 추천한다. 아무리 훌륭한 작품이라도 사람들이 많이 찾지 않는 플랫폼에 연재되면 여러 사람들에게 회자될 확률이 그만큼 떨어진다. 또 플랫폼 내에서도 사람들이 많이 찾는 카테고리가 있고 그렇지 않은 카테고리가 있다. 또 독자에게 효과가 있는 이벤트가 있고 그렇지 않은 이벤트도 있다. 거기에 맞춰 매출이나 수익이 좌지우지되기 때문에 작품을 적재적소에 꽂는 게 중요하다.

현재 상황이 시시각각 바뀌고 있기는 하지만 40여 개의 웹툰 플랫폼 중 [네이버웹툰], [카카오페이지], [카카오웹툰], [레진코믹스], [탑툰], [봄툰], [투믹스] 등을 매출, 작품 수, 회원 수 등을 고려할 때 메이저 플랫폼으로 분류하고 있다. 이 메이저 플랫폼을 잘 공략하여 빠른 시간 내에 작품의 인지도를 높이고 높은 매출로 연결시키는 것이 중요한 포인트다. 가장 큰 매출이 기대되고 OSMU가 유리한 '거인의 어깨'를 빌려라. 그리고 그것을 지렛대 삼아 올라서라.

3B(Baby, Beauty, Beast)를 활용하라

〈황제의 외동딸〉, 〈아비무쌍〉, 〈외모지상주의〉,
〈호랑이 형님〉, 〈독립일기〉, 〈노곤하개〉,
〈개를 낳았다〉, 〈재혼황후〉, 〈좀비딸〉 등

3B란 Baby, Beauty, Beast를 뜻한다. 먼저 Baby는 '아기'다. 아기를 소재로 한 대표적 웹툰에는 〈황제의 외동딸〉이 있다. 현실 세계의 기억을 지닌 채 폭군이자 피의 황제라 불리는 카이텔의 외동딸로 다시 태어난 주인공이 오로지 살아남기 위해 발버둥 치는 이야기이다. 이 작품은 창의적인 설정과 세계관으로 [카카오페이지]에서 약 430만 뷰를 기록했다. 로맨스 판타지 육아물의 효시라 할 정도로 유명해서 〈어느 날 공주가 되어버렸다〉, 〈막내황녀님〉, 〈쪽쪽이를 주세요〉 등 비슷한 작품이 대거 쏟아졌다. 여성 독자에게 '귀여운 아기'는 일단 사랑받을 수밖에 없는 소재이다.

남성이라고 다르지 않다. 아기를 좋아하는 남성도 많다. 무협에도 비슷한 작품이 있다. 〈아비무쌍〉은 난산으로 사랑하는 아내를 잃어 하루아침에 홀아비가 된 한 무협인이 세쌍둥이를 키우는 좌충우돌 육아일지로, [카카오페이지] 72만 뷰를 기록할 만큼 인기를 얻었다. 이렇듯 Baby는 작품의 중요한 주제가 될 수도 있고 양념 같은 소재가 될 수도 있다. 작품을 기획할 때 적절히 활용하면 좋다.

다음은 Beauty다. 필자가 1990년대에 한참 코믹스를 만들 때도 주인공은 늘 선남선녀였다. 일단 주인공은 잘생겨야 했다. 만화나 웹툰의 인기를 안정적으로 끌고가는 방법 중 하나는 주인공과 대립하는 인물을 분명하게 만드는 것이다. 그러려면 주인공은 잘생겨야 하고, 대립자는 못생기고 사악하거나 비열하게 생겨야 한다. 이와 같은 이분법이 선명할수록 작품도 분명해지고 선호도도 분명해진다.

[네이버웹툰]에서 〈외모지상주의〉를 연재하고 있는 박태준 작가는 외모가 아이돌 스타를 연상시킬 만큼 잘생겼다. 그리고 실제로 아이돌 스타 출신이다. 〈외모지상주의〉의 주인공 박형석은 마치 자신의 얼굴을 그려놓은 듯하다. 〈외모지상주의〉가 금요일자 1위를 차지하더니, 그 자신감으로 박태준 작가는 다작을 시작했다. 일요일자에는 〈싸움독학〉, 월요일자에는 〈인생존망〉의 스토리를 썼다. 두 작품도 1, 2위를 다툴 만큼 인기를 얻었다. 현재는 박태준 만화회사를 운영하며 〈퀘스트지상주의〉, 〈김부장〉 등 다수의 작품을 제작중이다. 이런 넘사벽의 능력을 갖춘 덕에 박태준 작가는 선망의 대상인 동시에 질시의 대상이 된 것 같다. 한 작품도 어려운데 동시에 여러 작품을 [네이버웹툰]에 연재하는 그의 슈퍼맨 같은 능력부

터 작품들이 학교 일진을 미화하고 있다는 논쟁까지 질시와 비난의 댓글이 이어졌다.

그런 유명세를 타던 박태준 작가가 갑작스럽게 코로나19에 걸렸다는 소식이 전해지더니 완쾌 후 MBC [라디오스타]에 출연해 일진한테 눈도 못 맞추고 살았던 학창시절을 고백한 적이 있다. 필자는 박태준 작가의 그런 경험이 작품의 소재가 되고 세계관이 되어 스토리가 되고 마침내 인생역전의 자양분이 되었음을 뒤늦게 깨닫게 되었다.

지금 박태준 작가는 가장 몸값이 높은 웹툰작가 중 한 명으로 거듭났다. 우울했던 학창 시절을 가장 멋있게 극복해낸 것이다. 어떻게 보면 이것이야말로 당시의 일진들에게 한방 먹인 가장 강렬한 복수인 셈이다. 그의 작품이 현재 10~20대 독자의 압도적인 사랑을 받는 이유이기도 하다.

박태준 작가는 얼짱 스타에 쇼핑몰을 운영하는 성공한 사업가이기도 하다. 그리고 뛰어난 실력으로 [나도 만화가], [베스트도전] 등 공정한 과정을 거쳐서 [네이버웹툰]까지 올라갔다. 그는 인터뷰에서 자신의 연재가 결정된 것에 놀라 김준구 대표에게 혹시 폐를 끼치는 것이 아닌지 물었는데, 그때 김준구 대표는 이렇게 대답했다고 한다. "[네이버웹툰]은 누구의 인맥으로 들어올 수 있는 곳이 아닙니다. 작가님의 만화가 재미있기 때문에 연재를 제안 드린 겁니다." 이 정신(情神)이 계속 지켜진다면 당분간 [네이버웹툰]의 아성을 무너뜨리기는 쉽지 않을 것으로 보인다.

- 포털에서 '외모지상주의' 검색 바람. 웹툰 〈외모지상주의〉 정주행 추천!
- 포털에서 '싸움독학' 검색 바람. 웹툰 〈싸움독학〉 정주행 추천!

순정물이나 BL물에서는 남자주인공의 외모가 더더욱 중요하다. 우수에 젖은 눈망울은 두말할 것도 없거니와 큰 키에 날씬한 몸매, 여리여리한 어깨도 필수적으로 갖춰야 한다. 〈김비서가 왜 그럴까〉에서는 조각 같은 미남 재벌 3세가 나오고, 〈제왕의 꽃〉에서는 자체발광 총각 교수가 여주인공과 사랑에 빠진다. 〈금혼령〉에서는 임금도 의금부도사도 꽃미남이다. 왜냐고 묻지 말자. 앞서도 얘기했지만, 독자가 좋아한다면 그것이 '정답'인 것이다.

세 번째는 Beast, '동물'이다. 인기 동물의 대명사는 역시 개(dog)다. 개는 강아지부터 큰 개까지 옛날부터 만화의 소재로 많이 쓰였다. 국내에서는 1970~1980년대 이향원 작가가 개를 소재로 〈이겨라 벤〉, 〈싸우는 투견〉, 〈플란다스의 개〉 등 많은 동물 작품을 그렸다. 일본만화 중에서는 〈바우와우〉가 기억에 남는다. 불테리어 품종의 바우라는 개가 주인공인 코믹만화로, 야마모토 테리 작가가 그렸다. 바우는 마감일에 쫓겨 생활하는 만화가 구라모토와 함께 생활하며, 말썽꾼이지만 늘 웃음을 주는 존재다.

[네이버웹툰]의 〈호랑이 형님〉은 짐승 중의 왕인 호랑이들이 메인 캐릭터인 작품으로, 토요일자 웹툰 부동의 1위이다. 특히 30대 남성층에서는 연재 내내 한 번도 다른 작품들에 1위 자리를 내준 적이 없다고 한다. 우리나라에서 호랑이를 이렇게 잘 그리는 작가가 과연 있을까 할 정도다. 호랑이를 잘 그리는 정도가 아니라 이렇게 웹툰에서 살아 움직이게 할 사람은 이상규 작가 외에 당분간 나타나기 쉽지 않을 것이다. 특별한 소재와 특이한 세계관으로 새로운 웹툰의 경지를 끌어가고 있는 이상규 작가에게 격려의 박수를 보낸다.

• 포털에서 '호랑이 형님' 검색 바람. 웹툰 〈호랑이 형님〉 정주행 추천!

[네이버웹툰]에 수요일과 토요일에 연재되고 있는 〈노곤하개〉는 홍끼 작가의 작품으로, 반려견 재구, 홍구와 반려묘 매미와 함께 살아가는 일상을 다룬 코믹 웹툰이다. 개와 고양이의 습성을 아주 생생하게 표현해서 많은 독자의 공감을 일으키고 있는 수작이다.

• 포털에서 '노곤하개' 검색 바람. 웹툰 〈노곤하개〉 정주행 추천!

[네이버웹툰]의 최고 공감툰으로 〈독립일기〉를 빼놓을 수 없다. 일상웹툰의 대가인 자까 작가의 〈대학일기〉 이후의 작품으로, 단순한 그림체에 센스와 위트를 담아 인기를 구가하며 단단한 팬층을 가지고 있다. 자까 작가의 웹툰에 등장하는 반려견 '바보개'는 양념과 같은 존재인데, 나올 때마다 쏠쏠한

재미를 준다. 〈좀비딸〉의 김애용, 〈재혼황후〉의 전서구 '퀸'도 마찬가지다.

이렇듯 Beast는 메인 캐릭터가 되기도 하고 양념 캐릭터가 되기도 한다. 또한, 다양한 웹툰의 엑스트라로 자주 등장한다. 적절하게 Beast를 활용하면 웹툰의 인기를 얻는 데 적잖은 도움이 될 것이다.

010

여심(女心)을 잡아라 vs 남심(男心)을 놓치지 마라

필자는 수다가 술보다 스트레스를 푸는 데 훨씬 유용하다고 생각한다. 비용도 적게 들고, 건강에도 유익하다. 그래서 재미있는 드라마, 영화, 웹소설, 웹툰은 꼭 봐야 한다. 그래야 수다에 뒤처지지 않는다.

웹툰을 연재하면서 인기를 계속 유지하려면 가장 궁금한 순간에 이야기를 끊어야 한다. 그리고 다음 화를 꼭 보게 만들어야 한다. 웹툰 연출 기법 중 가장 중요한 비기(祕技)인데 속칭 '뽕가루 뿌리기'라고 한다. 뽕가루의 정체는 '다음 화가 궁금하게 만드는 것'이다. 다음 화가 궁금해서 미치도록 만든다면 심하게 비유해서 마약에 중독된 것처럼 작품을 끊지 못하게 되는 것이다.

이것을 상업적으로 이용한 것이 '미리보기'다. 무료 웹툰 시대에 시간(Time)을 이용한 과금 시스템을 처음 시도한 곳은

[레진코믹스]다. 정해진 시간에 웹툰을 무료로 공개하지만 유료로 결제하면 다른 사람보다 먼저 볼 수 있는 시스템이다. 이 방식은 제대로 적중했고 현재 유료 결제의 모델이 되었다. 대형 포털의 미끼 상품에 머물던 웹툰이 자생력 있는 매출원으로 한 단계 승격한 것도 이 시스템 덕분이다. 이후 [카카오페이지]에서는 '기다리면 무료', [네이버웹툰]에서는 '미리보기'라는 형식으로 이 시스템을 도입함으로써 대형 포털뿐만 아니라 모든 플랫폼에서 자리를 잡았다.

여심을 잡아야 하는 이유 중 하나는 바로 높은 유료 결제율 때문이다. 웹툰뿐 아니라 콘텐츠 소비에 있어서 남성과 여성은 극명한 차이를 보인다. 남성은 결제율이 상대적으로 낮다. 상당수의 남성이 술이나 담배와 같은 기호식품이나 스포츠 등의 취미활동과 게임에 많은 돈과 시간을 투자한다. 그래서인지 콘텐츠 소비는 후순위이고, 무료를 선호하는 편이다. 많이 줄기는 했지만, 여전히 불법·무료 사이트를 찾아다니는 사람도 있다. 반면, 여성은 상대적으로 안전을 선호하며 신뢰할 수 있는 플랫폼에서 합법적으로 결제해서 콘텐츠를 즐기는 비율이 높다. 불법을 감수하다가 피해를 입게 되는 리스크를 싫어한다. 그래서인지 여성이 선호하는 웹툰은 히트할 가능성이 높다. 결제율이 높아 매출이 가파르게 올라가기 때문이다. 그리고 드라마나 영화로 OSMU될 확률도 높다. 여성들은 웹툰으로 재미있게 본 작품이 드라마나 영화로 나온다면 다시 봐주는 의리도 있기 때문이다.

그렇다고 남심을 무시해서는 안 된다. 웹툰의 소비량은 남녀 거의 반반에 가깝다. 소비 특성이 다를 뿐 웹툰은 거의 같은 비율로 소비하고 있다. 여성 독자는 선호하는 작품은 기꺼이 유료로 결제해서 챙겨보지만 그렇지 않은 작품은 기다렸다가 무료로 보는 알뜰한 소비 스타일을, 남성 독자는 한번 필이 꽂힌 작품은 끝까지 다 봐야 직성이 풀리는 소비 스타일을 보인다. 카드빛을 내서라도 100화든 200화든 마지막까지 정주행하는 게 남성 독자의 스타일이다. [나 혼자만 레벨업], [전지적 독자 시점], [템빨] 등 남성향 판타지물이 엄청난 유료 매출을 기록한 것이나, 무협웹툰이 여전히 높은 결제율을 기록하는 것이 그 예이다. 그러므로 대박 작품을 노리는 웹툰PD라면 여심을 노리되 남심도 놓쳐서는 안 된다.

011 중학생 수준에 맞춰라

중학생은 청소년을 대표하는 시기다. 아직 경험도 부족하고 학교에서 배울 것도 많다. 신체는 하루가 멀다고 쑥쑥 크고 머리는 스펀지 같아서 뭐든지 빨아들이는 나이다. 대부분 사춘기가 이때 와서 자신에 대한 관심이 많고 외모에도 예민하다. 그리고 특성상 복잡한 것을 싫어하며 단순하고 명료한 것을 선호한다.

웹툰을 중학생 수준에 맞추라는 얘기는 핵심 독자층을 중학생으로 하라는 의미가 아니다. 중학생도 이해하고 재미를 느낄 수 있는 수준으로 작품을 단순하고 명료하게 만들어야 한다는 얘기다. 선악을 분명하게 하고, 등장인물의 캐릭터를 살리고, 스토리라인을 복잡하게 꼬지 말고 명쾌하게 진행하라는 것이다. 작가주의라는 명목으로 난해한 세계관을 제시하면 독자들은 금방 지친다. 앞에서 얘기한 '트렌드를 읽어라', '구조를 탄탄하게 만들어라', '공감하라', '등장인물을 제대로 세워라' 등이 모두 '중학생 수준에 맞춰라'란 주제와 일맥상통한다.

중학생이야말로 가장 유행(트렌드)에 민감하고, 탄탄한 구조라야 이해를 하고, 설득력이 있어야 공감한다. 특히 등장인물이 제대로 서 있지 않으면 중학생의 마음을 사로잡기 어렵다. 정체성이 모호하거나 역할이 모호한 주인공을 만나면 마음을 줄 대상을 찾지 못해 당황한다. 캐릭터에 감정이입이 되지 않거나, 작품에 동화되지 않는 것이다. 그것은 작품에 몰입할 수 없게 만드는 요인이다. 그런 작품을 만나면 자연스럽게 다음 화를 찾지 않을 것이다. 무료 웹툰이라면 댓글에 어마무시한 혹평을 날릴 것이고, 유료 웹툰이라면 결제율이 뚝 떨어질 것이다.

창의적인
웹툰 만들기

창의력이란 무엇인가?

"뭐 기발한 아이디어 없어?", "창의력 좀 발휘해봐" 학교나 회사에서 과제나 기획서를 제출했을 때 교수나 상사로부터 들어본 말일 것이다. 그러나 정작 창의적인 것이란 무엇인지, 창의력 있는 기획이나 과제는 어떻게 만드는지에 대해서는 제대로 배운 적이 없는 것 같다.

어떤 인테리어 회사의 CF에서는 '창의력이란 사장님이 회의에서 강조한다고 나오는 게 아니고, 공간과 인테리어를 바꾸면 저절로 나온다'고 하는데 전혀 그렇지 않다. 창의력이 뭔지도 모르는데 사무 공간을 좋은 가구로 채운다고 해서 없던 창의력이 저절로 생겨날 리 만무하다. 광고는 광고일 뿐이다. 그렇다면 창의력에 대한 개념부터 제대로 잡아 보자. 창의력이란 '생각에 미래를 더한 것'이다.

창의력 = 생각 + 미래

전화기로 통화만 하던 옛날에 누군가 미래에는 전화기로 영화도 볼 수 있으면 얼마나 좋을까 상상했다고 하자. 그 생각을 가족이나 친구에게 얘기했다면 아마 엉뚱하다고 핀잔을 들었을 것이다. 1970~1980년대 각 가정에 전화기가 보급되던 시절로 돌아가 보면 정말 황당무계한 상상일 것이다. 그런데 그때 만화가들은 그런 상상을 하고 만화로 그렸다. 그리고 그 황당무계한 상상이 2000년대에는 구체적인 현실로 실현되었다. 미래란 우리가 생각하지도 못한 일들이 벌어지는 곳이니 마음껏 상상하고 마음껏 꿈을 꿔도 좋다. 그것이 창의력의 원천이다.

다음으로 '미래'에 대한 공부를 해야 한다. 미래란 알다시피 과거(Past)-현재(Present)-미래(Future)의 미래이자, 사전적 의미로는 '앞으로 올 때'이다. 그런데 미래를 어떻게 예측할 수 있을까? 미래만 제대로 예측한다면 불행을 미연에 방지할 수 있고, 머리를 잘 쓰면 떼돈도 벌 수 있을 것이다. 인터넷이 없던 시대에 인터넷을 내다본다면 당신은 [네이버]나 [구글]과 같은 회사의 대표가 되어 있을 것이다. 만약 20년 전에 삼성전자가 반도체로 이렇게 큰 세계 굴지의 회사가 될 줄 알았다면 가진 돈을 털어 삼성전자 주식을 사서 부자가 됐을 것이다. 이처럼 미래를 알 수 있다면 우리는 실패의 확률을 최소로 줄이고 성공의 확률은 최대로 높일 수 있다.

미래 예측은 가능한가?

002

미래 예측은 가능한 것인가? 미래를 예측해 먹고사는 사람도 있다. 우리가 흔히 말하는 '점(占)쟁이'이다. 용하다고 소문이 나면 문전성시를 이룬다고 한다. 그만큼 자신이나 일가족의 미래에 대해서 알고 싶어 하는 사람이 많다. 그 외에도 사주팔자, 관상, 토정비결, 주역, 손금, 타로카드 등도 미래를 예측하는 도구로 많이 쓰인다.

주역(周易)만 봐도 그렇다. 주역이란 글자 그대로 주(周)나라의 역(易)이란 말이며, 몇백 년 동안 사람들을 태어난 생년월일시로 분류하고 거기에 따라서 그 사람의 운명을 정리한 것인데, 간단하게 말해 그 사람이 태어날 때 형성된 성격과 기질만 알아도 미래를 어느 정도 예측할 수 있다는 것이다. 일종의 빅데이터(Big Data)인 셈이다. 그래서인지 맞는 측면도 있다. 조선시대에는 주역을 오경이라 하여 논어, 맹자 등 사서삼경과 같이 꼭 습득해야 할 학문으로 여겼다.

과거에는 인간의 미래를 예측하는 일이 어떻게 가능했을까? 현생 인류의 직계 조상은 약 15만 년 전에 아프리카 지역에서 출현했다고 한다. 이들이 꾸준히 종족을 번식하고 이동하면서 오늘날의 우리까지 이어지고 있는 것이다. 그리고 현생 인류가 수렵생활을 하다가 정착을 해서 농경을 시작한 것은 2만 년도 채 되지 않는다. 농경생활이란 참으로 단조로울 수밖에 없다. 인간도 자연의 일부처럼 일정한 공간에 터를 잡은 채 계절의 변화에 따라 밭을 갈고, 가축을 키우고, 곡식을 거두고, 겨울을 나는 등 매년 반복되는 일을 하며 살았다. 변수는 많지 않았다. 말을 이용해 수레를 끄는 마차가 BC 2세기에 개발돼 거의 2,000년 동안이나 인류의 주요한 교통수단으로 쓰였을 만큼 변화가 더뎠다. 그만큼 인간의 삶이 단조로웠고 변화가 더뎠다. 그래서 옛날에는 미래 예측이 어느 정도 가능했을 것이라고 생각해 본다.

그러나 250년 전 영국에서 산업혁명이 일어나면서 인류의 생활은 크게 달라졌다. 증기기관의 발명은 엄청난 속도를 가져왔고, 가내수공업이 공장의 대량생산 체제로 바뀌면서 인류의 생활 패턴은 급격히 변화하기 시작했다. 직접 걷거나 동물의 힘을 빌려 이동하던 인류는 이후 자동차, 기차, 비행기 등 내연기관의 힘으로 엄청난 속도를 경험하게 된다. 시속 300km 이상의 속도로 서울에서 부산까지 3시간 만에 이동할 수 있으며, 우주선으로 달까지 이동이 가능해졌다.

과연 인류의 삶이 이토록 빠르게 변할 줄 예측이나 했을까.

물리적 속도만 빨라진 게 아니다. 정보통신의 발달은 더 많은 변화를 야기했다. 인터넷, SNS의 발달로 멀게만 느껴졌던 외국의 일들이, 각종 사건·사고와 뉴스들이 마치 안방에서 벌어지듯 실시간으로 전달되고, 온갖 댓글이 붙는다. 옛날 사람들은 지구 맞은편 나라에서 총기 난사 사건이 일어나는 것을 실시간으로 알 수 있고, 연예인이 악플을 보고 우울증에 걸려 극단적 선택을 할 거라고 예측이나 했을까? 짐작조차 하지 못했을 것이다.

그만큼 현재의 삶은 눈만 뜨면 달라져 있고, 어렵고 복잡하게 변해버렸다. 미래 예측은 점점 불가능에 가까워지고 있다. 통신수단을 예로 들어 보자. 옛날에는 전쟁이 나면 산에 연기를 피워 알리고, 파발을 이용했다. 근대에 와서는 우편으로 멀리 떨어져 있는 사람에게 소식을 알렸다. 전화기가 발명된 후에는 유선으로 통화를 하다가 이제는 무선으로 통화하고 전화기를 휴대할 수도 있게 되었다. 통신의 발달은 거듭되었고 급기야 스마트폰 하나로 영화·음악 감상, 뱅킹, 쇼핑, 게임, 교육, 내비게이션 등 모든 것을 다 할 수 있는 사회가 되었다. 만화와 웹툰 감상은 말할 것도 없다.

003 사라질 것과 살아남을 것

빠르게 변화하는 시대 덕분에 유용했던 것들이 순식간에 사라지기도 하고, 전에 없었던 새로운 것이 생겨나기도 한다. 취업사이트 [알바몬]과 [잡코리아]에서 취업준비생 4천여 명을 대상으로 '미래에 사라질 직업과 살아남을 직업'에 대해 설문조사를 한 적이 있다. 거기서 나온 결과가 주목할 만하다.

	사라질 직업	살아남을 직업
1위	번역가 31%	연예인 33.7%
2위	캐셔 26.5%	작가 25.7%
3위	경리 20%	영화감독 23%
4위	공장 근로자 18.8%	운동선수 15.4%
5위	비서 11.2%	예술가(화가, 조각가 등) 15%

결과를 분석해 보니 아니나 다를까, 기술의 발달로 인하여 IT나 로봇, AI가 대체할 수 있는 직종은 어김없이 '사라질 직

업'으로 분류되고 있다. 사람이 하던 번역과 통역 작업을 구글 번역기와 스마트폰 앱이 대신하고 있다. 편의점에는 이미 전자 캐셔가 도입되어 주문 및 결제가 기계로 진행되고 있다. 많은 편의점과 가게에서 전자 캐셔를 도입해 아르바이트생의 자리를 대체하고 있다. 단순하고 반복적인 직업과 직종은 결국 대체되는 것이 대세다.

반면, 로봇이나 AI가 대체할 수 없는 직업과 직종은 여전히 '살아남을 직업'으로 분류되면서 생명력을 유지하고 있다. 연예인, 작가, 영화감독, 운동선수, 예술가 등 찬찬히 살펴보니 역시 대체가 불가능한 직업들이다. 가수나 연기자, 개그맨은 인간의 독특한 아우라를 가지고 있다. 그 사람만이 내뿜는 독특한 향기나 색깔은 대체될 수 없기 때문에 인기를 끄는 것이고, 팬이 생기는 것이다. 로봇이나 AI가 아무리 비슷하게 흉내 낸다고 해도 따라할 수 없는 영역이다.

작가를 비롯한 창작자의 영역도 마찬가지다. 인간이 가진 독특한 창작 능력을 로봇이나 AI가 대체할 수는 없다. 로봇이나 AI도 창작할 수는 있다. 그러나 미리 입력된 프로그램이나 알고리즘에 의해 진행될 뿐이며 모방의 범주를 넘어서지는 못한다. 하지만 인간의 창의력은 무궁무진하다. 그래서 로봇이나 AI가 시도하지 못하는 기발하고 창의적인 결과가 쏟아져 나오는 것이다. 그리고 많은 독자가 그런 창작물을 향유하고 기꺼이 그 대가를 지불한다.

순수문학작가부터 드라마작가, 시나리오작가, 웹툰작가, 웹소설작가까지 다양한 작가가 존재하며, 그들은 계속해서 자신만의 독창적인 작품을 쓰고 발표할 것이다. 웹툰PD는 이러한 작가들과 호흡을 같이 하는 직업군이다. 작가의 작품을 검토하고, 완성하고, 매니지먼트하고, 에이전트하는 데 꼭 필요한 사람이다. '살아남을 직업' 리스트에 작가가 있다면 웹툰PD도 같이 있을 것이다. 그래서 웹툰PD의 미래 전망은 밝다고 할 수 있다.

순식간에 변하고, 사라지고, 대체되는 이런 사회에서 미래를 예측하고자 점쟁이에게 돈을 갖다 바치는 것은 '시간낭비'이자 '돈낭비'가 아닐까 한다. 그래서 현대의 미래학은 예측(Predicted)보다는 창조(Envisioned and Created)에 더 무게를 싣고 있다. 수동적으로 미래를 예측할 것이 아니라 능동적으로 미래에 대한 목표를 만들고 달성해가는 것이 더 바람직하다는 것이다. 예를 들면, 5년 후의 내 모습을 설정하고 그것을 이뤄나가는 식이다. 만약 5년 후에 직장에서 대리로 승진하고 5천만 원의 종잣돈을 모은다는 미래 목표를 설정하고 그 목표를 달성한다면 훌륭한 미래 예측가가 되는 것이다. 10년 후에 더 높은 목표를 세워도 좋을 것이다. 그렇다고 황당한 목표를 세워서는 안 된다. 현재 백수인 친구가 10년 후에 재벌이 되겠다거나 최고 인기 연예인과 결혼하겠다는 목표를 세운다면 실현 가능성이 떨어질 수밖에 없다. 가장 무능한 미래 예측가가 되는 것이다. 자신이 처한 현실과 능력을 객관적으로 파악하고 그 토대 위에 미래 계획을 세워야 한다. 그리고 그것을 실현하기 위한 실행력을 추가해야 훌륭한 미래 예측가가 될 수 있다.

004

STEPPER와
창의력 3단 법칙

KAIST에서 미래학을 공부하면서 다양한 미래 예측법을 배웠다. 포캐스팅(Forecasting) 기법, 선언적(Backcasting) 기법, 델파이(Delphai) 기법, 트렌드(Trend) 분석, 스캐닝(Scanning), 시나리오(Scenario) 기법, 네트워크(Network) 기법, 이머징 이슈(Emerging Issue)를 비롯해 30여 가지가 넘는다. 그러나 이 책에서 미래학 분야를 심층적으로 파고들 필요는 없을 것이고, KAIST에서 개발한 STEPPER 기법만 소개하고자 한다.

STEPPER　　　STEPPER란 미래를 변화시키는 7대 요소, 즉 ① Society, ② Technology, ③ Environment, ④ Population, ⑤ Politics, ⑥ Economy, ⑦ Resource의 앞글자로 만든 용어다. 이 7대 요소가 미래의 변화에 가장 큰 작용을 한다는 것이다. 각 요소가 어떻게 미래에 영향을 끼치는지 웹툰을 대상으로 하나씩 예를 들며 알아보자.

① **Society**(사회변화)

사회가 변화하고 있다. 핵가족을 넘어 1인 가족화, 개인화가 빠르게 진행되고 있다. 온 가족이 모여서 TV를 보던 시대는 옛말이 되었다. 아빠와 엄마, 아이들이 선호하는 채널을 보기 위해 리모컨 쟁취를 위한 신경전을 벌일 필요가 없어졌다는 얘기다. PC든 스마트폰이든 태블릿이든 자신의 디바이스를 가지고 각자의 공간에서 자신만의 콘텐츠를 소비하면 된다. 웹툰은 그런 환경에서 급속히 성장하고 있다.

웹툰은 스마트폰, 태플릿, PC에 적합한 콘텐츠이며 화려한 컬러와 다이내믹한 그림, 탄탄한 스토리로 특히 10~20대 독자층을 매료시켰다. 30~40대 독자도 꾸준히 늘고 있다. 2000년대에 메이저 플랫폼의 트래픽을 끌어올리기 위한 미끼 상품에 불과하던 웹툰은 이제 다양한 장르를 겸비하고 폭넓은 소비층을 확보하며 2020년대 명실상부한 대표 웹콘텐츠로 자리 잡았다. 그리고 미래에는 전 세계를 호령할 글로벌 아이콘으로 성장할 것이다.

② **Technology**(기술변화)

기술변화보다 미래를 좌지우지할 요소는 없을 것이라는 생각이 든다. 기술의 발달로 인해서 세 차례의 산업혁명이 일어났고, 우리 사회는 이제 4차 산업혁명을 준비하고 있다. 유선전화기로 멀리 떨어진 사람과 통화하는 것만 해도 놀라운 일이었는데, 이제 앞으로는 스마트폰으로 안 되는 일을 꼽는 것이 더 어려워질지도 모른다.

스마트폰의 발달과 보급으로 PC에서 보던 웹툰이 빠르게 모바일로 이동하였다. 모바일 결제가 간편해지자 무료 콘텐츠로 인식되었던 웹툰을 유료화하기 시작했고, 인기 플랫폼과 인기작가의 매출과 수입이 눈에 띄게 높아졌다. 기술의 발달로 인해 이제 작가들은 언제 어디서든 태블릿 하나만 있으면 웹툰을 연재할 수 있게 되었다. 독자도 마찬가지다. 스마트폰만 있으면 언제 어디서든 좋아하는 웹툰을 감상할 수 있게 되었다. 스마트폰이라는 호랑이 등을 올라탄 웹툰은 이제 더 빨라진 5G 환경과 AI 등의 첨단기술로 인해 사회적으로나 문화적으로나 더욱 큰 영향력을 발휘할 것이다.

③ Environment(환경변화)

지구온난화로 매년 이상기후가 발생하고 있다. 북극에서는 매년 빙하가 급격히 녹아서 북극곰의 삶의 터전이 위협받고 있다고 한다. 그로 인해 지구촌에는 폭우와 한파 등 예상치 못한 기후변화가 발생하고 있다. 이런 환경변화는 인류의 미래를 늘 위협하고 예측할 수 없는 결과를 초래한다. 지구온난화의 주범인 이산화탄소 발생을 억제하고 지구와 인류를 지키려는 전 세계적인 움직임이 활발해지고 있다. 벌목을 통해 만들어지는 종이(paper) 산업은 점차 축소될 것이며, 출판은 점점 디지털로 대체될 것이다.

2020년을 강타한 것은 '코로나19'였다. 이 바이러스는 전염성과 치사율, 그리고 부작용이 과거에 유행하던 다른 바이러스의 추종을 불허할 만큼 무시무시했다. 두어 달 만에 전 세계로 퍼진 이 전염병에 선진국, 후진국 할 것 없이 속절없이 무릎을 꿇고 말았다. 그러나 우리나라는 달랐다. 당국의 강력한 방역조치와 역학조사로 전염병의 확산을 철저히 차단하였고 질병에 대한 국가의 통제가 가능하게 만들었다. 그리고 이것은 일명 K방역이라 불리며 전 세계의 모범이 되었다.

이런 환경변화로 인하여 국민의 일상도 변화했다. 마스크 착용이 일상화되었고 술자리 등 오프라인 모임을 기피하게 되었다. 사람이 많이 모이는 공연이나 영화 관람도 기피대상이 되었다. 코로나19가 우리의 환경을 급격하게 변화시킨 것이다. 교육도 마찬가지다. 등교가 제한되고 학생들은 온라인으로 교육을 받았다. 강의가 비대면 위주로 진행되었고, 초등학생부터 대학생까지 빠른 시간에 새로운 환경에 적응했다.

생활 환경이 이렇게 변화하자 온라인 콘텐츠 시장이 활황을 맞이했다. 사람들은 자기들만의 안전한 공간에서 온라인 콘텐츠인 웹툰, 웹소설 소비를 즐기기 시작했고, 웹툰 플랫폼과 웹툰 제작사의 매출과 주가(株價)도 덩달아 올랐다. 코로나19가 웹툰 시장의 규모를 더 키운 셈이다. 코로나19가 쉽게 잦아들지 않을 거라고 예측하는 사람이 많다. 더 무서운 변종

들이 창궐할지도 모른다는 조심스런 예측도 있다. 전국민이 백신을 맞는다고 해도 현재와 같은 마스크 착용과 비대면 생활이 미래의 일상으로 굳어질지도 모른다.

④ Population(인구변화)

미래학자들은 인구변화가 미래를 변화시키는 가장 큰 요인 중의 하나라고 한다. 인구의 변화야말로 지금까지 우리가 경험해 보지 않은 사회로 진입하는 데 가장 빠르고 직접적인 영향을 미치기 때문이다. 현재 대한민국은 세상에서 가장 빠른 노령화를 맞이하고 있다. 세계에서 가장 출산율이 낮기 때문이다. 별 방법을 써도 우리나라의 낮은 출산율은 꼼짝을 하지 않는다. 그만큼 우리사회가 경쟁이 심하고, 양극화가 고착화되고, 삶이 각박해서 자녀를 낳아서 키우기 힘들다는 방증이기도 하다. 출산율의 저하는 학생 수의 감소를 가져오고, 그로 인해 현재 우리나라의 국방을 지켜야 할 군인의 수를 채우기도 역부족이라고 한다. 뿐만 아니다. 폐교하는 학교 수가 꾸준히 늘고 있고, 이런 상황이 조금만 더 지속되면 대학교가 도미노처럼 쓰러질 거라는 예상도 있다.

청소년의 수가 줄면 당연히 웹툰의 미래도 암울해진다. 계속해서 독자가 많아져야 이 산업이 꾸준히 발전할 수 있기 때문이다. 출산율이 단기간에 해결될 수 없는 부분이라면 새로운 대안을 찾아야 한다. 독자를 해외에서 확보해야 하는 것이다. 웹툰의 글로벌라이제이션(Globalization)이 웹툰산업을 위기에서 구할 해결책이 될 수 있다. 인구변화는 웹툰의 미래에 치명적 영향을 미칠 수 있지만, 이러한 변화를 미리 예측해서 글로벌이라는 대안을 찾고 독자 수급을 다변화하면 위기에 대처할 수 있다. 예측된 위기는 위기가 아니라는 말이 있다. 그래서 미래 예측이 중요한 것이다.

⑤ Politics(정치변화)

정치변화도 미래를 좌우할 큰 요소다. 잘못된 정치는 국민의 삶을 어렵게 하고 국제관계도 어지럽게 만든다. 법이나 행정명령이 잘못 집행되면 여기저기서 범죄가 양산된다. 허술한 사이버 법망으로 인해 터진 'N번방 사건'을 기억할 것이다. 기술이 발달할수록 최첨단 범죄가 양산되고 있다. 그런데 법이 그것을 따라가지 못하면 그 틈을 비집고 새로운 양상의 범죄가 계속 발생할 것이다. 우리나라가 코로나 방역에 성공한 데는 정부의 개방성, 투명성, 민주성을 원칙으로 한 리더십이 큰 역할을 했다고들 한다. 그만큼 정치는 우리 생활과 미래에 큰 영향을 미친다.

과거의 권위적인 정부에서는 법으로 작가의 표현에 대한 자유를 억압한 적이 있었다. 이현세 작가의 〈천국의 신화〉가 그랬고, 마광수 작가의 〈즐거운 사라〉가 그랬다. 이유는 음란하다는 것이었다. 〈천국의 신화〉는 결국 대법원까지 가서 무죄로 판결이 났다. 그러나 많은 만화가가 당시 스스로에게 지웠던 자기검열의 족쇄와 고통은 혹독한 것이었다. 현재 민주화된 정권에서는 작가의 표현에 대한 자유가 100% 이상 보장되고 있다고 본다. 그런 자유가 뛰어난 작품을 만들어 내는데, K콘텐츠가 세계 일류로 도약하는 데 소중한 자양분이 되는 것이다. 정치환경의 변화로 인해 현재와 같은 웹툰의 황금기가 가능했다고 해도 과언이 아니다.

⑥ Economy(경제변화)

경제가 얼마나 우리 삶에 큰 영향을 끼치는지에 대해서는 말로 설명하지 않아도 잘 알고 있을 것이다. 돈을 벌고, 쓰고, 또 먹고사는 문제이기 때문에 우리의 삶에 가장 직접적인 영향을 미치는 분야이다. 경제가 호황일 때는 기업도 가계도 웃음꽃이 피지만, IMF와 세계금융위기처럼 불경기나 불황이 닥치면 많은 기업이 도산하고 가장들이 직장에서 쫓겨나 삶이 나락으로 떨어진다는 것을 우리는 경험으로 알고 있다.

2020년 코로나 사태로 인해 우리는 또 한 번 위기를 맞게 되었다. 엄격한 방역수칙으로 인해 음식점이나 술집 등을 운영하는 자영업자들이 큰 고통을 겪고 있다. 그러나 불황 속에서도 코로나로 인해 성업하는 분야가 있으니, 그중의 하나가 택배와 배달을 기본으로 하는 물류와 웹툰, 웹소설을 제작하고 유통하는 비대면 콘텐츠 분야이다.

코로나의 공포는 사람들이 의식주를 자신만의 공간에서 해결하도록 만들었다. 배달음식, 인터넷 쇼핑, 혼술 등이 대세가 되었다. 웬만한 것은 택배나 배달로 해결되고, 새벽배송이니 총알배송이니 하면서 배달 시간도 빨라졌다. 웹툰도 마찬가지다. 야외에서 취미활동을 하던 사람들이 집콕을 하고 있다. 영화나 공연, 콘서트 관람을 즐기던 사람들의 상황도 여의치 않아 TV나 PC, 스마트폰으로 취미생활을 이어가고 있다. 또 코로나로 위축된 경제 상황으로 인해 값비싼 취미활동보다 가성비 높은 취미활동이 사랑받고 있다. 웹툰이 각광받고 있는 이유다.

⑦ Resource(자원변화)

20세기의 주요한 자원은 화석 에너지와 원자력 에너지였다. 에너지 효율은 컸지만 부작용도 만만치 않았다. 석유, 석탄 등 화석 에너지의 남발은 지구온난화를 일으켜 이상기후 발생과 해수면 상승 등 현재 인류의 존립을 위협하는 수준에 달했다. 후쿠시마 핵발전소 폭발로 인한 방사능 오염은 원자력 에너지의 피해가 얼마나 치명적인지 극명하게 보여주고 있다. 만약 후쿠시마 방사능 오염수를 바다로 방류한다면 그것은 일본만의 문제가 아니라 전 세계, 전 인류의 크나큰 재앙이 될 것이다. 원자력 에너지는 당장은 저렴하고 효율이 뛰어나 보이지만 사용 후 핵연료 관리 및 사고 대비 비용까지 포함한다면 화력발전보다 몇 배나 더 비싸다는 통계도 있다.

지금 우리나라에서 탈원전을 진행하고, 재생에너지를 개발하고, 전기자동차 도입을 서두르는 것은 환경 문제가 경제나 효율의 문제가 아니라 생존의 문제이자 우리 미래의 문제이기 때문이다.

다시 웹툰으로 돌아가자. 우리나라는 땅도 좁고 자원도 부족하다. 특히 석유는 한 방울도 나지 않고 전량 외국에서 수입한다. 우리나라가 내세울 것은 바로 뛰어난 '인적자원'이다. 성실함과 영리함을 갖춘 우리 민족은 웹툰을 그리는 데도 뛰어난 자질을 갖고 있다. 거기다 타고난 문화민족으로서 셋만 모여도 이야기가 줄줄 이어지고, 노랫가락과 춤사위가 절로 나오는 '스스로 만들어서 스스로 즐길 줄 아는 민족'이다. 이런 민족은 전 지구에서 몇 안 된다. 우리가 우리 것을 흥겨워하고 즐길 줄 아니까 옆 나라에서 궁금해서 다가온다. 그리고 우리 문화의 멋에 흠뻑 빠져버린다. 〈오징어 게임〉이 나오고, BTS가 나오고, 봉준호가 나오고, 윤여정이 나오는 이유다.

이제 우리 웹툰은 우리나라를 넘어서서 세계의 언어, 세계인의 즐길거리가 되고 있다. 1980~1990년대 전 세계 젊은이를 매료시킨 게 일류(日流)의 '망가'였다면, 현재는 한류(韓流)의 웹툰이 전 세계를 매료시키고 있고, 장악하고 있다. 〈마음의 소리〉, 〈기기괴괴〉, 〈나 혼자만 레벨업〉, 〈스위트홈〉, 〈킹덤〉, 〈D.P 개의 날〉 등에 전 세계인이 각광을 보내고 있다.

우리나라의 우수한 인적자원이 점점 더 많이 웹툰 분야로 이동할 것이고, 그로 인해 웹툰산업은 더욱 발전하고 성장할 것이라는 것은 보지 않아도 예측할 수 있다.

창의력 3단 법칙 미래를 변화시키는 7대 요소인 STEPPER에 대해 알게 되었으니, 이제 '창의력 3단 법칙'으로 눈을 돌려 보자.

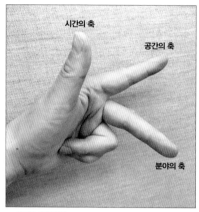

▲ 창의력 3단 법칙

'창의력 3단 법칙'은 원래 '3차원 미래 예측법'으로, 우리가 현실에서 사용하는 사물이나 어떤 생각을 시간(Time), 공간(Space), 분야(Area)의 세 가지 축으로 이동하며 미래를 예측하는 방법이다. 필자가 KAIST 미래전략대학원에 다닐 때 배운 이 방법을 웹툰 기획에 적용해 보았다. 창의력을 발휘해야 할 때나 미래를 예측할 때는 위의 사진과 같이 세 손가락을 연상하자. 그리고 활용하면 도움이 많이 될 것이다.

안경을 예로 들어보자. 현재의 안경의 개념은 다음과 같다.

안경 : 멀리 있거나 가까이 있어서 잘 보이지 않는 것을 잘 보이게 도와
주는 도구

그렇다면 '안경의 미래'는 어떻게 될까? STEPPER와 창의
력 3단 법칙을 차례로 적용해 미래의 안경은 어떤 모습일시
예측해 보자.

**STEPPER
적용 예**

① **Society**(사회변화)

우리나라는 의술의 발달로 수명이 연장되고 있고, 여러 인
종이 함께 사는 다문화 사회가 되고 있다. 이런 사회변화는 안
경에 어떤 영향을 미칠까? 옛날에는 안경이 한 가지 목적으로
만 쓰였다. 멀리 있는 것을 가깝게 보이게 하는 목적, 가까운
글씨가 잘 보이지 않을 때 잘 보이게 할 목적, 햇빛으로부터
눈을 보호하기 위한 목적 등이다.

그러나 사회가 변함에 따라 안경의 기능도 다양해지고 있
고 더욱 첨단화될 것으로 예상된다. 예를 들어 다초점 렌즈가
부착된 안경은 멀리 있는 것과 가까이 있는 것을 동시에 잘 보
이게 하며, 변색 렌즈가 부착된 안경은 햇빛이 있는 곳으로 가
면 자동으로 렌즈가 짙은 색으로 변하면서 햇빛 차단 기능을
한다. 미래의 안경은 햇빛 차단 기능은 물론 노령화에 맞춰 자
동으로 눈의 시력을 맞춰주는 기능과 각기 다른 인종에 가장

적합한 시력 보정 기능 등이 탑재될 것으로 예상한다. 또는 안경 속에 여러 언어에 대한 통역 기능이 추가될지도 모른다.

② Technology(기술변화)

옛날의 안경을 생각해 보자. 렌즈는 유리를 갈아서 만들었고, 테는 무거운 금속테나 두꺼운 뿔테가 기본이었다. 눈이 많이 나쁜 경우에는 렌즈의 두께도 두꺼워서 끼고 다니기에도 생활하기에도 불편했다. 얼굴에 안경 자국이 남을 뿐 아니라 충돌 사고로 렌즈가 깨져 유리 파편이 눈알에 박히는 사고가 발생하기도 했다. 금속테는 시간이 지나면 도색이 벗겨지거나 녹이 슬어 보기에 좋지 않았고, 뿔테는 너무 두꺼워 의도적이든 아니든 사람의 인상을 변하게 했다. 안경을 쓴 후 사람의 관상이 180도 달라지기도 한다. 기술의 발달로 렌즈는 유리에서 특수 플라스틱으로 대체되었고, 안경테는 가볍고 디자인이 뛰어난 최고급 합금이나 플라스틱으로 대체되었다. 렌즈는 다초점렌즈, 변색렌즈, 전자파 차단렌즈 등으로 계속 기술이 개발되고 있고, 안경테도 착용감이 뛰어나도록 더 가볍게, 디자인도 감각적으로 바뀌고 있다.

미래의 안경에는 스마트 기능이 추가될 것으로 예상된다. 이제 스마트폰을 들고 다닐 필요 없이 그 기능을 안경이 대체할 수 있다. 이미 '구글 글래스'에서도 시험 중에 있다. 아직 카메라나 CPU 등의 부피가 커서 일반인이 쓰고 다니기에는 어려우나 조금 더 기술이 발달하고 일반 안경과 거의 같은 수준으로 기술이 집약되고 경량화된다면 앞으로 스마트폰을 대체할 강력한 디바이스가 될 것으로 예상한다. 또한, 코로나 시대를 맞이하여 안경에 방역 기능이 추가될 수도 있을 것이다. 눈으로 침투하는 바이러스를 막는 기능, 바이러스가 접근했을 때 알리는 경보 기능 등을 탑재할 수 있을 것으로 예상한다.

③ **Environment**(환경변화)

(과제 / 환경변화로 인한 안경의 미래를 예측해 보자.)

_____

_____

_____

_____

_____

_____

_____

④ **Population**(인구변화)

(과제 / 인구변화로 인한 안경의 미래를 예측해 보자.)

_____

_____

_____

_____

_____

_____

_____

_____

_____

⑤ Politics(정치변화)

(과제 / 정치변화로 인한 안경의 미래를 예측해 보자.)

_____

_____

_____

_____

_____

_____

_____

_____

⑥ Economy(경제변화)

(과제 / 경제변화로 인한 안경의 미래를 예측해 보자.)

_____

_____

_____

⑦ **Resource**(자원변화)

(과제 / 자원변화로 인한 안경의 미래를 예측해 보자.)

3번부터 7번까지의 변화를 적용해 미래 안경의 모습을 직접 예측해 보기 바란다. 어떠한 엉뚱한 상상도 가능하다. 미래에는 모두 실현할 수 있을 것이라 확신한다. 또한 같은 방법으로 주위의 물건이나 제품, 생각이나 아이디어에 이런 변화요인을 적용하면서 미래를 예측해 보자. 의외로 재미있는 작업이 될 것이다. 혹시 여러분의 인생을 뒤바꿀 대박 아이템이 튀어나올 수도 있다.

창의력 3단 법칙 적용 예

또 다른 방법으로 우리는 안경을 시간, 공간, 분야의 세 축으로 이동시킬 수 있다. 지금 이 방법은 웹툰 기획 방법의 새로운 공식이 될 수 있으니 집중해서 읽기 바란다.

① 시간(Time)

먼저 '시간의 축'을 비틀어 안경을 과거로 이동시켜 보자. 안경은 갈릴레이가 만든 망원경부터 시작되었다고 한다. 오목 렌즈와 볼록렌즈를 동시에 들고 밖을 쳐다봤더니 사물이 가깝고 선명하게 보였을 것이고, 그것을 들고 다니기 불편하니까 평소에도 쓸 수 있게 안경의 형태로 바꿨을 것이다. 초기의 안경은 유리알과 쇠테로 만들어졌기 때문에 무겁고 잘 깨져서 불편했다. 그 안경이 현대로 와서 다양한 첨단 소재로 개발되어 훨씬 가볍고 튼튼하고 착용감도 좋아졌다. 렌즈는 특수 소재로 만들어서 훨씬 잘 보이고, 잘 깨지지 않으며, 자외선 차단도 된다. 원시와 근시를 모두 해결해주는 다초점 멀티 렌즈도 개발되었다.

미래에는 각종 첨단 기능이 장착된 안경이 나올 것이다. 상대방의 인적 정보가 화면으로 나오고, 내비게이션과 동영상도 볼 수 있을 것이다. 인공지능으로 주인이 명령하는 것을 수행하는 것은 물론 말동무도 되어줄 것이다. 현재 '구글 글래스'가 그 실험을 계속 진행하고 있다.

② 공간(Space)

이제 안경을 '공간의 축'으로 이동시켜 보자. 현재는 물속에서는 수경을, 스포츠를 할 때는 고글을, 야외에서는 선글라스를 구별해서 쓴다. 미래는 그것을 다 들고 다닐 필요가 없다. 안경이 자동으로 변신한다. 갑자기 물에 빠지면 안경이 수경처럼 얼굴에 달라붙어 물속에서도 앞을 잘 볼 수 있게 하고, 스포츠를 할 때는 UV 차단, 직사광선 차단, 벌레 차단, 방풍, 방역 기능을 할 것이다. 현미경 기능도 가능하다. 불가능하다고 생각할 필요는 없다. 미래에 대해서는 모든 상상이 허용된다.

③ 분야(Area)

이번에는 안경을 '분야의 축'으로 이동시켜 보자. 안경이 패션의 일부라는 것은 다 아는 사실이다. 안경으로 지적인 분위기를 연출할 수 있고, 선글라스로 쿨한 이미지를 연출할 수 있다. 전쟁이 일어나면 안경은 전쟁 무기로 바뀔 수 있다. 야간에 적의 행동을 관찰할 수 있는 적외선 탐지기가 될 수 있고, 스포츠에서는 거리 측정기, 게임할 때는 VR이 될 수도 있다.

평범했던 안경을 시간, 공간, 분야의 축으로 이동시켜 보니 이렇게 창의적인 기기로 발전할 수 있다는 것을 확인할 수 있다.

웹툰 기획에
창의력 3단 법칙 적용하기

다시 창의력으로 돌아와서 웹툰에 창의력 3단 법칙을 어떻게 적용할 것인지 생각해 보자. 먼저 어떤 작품을 하나 기획했다고 하자. 장르는 로맨스물로 정하고 시놉시스를 짜고 스토리를 만들어 봤는데 다음과 같다.

"도서대여점을 하던 A양은 어느 날
가게로 찾아온 손님 B군을 보고 한눈에 사랑에 빠진다.
책을 매개로 가까워진 두 사람은
연애를 하고 결혼해 아이를 낳고 잘 살았다."

스토리는 무난한데 뭔가 허전하다. 너무나 평이한 기획이라 웹툰이나 드라마로 만들면 흥행이 쉽지 않을 것 같다. 이 평범한 기획에 창의력 3단 법칙을 가미해 보자.

먼저 '시간의 축'을 이동시켜 보자. 로맨스를 꼭 현실에서 찾을 필요는 없다. 석기시대나 조선시대로 돌릴 수도 있고, 먼 미래로 이동시킬 수도 있다. 여기에서는 조선시대로 돌려보자. 먼저 조선시대에 책을 대여하는 사람이나 직업이 있을까 알아봐야 한다. 옛날에도 책이 존재했으니 그런 직업은 있었을 것이다. 조사해 보았더니 '책쾌'라는 직업이 나온다. 시간의 축이 이동하는 순간이다.

"조선시대 책쾌를 하던 A양은…"

그런데 조선시대에는 여자의 활동 범위가 극히 제한적이었다. 그래서 여자가 책쾌를 하는 것은 불가능했을 것이다. 여기서 포기하면 안 된다. 우리가 만드는 것은 웹툰이다. 모든 상상력을 구현할 수 있는 장르다. 남장을 하고 몰래 하는 방법을 상상할 수 있다. 왜 여인이 남자도 하기 힘든 책쾌라는 직업을 하게 되었을까? 뭔가 기구한 사연이 있었을 것이다. 벌써 기획이 재밌어진다. A양의 이름을 '양선'이라고 하자.

"조선시대 양선은 몰래 남장을 하고
책쾌로 하루하루를 살아간다.
아비가 역적으로 몰려 일가족이 몰살당하고
자기는 여자라는 이유로 살아남았다…"

그다음 '공간의 축'을 이동시켜 보자. 시간의 축이 조선시대로 이동했으니 공간도 조선시대의 한 곳으로 정해야 한다. 조선시대는 도서대여점이라는 공간이 없으니 손님이 요청하면 직접 책을 들고 배달을 해야 한다. 양선은 남장을 한 후 책을 짊어지고 '음석골'이라는 산골짜기 마을로 책을 배달하러 간다. 음석골에는 옛날부터 큰 기와집이 하나 있었는데, 거기에 한 선비가 살고 있다고 한다. 그런데 그 선비를 본 사람은 아무도 없다.

> "조선시대 양선은 아비가 역적으로 몰려
> 일가족이 몰살당하고 자신은 여자라는 이유로 살아남아
> 몰래 남장을 하고 책쾌로 하루하루를 살아간다.
> 그러던 어느 날, 음석골이라는 산골짜기 마을에서
> 한 선비가 책을 구해달라고 해서 구해줬는데,
> 그만 한눈에 사랑에 빠지고 만다."

시간과 공간의 축을 바꿨을 뿐인데 벌써 다음 이야기가 궁금해진다.

마지막으로 '분야의 축'을 이동시켜 보자. 현재는 로맨스 장르가 될 가능성이 높다. 이 장르를 분야 이동시켜 스릴러물로 바꿔 보자. 그리고 뱀파이어는 서양의 귀신이니 서양의 귀신이 조선으로 건너온 것이다. 이것도 엄밀히 말하면 분야의 이

동이다. 그게 가능하냐고? 망설이지 말자. 웹툰이니까 모든 것이 가능하다. 이 선비의 정체는 다름 아닌 '뱀파이어'. 뱀파이어는 사람의 피를 먹고 살며, 햇빛에 노출되면 타버리기 때문에 밤에만 행동한다. 그리고 뱀파이어에 물리면 그 사람도 뱀파이어가 되고 만다.

"조선시대 양선은 아비가 역적으로 몰려
일가족이 몰살당하고 자신은 여자라는 이유로 살아남아
몰래 남장을 하고 책쾌로 하루하루를 살아간다.
그러던 어느 날, 음석골이라는 산골짜기 마을에서
한 선비가 구해달라고 해서 책을 구해줬는데,
선비의 정체는 바로 '뱀파이어'.
한눈에 선비에 반한 양선은 결국
뱀파이어와 사랑에 빠지고 마는데…."

시간과 공간, 분야의 축을 한 번씩 이동시켰을 뿐인데 단조로운 로맨스물이 흥미진진한 스릴러물로 변한 것이다. 〈밤을 걷는 선비〉를 기획한 조주희 작가가 이처럼 창의력 3단 법칙을 통해 이 작품을 기획하지는 않았을 것이다. 그런데 이 법칙에 너무나 훌륭히 들어맞고 있다. 자신의 기획이 뭔가 부족하다고 느낄 때, 참신하지 않다고 느낄 때 이 3단 법칙을 한번 적용해 보라. 창의력이 불쑥불쑥 솟아나는 것은 물론 기획이 새롭고 참신하게 변하는 것을 느낄 수 있을 것이다.

장르를 결정할 때도 이 3단 법칙을 적용할 수 있다. 먼저 '회귀물'이라는 장르를 예로 들어 보자. 회귀란 되돌아간다는 뜻이다. 만약 당신이 10년 전으로 돌아간다면 그 10년 동안 뭘 할 것인지가 작품의 주요 뼈대가 된다. 아마 10년 동안 못 한 공부를 한다거나, 10년 동안 주가가 폭등한 회사를 기억해서 주식을 살 것이다. 가상화폐에 투자할 수도 있고, 집값이 폭등한 지역의 부동산을 사두는 것도 생각할 수 있다. 혹은 사고로 돌아가신 분을 찾아서 사고를 미연에 방지할 수도 있고, 대통령이 될 만한 사람을 찾아 정치적 야심을 꿈꿀 수도 있다. 기억력이 비상하다면 점집을 차려도 된다. 시간의 축만 조금 되돌렸을 뿐인데 이야깃거리가 무궁무진하다.

웹소설에서 떠오르는 장르 중 하나인 '대체역사물'도 마찬가지다. 이 장르도 만약 역사가 이렇게 바뀌었다면 어땠을까 하는 상상에서 비롯된 장르다. 역사를 읽는 우리는 안타깝고 아쉬운 게 많다. 아쉬움은 가정으로 이어진다. 만약 신라가 아니고 고구려가 삼국통일을 했다면? 광해군을 퇴위시키지 않았다면? 소현세자가 죽지 않고 왕이 되었다면? 이순신 장군이 전사하지 않았다면? 등이다. 이럴 때 역사를 쭉 꿰고 있는 인물이 그때로 돌아가서 원래의 역사를 바꾼다는 게 이 장르의 핵심이다. 대표적인 웹툰으로는 〈왕 그리고 황제〉가 있고, 웹소설로는 〈블랙기업 조선〉이 있다. 전자는 고종과 태종이 시간의 축을 거슬러 몸이 바뀐다는 설정이고, 후자는 주인공이 세종의 아들 문종으로 환생한다는 내용이다. 공통점은 '시간의 축'을 이동시킨 것이다. 얼마나 할 일이 많고, 많은 사건이 일어날 것인지 상상만 해도 즐겁다. 이렇듯 창의력 3단 법칙을 통해 우리는 회귀물, 환생물이라는 장르가 어떻게 탄생하는지 이해할 수 있다.

자, 그럼 창의력 3단 법칙이 적용된 히트작들을 한번 찾아보자. 먼저 박소희 작가의 〈궁〉을 살펴보자. [서울문화사]의 순정만화잡지 [윙크]에 연재되어 히트를 했고 드라마까지 성공했다. 출판만화였는데 완결 이후 8년 만에 [재담]에서 디지털라이징되어서 웹툰으로 완벽하게 리메이크되었다. 박소희 작가는 궁에서 자신이 '시간의 축'을 이동시켰다는 것을 직접 밝혔다. 도입 부분을 살펴보면 이런 얘기가 나온다.

"지금 영국과 일본을 비롯한 많은 나라는 아직도 왕실이 존속하는 '입헌군주제'를 택하고 있습니다. 왕족은 국민의 존경과 사랑을 받으며 아름다운 궁전에서 살고 있습니다. 하지만 우리의 궁궐들은 주인을 잃은 채 쓸쓸하게 비어 있지요. 일제와 열강의 탄압으로 왕가의 맥이 끊어지고 말았던 겁니다. 하지만 역사를 잠시 거꾸로 돌려서 우리 황실이 일본이나 영국 황실처럼 지금까지 건재하고 있다면? 하고 상상해보는 겁니다. 그럼 지금 경복궁이나 창덕궁엔 관광객 대신에, 황실정원사나 궁내청관리, 정식 시험을 쳐서 입궁한 종5품부터 9품까지의 상궁이 전각 사이를 오가고….."

중략 [출처 : 〈궁〉中]

〈궁〉이란 작품은 대한민국에 왕정이 존재한다는 가정 하에 같은 고등학교에 다니는 평범한 여학생과 미남 황태자가 정략결혼을 한다는 신데렐라 이야기다. 여기서 작가가 얘기한 '역사를 잠시 거꾸로 돌렸다'는 것은 창의력 3단 법칙 중 시간의 축을 이동시켰다는 것을 말한다. 일제 강점기만 아니었어도 우리나라에는 엄연히 황제가 존재하고 황태자가 존재했을 것이다. 그리고 황태자의 혼기에 민간에서 황태자비를 뽑는 것은 국가의 큰 행사였을 것이다. 이런 기상천외한 상상으로 평범한 사극 드라마가 궁을 배경으로 하는 희대의 로맨스물이자 대체역사물로 바뀐 것이다. 이 작품은 순정만화잡지 [윙크]에서 인기에 인기를 거듭하더니 MBC에서 드라마로 방영돼 안방극장까지 장악했다. 당시 황태자와 황태자비를 연기한 주지훈과 윤은혜의 연기도 일품이었다. 이후 단행본 판매 400만 부, 해외 10여 개국 수출, 뮤지컬 2회 상영 등 글로벌과 OSMU의 대표적인 성공 사례가 되었다.

• 포털에서 '궁' 검색 바람. 웹툰 〈궁〉, 드라마 〈궁〉 정주행 추천!

요즘 시간의 축을 돌려 한 세대나 조선시대 등 옛날로 돌아가는 것이 유행이다. 요즘 핫한 웹소설의 중요 테마인 '환생', '회귀' 등이 모두 '시간의 축'을 틀어서 생겨날 법한 이야기를 재미나게 쓴 것들이다. 기획하고 있는 작품이 평범하거나 밋밋하다고 생각되면 먼저 '시간의 축'을 이동시켜볼 것을 권한다.

스토리는 주인공의 '의식의 흐름'에 따라 진행되는 게 기본이다. 그러려면 주인공이 자체적으로 엄청난 포텐을 갖고 있어야 재미있게 진행될 수 있다. 그런 것이 부족하다고 판단되면 시간의 축을 이동시켜 보자. 어린 주인공을 성인으로 둔갑시키거나 중년인 주인공을 청년으로 되돌려 보자. 불행한 사건을 겪거나 배신을 당하거나 함정에 빠져 죽음을 맞게 된 주인공의 시간을 30년 전으로 돌려 보자. 새로운 이야기가 펼쳐질 것이다.

웹소설 〈법보다 주먹〉은 시간의 이동을 가장 잘 보여주는 작품이다. 작은 폭력조직의 두목인 주인공이 거대 폭력조직의 아지트에 찾아가 자신의 잃어버린 이권을 찾기 위해 목숨을 거는 담판을 한다. 다행히 빼앗긴 이권을 되찾지만 나오는 길에 같은 파 조직원으로부터 배신을 당하고 골목길에서 피살된다. 주인공은 부질없는 생을 살았다는 후회로 탄식하던 중 인생이 리셋되어 25년 전으로 되돌아가는 행운을 얻는다. 다시 태어난 목숨이라 생각한 주인공은 후회 없이 살 것을 결심하고 죽어라 공부를 해서 서울대 법대에 들어가고 검사가 된다는 줄거리다. 시간의 이동을 가장 잘 보여주는 작품으로, 곧 웹툰으로 제작된다고 하니 기대가 크다.

다음은 공간의 이동을 다룬 작품으로 웹툰 〈북검전기〉와 〈이태원 클라쓰〉를 살펴보자. 이 두 작품은 모두 아버지의 복수를 주제로 하고 있다.

〈북검전기〉는 무협소설을 웹툰으로 만든 것이다. 무림 정복을 노리는 세력을 물리치기 위해 정파연합에서 '북천문'이라는 무협 조직을 만든다. 북천문은 그 역할을 다하지만 엄청나게 세력이 커져 견제의 대상이 되고만다. 결국 악의 세력은 북천문의 힘을 약화시키기 위해 음모를 꾸미고, 그로 인해 내분이 일면서 문주인 아버지가 스스로 목숨을 끊고 북천문은 해체된다. 아버지를 잃은 주인공 진무원은 금제를 당해 무공을 쌓을 수도 없고 문밖을 나갈 수도 없지만 아버지의 복수를 다짐한다. 그가 선조의 심득을 얻게 되면서 성장을 거듭해 배신자들을 처벌하고 악의 세력을 처치하며 무림의 정도를 세워나간다는 이야기이다.

〈이태원 클라쓰〉의 줄거리는 다음과 같다. 요식업계 대기업인 '장가'에 오랫동안 근무하며 회사를 위해서 충성을 다했던 박성열이 아들 박새로이를 회장 아들 장근원이 있는 학교로 전학시키면서 일이 꼬이기 시작한다. 전학 첫날부터 아이들을 괴롭히는 회장 아들과 싸우게 되는 박새로이. 그로 인해 박성열은 해고를 당하고 새로이는 퇴학을 당한다. 새로운 가게를 준비하던 박성열은 장근원의 운전 부주의로 목숨까지 잃는다. 그 사실을 알게 된 박새로이는 장근원을 응징하려고 하지만 경찰에 붙잡혀 살인미수로 구속된다. 장가의 회장과 아들에게 아버지의 목숨과 자신의 인생을 잃어버린 박새로이가 7년 동안 아버지의 복수를 다짐하고 이를 하나씩 실행하는 이야기다.

〈북검전기〉의 무대는 중원이고 〈이태원클라쓰〉의 무대는 서울 이태원이다. 하나는 무협으로 승부를 보고, 하나는 요식업으로 끝장을 본다. 주제는 같지만 어떤 공간에서 사건이 펼쳐지느냐에 따라서 작품이 180도 달라지는 것이다. 작품을 기획할 때는 이야기가 펼쳐지는 배경을 설정해야 한다. 집을 배경으로 할 수 있고, 독서실을 배경으로 할 수도 있다. 회사를 배경으로 할 수도 있고, 클럽을 배경으로 할 수도 있다. 이럴 때 한 번씩 그 공간을 이동시켜 보자. 집 대신 던전, 학교 대신 동굴, 회사 대신 전쟁터, 클럽 대신 중세 왕궁, 마법학교나 신화 속으로의 이동도 좋다. 한국 대신 일본, 중국, 미국, 유럽, 지구 대신 우주 등 공간의 축을 자유롭게 비틀어 보자. 작품의 배경이 훨씬 넓어지고 이야기가 한층 더 흥미로워질 것이다.

초대형 쓰나미가 들이닥쳐서 후쿠시마 일대가 초토화된 것은 팩트다. 그런데 그 사건을 해운대라는 공간으로 이동시켜 보자. 해운대에 쓰나미가 들이닥친다는 것을 상상해서 만든 영화 〈해운대〉에 천만 관객이 몰렸다. 영화 〈괴물〉도 마찬가지다. 무시무시한 괴물이 서식하는 곳이 깊은 심해나 아마존 같은 밀림이면 특별할 것이 없다. 그런데 그런 괴물이 우리와 가까운 공간인 한강에 서식한다면 얘기가 달라진다. 엄청 흥미진진해지고 스릴이 느껴진다. 이렇게 공간의 축을 이동시킨 것이 영화 〈괴물〉이다. 이 영화도 천만 관객이 봤다.

이처럼 공간 이동은 우리가 생각하는 관념을 깨는 것에서 출발한다. 전혀 생각하지 못한 곳으로 공간을 옮겨 보면 참신하고 기발한 아이디어가 떠오를 것이다. 지금 자신이 기획하고 있는 작품이나 검토하고 있는 작품이 밋밋하다면 공간의 축을 비틀어 보자. 전혀 색다른 작품으로 탈바꿈할 것이다.

마지막은 분야의 이동이다. 분야라고 하니 막연하게 들릴지 모르지만, 시간과 공간을 뺀 모든 것을 분야라고 보면 된다. 예를 들어 보자. 〈롱 리브 더 킹〉은 크게 보면 조폭 이야기다. 그런데 그냥 조폭 이야기는 많다. 그런데 그 조폭 두목을 대통령으로 이동시키면 이야기가 달라진다. 특이한 이야기가 되는 것이다. 우리가 생각하기에 대통령과 조폭 두목은 전혀 다른 분야이다. 한 사람은 정치 세계의 정점에 있고, 한 사람은 건달 세계의 정점에 있다. 황당한 설정 같지만 어떻게든 이야기가 된다. 우리는 어떤 상상력도 허용되는 웹툰을 기획하기 때문이다.

갑자기 분야의 이동이 쉽게 다가올 것이다. 이제 조폭 두목을 학생으로 이동시켜 보자. 만화 〈차카게 살자〉, 영화 〈두사부일체〉는 조폭 두목이 학교에 간다는 이야기다. 단지 분야의 이동으로 이 두 작품은 크게 히트를 쳤다.

문제아를 선생으로, 흙수저를 금수저로, 검사를 범죄자로 바꾸는 등 우리의 상상에 따라 무궁무진한 이동이 가능하다. 그리고 그것으로 인해 기발한 착상이 나오고 히트 작품이 만들어지는 것이다.

영화 〈극한직업〉은 잠복근무를 하던 형사들이 치킨집을 차려 대박을 치면서 벌어지는 사건을 다룬 코믹물이다. 형사라는 직업이 치킨집이라는 요식업으로 분야가 바뀌면서 천만 관객을 배꼽 빠지도록 웃게 만든 것이다. 웹툰 〈뷰티풀 군바리〉는 남녀가 모두 군대에 간다는 설정에서 시작됐다. 금녀의 구역으로 생각되었던 군대에 여자가 복무하면서 생기는 에피소드를 재미있게 펼친다. '남자만 군대'에서 '여자도 군대'로 분야를 이동시킨 것이다. 이 작품은 많은 독자의 공감을 일으키며 [네이버웹툰] 월요일자 최상위권을 유지하고 있다. 그 외에도 웹툰 〈조류공포증〉은 인간을 날개 달린 괴물인 하르퓌아라는 종족으로 이동시켰고, 웹툰 〈유미의 세포들〉은 감각세포를 사람으로 이동시켰다. 일종의 의인화인데 이것도 분야의 이동이라 보면 된다.

• 포털에서 '뷰티풀 군바리' 검색 바람. 웹툰 〈뷰티풀 군바리〉 정주행 추천!

그 외의 특이한 분야 이동도 분석해 보자. 일본 애니메이션 〈너의 이름은〉은 남녀의 몸을 이동시켰다. 남녀의 몸도 엄밀히 말해서 서로 다른 분야이다. 그래서 분야의 이동이라 할 수 있다. 웹툰 〈맘마미안〉은 엄마의 몸이 50살에서 20살로 바뀐다. 나이 든 몸에서 젊은 몸으로 이동한 것이다. 이것도 엄밀히 말해서 분야의 이동이다. 이렇듯 분야의 이동이 가능한 소재는 무한하다고 할 수 있다.

• 포털에서 '맘마미안' 검색 바람. 웹툰 〈맘마미안〉 정주행 추천!

이제 시간, 공간, 분야의 축을 이동시키는 창의력 3단 법칙을 사용할 수 있게 된 여러분은 기획에 자신감을 얻을 것이다. 기획이 어렵다고 생각하지 말고 이 공식을 무작정 적용해 보기 바란다. 여러분의 기획이 지금까지 본 적 없는 참신한 기획으로 탈바꿈할 것이라고 확신한다.

9장

포트폴리오
만드는 법

자기소개하기

회사에 지원할 때 남들과 똑같이 이력서와 자기소개서만 제출한다면 변별력이 없다. 자신만의 포트폴리오를 당당하게 내밀었을 때 면접관도 짧은 시간에 지원자를 파악할 수 있고, 관심을 가질 것이다. 면접관이 포트폴리오를 제대로 볼까 걱정할 필요는 없다. 면접관은 지원자에 대해서 하나라도 더 알기를 원하므로 포트폴리오를 면밀히 살필 수밖에 없다. 포트폴리오는 자기소개, 입사 희망업체 분석 및 작품 분석, 웹툰산업 동향 및 미래 비전 제시, 직접 기획한 웹툰 소개, 리세일 방안 및 OSMU 전략 등으로 구성할 수 있다. 가장 먼저 자기소개하는 방법부터 살펴보자.

성장배경, 입사동기, 성격의 장단점 등을 나열하는 기존 회사의 자기소개서와는 조금 달라야 한다. 내가 왜 웹툰PD로서 적합한지를 정확히 피력할 필요가 있다. 단지 웹툰PD가 될 목적으로 속성으로 준비한 것처럼 보여서는 안 된다는 얘기다.

웹툰PD 지원자는 대부분 웹툰을 좋아하는 사람들이다. 단순히 자기소개서에 자신이 웹툰을 좋아한다고만 하면 안 된다. 구체적인 물증을 보여줘야 한다. 자신이 얼마나 웹툰을 좋아하는지, 그래서 얼마나 오랫동안 이 업종과 업계를 관심 있게 지켜봤는지 객관적 수치로 증명해야 한다. 지금까지 본 웹툰의 제목과 작가, 특징을 정리해서 보여주거나, 각 플랫폼마다 인기 연재 작품을 정리해서 보여주거나(물론 자신이 본 작품), 지금까지 자신이 얼마나 많은 웹툰을 유료 결제했는지를 보여주면 면접관들에게 어필할 수 있을 것이다. SNS 등을 통해 사적으로 소통했던 웹툰작가나 관여했던 웹툰 관련 활동을 보여주는 것도 흥미를 일으킬 것이다. 예를 들어 작가 팬미팅 참여, 아마추어 만화동아리 행사 참여, 서울국제만화페스티벌이나 부천국제만화축제와 같은 만화행사 자원봉사, 웹툰업체나 플랫폼의 인턴활동 등의 경험은 웹툰에 대한 지원자의 각별한 애정을 보여주는 좋은 사례이다.

002 입사 희망업체 분석 및 작품 분석

입사를 희망하는 웹툰에이전시나 CP사, 만화출판사 또는 플랫폼이 있다면 그 회사에 대해서 사전에 치밀한 조사 및 분석을 해야 한다. 만약 [재담미디어]에 지원하고 싶다면 [재담미디어]가 어떤 회사인지, 대표는 어떤 사람인지, 직원은 몇 명인지, 이 회사가 어떤 길을 걸어 왔으며, 앞으로의 비전은 무엇인지 사전에 체크해 두기 바란다. 인터넷에 검색만 하면 금방 나온다. 그리고 그 회사가 걸어온 연혁과 비전이 자신이 가야 할 방향과 맞으면 두말할 것 없이 자신의 것으로 동기화하는 것이 좋다. 그리고 그것을 입사 희망 이유에 적으면 금상첨화다. "이 회사가 걸어온 길과 앞으로의 비전이 제가 걸어가야 하는 방향과 맞아서 지원했습니다"이라고 밝히는 순간 면접자들은 호감을 가질 것이고, 지원서를 한 번이라도 더 꼼꼼히 쳐다 볼 것이다.

또, 희망하는 업체의 작품 분석도 중요하다. 그 업체가 지금까지 어떤 작품을 만들었는지, 히트작은 무엇인지, 작품의 특징은 어떤지를 정리해서 보여주면 좋다. 플랫폼이라면 로맨스, 판타지, 무협 등 각 카테고리마다 랭킹 순위를 조사하고, 카테고리별로 히트한 작품의 특징 등을 파악해서 보여주자. 만약 작품의 아쉬운 점이나 보충해야 할 점을 제시할 수 있다면 면접관들로부터 좋은 반응을 얻을 것이다. 그런데 말도 안 되는 논리를 펴며 작품들을 비하하거나 개선 방향을 제시하지 못한 채 비판만 한다면 마이너스 요인이 된다. 근거도 약하고 자신이 없다면 굳이 이런 부분까지 피력할 필요는 없다. 과유불급이라고 했다. 정도를 지나친 것은 미치지 못하는 것과 같다. 회사는 대개 실행자를 원하지, 비평가를 원하지 않는다는 것을 명심하기 바란다. 자신이 웹툰 비평이나 분석에만 능하다면 웹툰PD가 맞지 않을 수도 있다.

회사의 지원자는 지원자이기 이전에 한 사람의 독자이자 고객이다. 그런 사람들의 의견들을 가감 없이 들을 수 있기 때문에 회사 관계자들은 신입사원 면접을 자사의 장단점 등을 파악할 수 있는 기회로 삼기도 한다. 포트폴리오에는 그 회사의 장점을 먼저 기술하는 것이 좋다. "이 회사는 이런 면이 좋습니다", "이 회사의 이런 비전이 좋아서 지원했습니다", "이 회사는 노블코믹스를 전문적으로 만들어서 좋습니다" 아니면 반대로 "이 회사는 노블코믹스보다 창작 웹툰을 만드는 게 좋아서 지원했습니다", "OSMU 전략이 뛰어난 것 같습니다" 등 업체의 장점을 열거하며 분위기를 좋게 만들 것을 추천한다. 플랫폼도 마찬가지다. "여성전문 웹툰 플랫폼이라는 것이 마음에 들었습니다", "판타지와 무협이 강세라서 지원했습니다", "작품을 선정하는 기준과 프로모션이 탁월한 것 같습니다", "글로벌 전략이 뛰어난 것 같습니다", "다른 업체와의 파트너십이 뛰어난 것 같습니다" 등 그 회사의 장점을 먼저 칭찬하는 것이 좋다.

그다음 그 회사나 작품의 아쉬운 점을 포트폴리오에 거론하면 좋다. 이것은 특별한 애정이 있어야 발견할 수 있는 부분으로, 회사에 대한 아쉬운 점을 포착했다면 애정 어린 관점에서 얘기하는 것이 좋다. 그런 부분에 면접자들이 공감한다면 좋은 효과가 날 것이다. 하지만 어설프게 지적한다면 오히려 마이너스가 될 수 있음을 명심하기 바란다. 신중하지 못한 사람으로 낙인 찍히는 것은 물론 면접관들의 집중포화를 받을 수도 있다.

웹툰산업 동향 및 미래 비전 제시

　날이 갈수록 커지고 있는 웹툰산업의 동향과 미래 비전을 포트폴리오에 제시하는 것도 좋다. 지원자가 이 산업에 대해 잘 이해하고 있으며, 미래의 전망까지 갖고 있다는 것은 면접관 입장에서 굉장히 매력적인 요소가 될 수 있다. 지원자가 이런 부분까지 생각하고 있다는 것은 그냥 직장을 구하려는 취업준비생을 넘어서 자신의 젊음을 바칠 업(業)을 능동적으로 찾고 있음을 보여주는 것이기 때문이다.

　웹툰산업의 동향에 대해서는 인터넷 검색을 통해서도 아주 다양하고 객관적인 자료들을 찾아볼 수 있다. [한국콘텐츠진흥원]이나 [한국만화영상진흥원]에서 발표하는 백서를 참고해도 좋다. 웹툰산업의 규모, 작가의 수, 업체의 수, OSMU 상황, 수출입 상황 등이 자세하게 나와 있다. 그리고 그런 수치들이 해를 거듭할수록 커지고 발전하고 있다는 것을 그래프로 보여주는 것도 효과적이다. 그런 토대 위에서 앞서 배운

STEPPER 등 미래 예측 방법을 적용해서 자신이 생각하는 웹툰산업의 미래를 제시하면 좋을 것이다.

예를 들어 '앞으로 몇 년 내 100조 시장으로 커질 것'이라든지, '웹소설과 웹툰, 드라마가 동시 제작되어 동시간에 런칭하게 될 것', '유튜버와 AI, 사물인터넷과 결합하여 훨씬 더 우리 실생활과 밀접하게 연계될 것', '웹툰은 글로벌을 뛰어넘어 각 나라에서 로컬라이징될 것' 등 자신이 생각하는 웹툰산업의 미래를 다양한 관점에서 제시할 수 있을 것이다.

+ 라떼는 말이야

웹툰의 미래와 천계영 작가

천계영 작가를 만난 건 1996년 [서울문화사]에서였다. 1995년에 입사한 필자는 신입 만화 기자였고, 다음해 [서울문화사] 만화공모전을 준비하게 되었다. 그때 혜성같이 나타난 사람이 바로 천계영 작가였다. 광고회사에 다니던 천계영 작가는 만화가가 되겠다고 결심한 후 회사를 나와서 하루에 10시간 이상 그림을 그렸다고 한다. 그리고 마침내 어느 작가의 계보에도 없는 자기만의 그림으로 [서울문화사] 만화공모전에 출품해 심사위원 만장일치 대상을 차지했다. 그때 본 〈언플러그드 보이〉는 아직도 잊을 수 없을 만큼 충격적이었다.

이후 〈오디션〉을 비롯해 나오는 작품들이 모두 충격적이었지만, 작품 제작 방식은 더 충격적이었다. 매킨토시 컴퓨터에서 그림은 물론 스크린톤 작업까지 깔끔하게 완성해서 원고지가 아닌 외장하드에 넣어서 편집부에 원고를 전달했다. 편집부에서는 그 디지털 파일로 된 원고를 프린트로 뽑은 후 거기에다 식자를 붙이는 웃지 못할 해프닝을 벌이기도 했다. 아직 출판사에 매킨토시가 보급되기도 전이었다. 대한민국 최초로 만화가 디지털화된 것이다. 그리고 그 이후 급속도로 만화 제작 시스템은 디지털로 탈바꿈하기 시작했다. 그 선봉에 천계영 작가가 있었다.

실용주의자이자 새로운 것은 직접 해 봐야 적성이 풀리는 성격 덕분에 천계영 작가는 늘 주도적으로 만화와 첨단기술의 접목을 시도하였다. 그리고 현재 웹툰 작업에 3D 프로그램을 접목해서 자신의 캐릭터와 배경을 3D 샘플링한 뒤 3D 프로그램에 따라 동작과 표정을 변화시켜 작품을 그리고 있다. 그리고 그렇게 만들어진 3D 그림을 2D로 자연스럽게 변환시켜서 웹툰을 연재하고 있다. 그렇게 해서 나온 작품이 웹툰 〈좋아하면 울리는〉이다. 정말 3D 프로그램으로 2D 웹툰을 만들었음에도 불구하고 정말 어디 하나 어색한 구석을 찾을 수가 없다. 이 작품은 [넷플릭스]에서 드라마로 만들어져 전 세계 시청자들에게 방영되었다.

현재 천계영 작가는 그것을 뛰어넘어 목소리로 웹툰을 만들고 있다. 지독한 손가락 퇴행성 관절염으로 마우스 클릭은 물론이고 칫솔 쥐는 것조차 힘든 천 작가는 거기서 포기하지 않고 이번에는 음성인식으로 3D 프로그램을 진행시키면서 웹툰 〈좋아하면 울리는〉을 어렵게 연재하고 있다. 그리고 그것을 유튜브에 라이브로 생중계해서 많은 이들에게 감동을 주고 있다.

필자는 천계영 작가의 모습을 보면서 마치 곧 다가올 웹툰의 미래를 보고 있는 깃 같았다. 앞으로 웹툰은 일일이 그림을 그리고, 색깔을 칠하고, 효과를 넣지 않아도 3D 프로그램으로 만들 수 있다는 것을 보여주었다. 더 나아가 손이 아니라 음성으로도 웹툰을 만들 수 있다는 것을 보여주고 있다.

25년 전, 천계영 작가가 종이와 펜이 아닌 매킨토시로 만화를 그렸던 게 기억이 난다. 그리고 얼마 안 있어 그것이 대세가 되었다. 천계영 작가는 얼리어답터라기보다는 선구자인 것이다. 지금 현재 하고 있는 천계영 작가의 작업 프로세서는 몇 년 후 웹툰 제작의 대세가 될 것이라고 조심스럽게 예측해 본다.

• 포털에서 '좋아하면 울리는' 또는 '좋알람' 검색 바람. 웹툰 〈좋아하면 울리는〉 정주행 추천!

자신의 기획 웹툰 소개

작품 기획안, 작가 섭외 방법, 연재처, 계약 방식 등

다음으로 자신이 기획한 작품을 소개해 보자. 기획한 작품의 시놉시스와 작가 섭외 방법, 연재처와 계약 방식에 대해 나열한다. 먼저 작품의 제목을 정한 뒤 로그라인, 주제, 기획의도, 등장인물, 줄거리, 장르, 관계도 등을 소개하면서 기획능력을 보여 주자. 앞에서 배운 창의력 3단 법칙까지 활용하면 더할 나위가 없을 것이다.

기획작품으로는 순수한 창작물이 좋지만 평소에 즐겨 보던 웹소설을 웹툰으로 만들겠다는 기획도 괜찮다. 오히려 후자를 더 좋게 보는 회사도 있을 것이다. 그다음 구체적으로 어떤 작가를 섭외하고 싶은지 얘기하고 앞 장에서 알아본 구체적인 섭외 방법도 제시하면 좋다. 특히 회사에서는 PD 지원자가 작가 섭외에 대해서 자신감을 표현하면 인상 깊게 바라볼 것이다. 웹툰PD의 가장 어려운 역할 중 하나가 작가 섭외이기 때문이다. 회당 원고료는 얼마를 지급할지, 어떤 기준으로 협상할 것인지 명시하고, 구체적인 연재횟수도 피력하자. 옴니버스 구성인 작품이므로 50회에 끝내는 것이 효과적이라거나, 웹소설의 분량이 많아서 완결까지 200회가 적절하다는 등으로 연재 횟수를 정한 이유를 설명하면 좋다. 작품이 인기가 있으면 시즌2도 준비하겠다고 덧붙여도 좋다. 그리고 그 작품과 가장 잘 맞는 플랫폼을 선정하고 작가와 몇 대 몇으로 배분할 것인지 합당한 계약조건까지 제안한다면 웹툰업에 대해 일가견이 있다는 평가를 받을 것이다. 업체의 조건이나 관례와 달라도 상관없으니 밀고나가라. 신입사원의 무기는 '패기'에 있다.

005

리세일 방안 및
OSMU 전략

플랫폼PD는 상관이 없지만, 에이전시, CP사, 만화출판사 지원자라면 작품의 리세일 방안에 대해서 간략하게라도 피력하는 게 좋다. 작품의 샘플링을 제작해 플랫폼 담당자를 만나서 독점계약을 진행하고, 독점 제안이 없을 때는 자체 제작으로 가닥을 잡고 비독점으로 풀고 매출을 올리겠다는 등의 계획을 밝히도록 하자. 앞에서도 설명했지만 독점은 작품을 제작해서 특정 플랫폼에만 공급하는 것을 말한다. 물론 유료 결제나 매출도 한 곳에서만 발생한다. 예를 들어 [카카오페이지]와 독점계약을 했다는 것은 [카카오페이지] 외의 다른 곳에서는 절대 그 작품을 볼 수 없다는 의미다. 그럼에도 불구하고 독점으로 계약하려면 그에 걸맞은 대우가 있어야 한다. 제작비 지원, 특별한 프로모션 제공 등이 여기에 해당된다.

비독점은 모든 플랫폼에 작품을 공개하는 것이다. 어디서든 그 작품을 볼 수 있고, 매출도 모든 곳에서 발생한다는 장점이 있다. 접근성이 좋아 독자를 유치하는데 독점보다 훨씬 용이하다. 단점은 한 곳으로부터 전폭적인 지원이 없다는 것이다. 제작비 지원이나 프로모션 등 독점일 때 주어지는 혜택이 사라지게 된다. 그래서 모든 플랫폼에서 존재감 없이 묻힐 가능성도 높다. 지원자가 이런 부분에 대한 개념을 확실히 알고 있으면 그에 관련된 질문이 나와도 자신 있게 대답할 수 있을 것이다.

작품에 대한 OSMU 계획도 밝히는 것이 좋다. 웹툰이 완성되고 인기를 얻으면 여기저기서 제안이 들어오지만 OSMU 계획은 작품을 기획할 때부터 미리 수립하는 것이 좋다. 자신이 기획한 작품을 드라마나 영화, 연극, 뮤지컬로 만들 계획을 세우고, 단행본, 굿즈, 이모티콘, 캐릭터에서 게임까지 OSMU 하겠다는 당찬 포부를 밝히자.

[CJenm], [스튜디오드래곤], [TVN], [JTBC] 등 각종 영화와 드라마 제작사에 작품 기획안을 보내고, [카카오톡]에 이모티콘 사업 제안을, [손오공] 등 각종 캐릭터업체나 완구업체에 캐릭터 제안을, [NC소프트], [넥슨], [넷마블], [카카오게임즈], [컴투스] 등 게임회사에 게임사업 제안을 하는 등의 구체적 방법을 제시하고, 적극적으로 OSMU 작업을 하겠다는 의지를 자신 있게 밝히는 것이 좋다. 앞서도 얘기했지만, 신입직원의 최고 무기는 패기다. 그런 패기를 비웃는 면접관은 없을 것이

다. 이미 그런 OSMU 시스템을 갖춘 회사가 많고, 그런 일은 MD나 사업팀의 영역이라 실제 업무를 하지는 않겠지만 지원자가 이 정도로 OSMU에 대해서 열정을 피력한다면 면접관에게 좋은 인상을 줄 수 있을 것이다.

+ 래떼는
말이야

제자의 웹툰PD 합격 이야기

한 제자로부터 카톡이 왔다. 학기 수업이 끝날 시기에 몸이 안 좋아서 병원에 다니느라 힘들어했는데 뒤늦게 [락킨코리아]라는 웹툰에이전시에 합격했다는 기쁜 소식을 알려왔다.

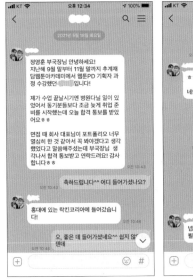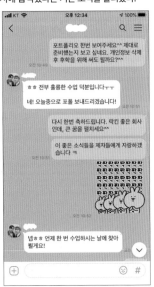

▲ 포트폴리오로 승부한 제자의 합격 소식

필자는 강의를 할 때 늘 포트폴리오의 중요성을 강조했다. 포트폴리오의 원래 뜻은 자신의 이력이나 실력 등을 알아볼 수 있도록 과거에 만든 작품이나 관련 내용 등을 모아 놓은 자료철 또는 작품집을 말한다. 한마디로 실기와 관련된 경력증명서이다. 포트폴리오는 미대나 디자인학과 등 예술대 출신만 만들 수 있는 게 아니다. 필자가 알려주는 대로 하면 누구나 자신만의 포트폴리오를 만들 수 있다.

006

포트폴리오 샘플
웹툰PD로 취업한 제자 제공

취업에 성공한 선배들이 만든 포트폴리오의 일부를 공개하고자 한다. 이 포트폴리오를 후배들을 위해서 공개해도 되겠냐고 했더니 개인정보를 제외하고 활용해도 된다고 기꺼이 동의해주었다. 다시 한 번 웹툰PD에 합격한 제자들에게 축하의 말을 전하며, 그들의 포트폴리오를 소개한다.

락킨코리아의 강점인 PD가
되고싶은 000 입니다.
락킨코리아 입사 지원 포트폴리오

000
mail_address@naver.com
010-1234-5678

▲ 표지

▲ 자기소개

▲ 웹툰PD가 되고 싶은 이유

▲ 웹툰PD가 되고자 노력한 것들

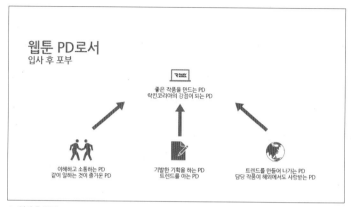

▲ 입사 후 포부

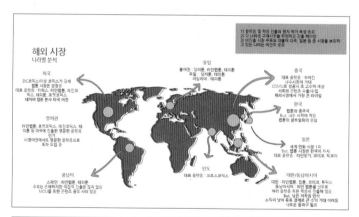

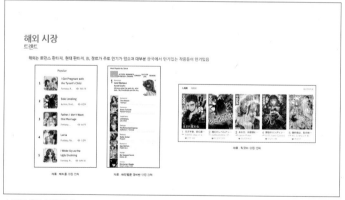

▲ 해외 웹툰 동향 분석

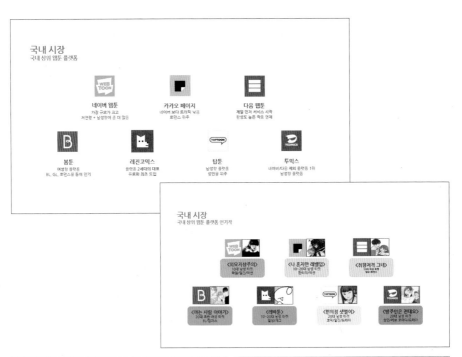

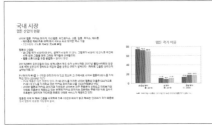

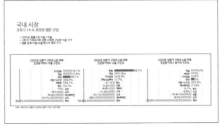

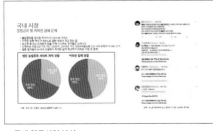

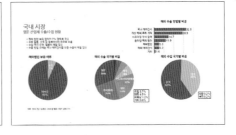

▲ 국내 웹툰산업 분석

▲ 입사 희망 업체 분석

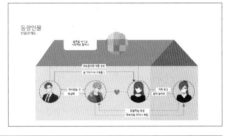

기획서
웹툰 기획서

장르	청춘/성장/드라마
콘셉트&소재	1인 가구, 고령화, 원룸 등
로그라인	멜로디 원룸에 사는 4명의 청춘들의 좌충우돌 성장기!
줄거리	입주 조건이 까다로워 주변보다 훨씬 싼 월세에도 사람이 한 명 나가면 길면 1년도 넘게 비어있는 멜로디 원룸. 하지만 들어오면 나가기 싫어진다?! 아이돌트 데뷔를 실패하고 군대로 도피, 막상 제대하니 인생의 반 이상을 연습생으로 살아서 그것 외의 것은 그저 두려운 청춘 서은담. 근방에 감당 가능한 월세란 곳은 멜로디 원룸뿐이라 입주 조건도 제대로 확인 안 하고 얼떨 결에 입주한다. 그 곳에는 주인 할머니의 사랑을 독차지 중인 대학교 4학년 김서하와 자기 혼자 찾난 줄 알고 남의 사정은 모르면서 마음대로 평가하는 재수없는 박휘연, 입주 조건 때문에 묘하게 경계하던 중 인자해 보이는 주인 할머니 그리고 비어있는 203호가 있다. 각자의 사정 때문에 들어와 있는 멜로디 원룸에서 벌어지는 하루하루! 과연 203호엔 누가 들어오게 될 것인가? 은담과 휘연은 과연 친해 질 수 있을까? 주인 할머니는 왜 살던 집을 고쳐 원룸 사업을 시작한 것일까?
주제	우리는 모두 방황하고 착각하고 흔들리며 살아가고 있다.
기획의도	방황의 시대, 목표가 없어지고 허망한 청춘들의 이야기를 만들어 보자.
타겟독자	10대 후반~20대 초중반 여성을 주로 한 다양한 독자층
작품분량	50~70화 내외 1년~1년 6개월 연재 예상

▲ 나의 작품 기획

※ 위 이미지는 교육 목적으로만 사용되었음을 알려드립니다.

06 포트폴리오 샘플 ☆ 311

이 포트폴리오는 제자들이 매주 수업 시간에 발표한 PT 자료이다. 매주 업데이트해서 완성하였으며 부족한 부분이 있으면 수정하거나 재개발하듯이 새로 엎고 다시 만들기도 했다. 수업 발표용이라 이미지 위주로 만들고 자세한 부분은 나와서 설명을 했다. 그러나 자기가 지원하는 회사에 제출할 때는 이미지를 줄이고 텍스트를 더 추가해서 친절하게 만들어 제출할 것을 당부했다.

보통 취업 사이트 구직란을 보면 회사에서 요구하는 것이 '이력서', '자기소개서' 등으로 단조로운 경우가 많다. 그렇다고 똑같이 준비해서 보내면 변별력이 떨어진다. 하나라도 더 만들어서 돋보여야 한다. 요청하지도 않은 포트폴리오를 만들어서 제출할 필요가 있느냐, 디자인이나 영상 관련 회사도 아닌데 포트폴리오를 어떻게 만드느냐고 반문할지도 모른다.

그런데 그렇지 않다. 웹툰을 다루는 직업이라면 그만큼 그림이나 이미지에 대한 조예가 있어야 한다. 앞 장에서 배웠듯이 PPT프로그램과 웹툰 이미지를 활용하면 충분히 그럴듯한 포트폴리오를 만들 수 있다. 그리고 포트폴리오를 요청하지 않은 회사라도 그것을 만들어서 제출하는 지원자를 칭찬하면 했지 왜 제출했냐고 핀잔하는 곳은 없을 것이다. 또한 제출한 포트폴리오는 면접관과 지원자가 한 번이라도 더 질문하고 답변할 수 있는 좋은 기회를 제공한다.

면접관 앞에 다른 지원자에게는 없는 포트폴리오가 주어졌다고 가정해 보자. 그 지원자를 특별하게 바라볼 것이다. "왜 이런 포트폴리오를 준비했냐?"는 질문부터 포트폴리오에 담겨 있는 내용 중에서 관심 있는 부분에 이르기까지 다양한 질문을 할 것이다. 면접관이 질문을 많이 한다는 것은 그만큼 지원자에 대한 관심이 높다는 의미다. 그만큼 합격에 가까워졌다는 의미이기도 하다. 포트폴리오가 면접관이 질문을 하나라도 더 던질 수 있는 연결고리 역할을 하는 것이다.

추계예대와 한양대에서 웹툰 기획자 및 웹툰PD 과정을 가르칠 때 거의 일주일에 한 번씩 과제를 내고 업데이트를 시켰다. 포트폴리오가 완성되기까지 짧게는 두 달에서 길게는 한 학기(6개월)가 걸린 것 같다. 그 포트폴리오에 대한 평가 점수로 기말시험을 대신했다. 추계예대 특강에서는 포트폴리오를 완성하지 못하면 미수료로 처리해 수료증을 수여하지 않기도 했다. 그래서인지 힘들었지만 대부분의 학생이 포트폴리오를 완성해서 제출했다. 또 매주 발표를 한 덕분에 발표력도 눈에 띄게 늘었다. 처음에는 떨려서 발표를 잘 하지 못하던 친구들이 마지막 수업에서는 청산유수처럼 매끄럽게 했다. 'Practice makes perfect!'라는 말이 실감 났다.

이 책을 보면서 포트폴리오를 만들고자 하는 사람들은 선배들보다 더 쉽게 만들 수 있을 것이다. 매주 포트폴리오를 체크하고 업데이트해서 발표할 기회는 없겠지만, 앞에서 포트폴리오 만드는 방법과 선배들이 만든 샘플을 눈여겨 보고 따라 하면 더 빨리 만들 수 있을 것이다. 첫 번째 지름길은 이 책을 꼼꼼히 읽으면서 맥락을 이해하고 핵심적인 부분을 제대로 파악할 것! 두 번째는 선배들의 샘플을 보면서 무작정 따라하는 데 그치지 말고 자신의 장점과 특징을 더하고 기발한 아이디어를 추가해서 자신만의 포트폴리오를 만들 것!

자신만의 포트폴리오를 완성했다면 이제 자신만의 강력한 무기를 갖췄다고 볼 수 있다. 당당하고 자신 있게 제출하기를 바란다. 좋은 결과가 있기를 기대한다. 마지막으로 당부하고 싶은 것은 이 모든 것이 취업을 위해서 '속성'으로 만들어진 것처럼 보여서는 안 된다는 것이다. 오로지 취업을 위해서 포트폴리오를 급조했다면 바로 표가 날 것이다. 시험 전날 밤샘을 하거나 기출문제만 외워서 시험을 치는 것과 다르지 않다. 그렇게 만든 포트폴리오는 내용에 일관성이 없을 수 있다. 면접관이 물어봤을 때 맥락을 벗어나는 엉뚱한 대답을 할 수도 있다. 그러면 오히려 독이 된다.

자신이 부족하다고 느끼면 공부를 더 하고 더 준비하라. 본인의 실력이 어떤지 잘 파악해서 시간이 걸리더라도 자신의 색채를 입힌 포트폴리오를 만들기 바란다. 중요한 것은 속도가 아니라 방향이다.

[그 외에 면접에서 중요한 포인트]

① 그 회사에 대해서 잘 알아야 한다.

② 그 회사에서 나오는 작품에 대해서 잘 알아야 한다.

③ 그 회사에 현재 필요한 니즈에 대해서 잘 알아야 한다.

④ 그 회사에 대해 칭찬을 아끼지 않아야 한다.

⑤ 그 회사에 대해서 아쉬운 점도 말할 줄 알아야 한다.

⑥ 비판가나 비평가의 모습을 강하게 보여서는 안 된다.

⑦ 자신은 '실행파일(.exe)'이라는 것을 어필해야 한다.

⑧ 학교나 여타 활동에서 성과를 이룬 점을 강조하면 좋다.

⑨ 팀워크에 강하고 동료와의 유대관계가 좋다는 것을 표현하면 좋다.

⑩ 후배와 동생들을 잘 챙긴다는 것을 말하면 좋다(작가 관리에는 인성이 중요하다).

10장

웹툰PD로
취업하기

웹툰PD 구인 정보 찾기

웹툰PD가 되려면 먼저 [사람인], [잡코리아] 등의 취업 사이트에서 웹툰PD 구인 정보를 늘 체크하면서 구인 시기를 놓치지 말고 이력서와 자기소개서를 넣어라. 웹툰 분야는 계속 성장하는 사업이라 늘 인력이 필요하고, 업체들 간에 이동이 빈번하므로 꾸준히 모집 광고가 나온다.

플랫폼(네이버웹툰, 카카오웹툰, 카카오페이지, 탑툰, 봄툰, 레진코믹스 등)이나 에이전시(재담, 투유, 키다리, 만화가족, 와이랩, 락킨코리아 등)에서 모집공고를 내기도 하고 [디앤씨], [대원], [학산], [서울미디어코믹스] 등 만화출판사에서도 사원을 모집한다. 또한, 요즘 웹툰스튜디오가 계속 만들어지고 있는데, 신생 업체라 이름이 생소하더라도 '웹툰PD 모집' 항목이 있으면 눈여겨보고 회사의 비전이나 여러 가지 조건을 잘 살핀 후 지원하기 바란다.

모집공고를 보고 지원서를 내기 전에 먼저 자신이 어떤 웹툰PD에 맞는지 잘 알아야 한다. 플랫폼 웹툰PD가 맞는지, 에이전시 웹툰PD가 맞는지, 제작스튜디오 웹툰PD가 맞는지 신중하게 판단해야 한다. 셋 다 모르겠다면 일단 모두 지원해 보는 것도 괜찮다. 웹툰MD를 뽑는 곳도 있을 것이다. 결은 좀 다르지만 색다른 경험과 경력을 쌓을 수 있으니 지원해도 상관 없다.

또한, 업체에 대해서 잘 알아야 한다. 입사하고 싶은 회사의 규모와 하는 일, 작품, 매출, 자본, 종업원 수, 대내외 평판 등을 알아보는 게 좋다. 플랫폼이면 정보를 구하는 데 큰 문제가 없겠지만, 에이전시나 출판사라면 취업사이트에 있는 정보나 홈페이지를 찾아볼 것을 권한다. [사람인], [잡코리아] 등 취업사이트만 검색해도 웬만한 정보는 얻을 수 있다.

업체에 대해 어느 정도 파악했다면 이력서와 자기소개서를 제출한다. 이력서에 필요한 사항은 '성명, 성별, 나이, 국적, 지원 분야, 취미/특기, 장애인 등록 여부, 병역, 학력, 자격 및 면허, 외국어 능력, 연수 및 경력사항' 등이다. 자기소개란에는 '자라온 환경, 성격의 장단점, 지원동기' 등을 기입한다. 대부분의 회사가 비슷할 것이다. 그런데 이런 것만 기입해서 지원한다면 학력과 외국어 능력. 자격증, 연수 경험 등 스펙이 뛰어난 사람들만 합격하게 된다. 다른 비교 자료가 없기 때문이다.

그러나 다행히 웹툰PD는 스펙만 보고 뽑는 경우는 드물다. 새로운 기획을 하고 새로운 시장을 열어가야 할 창의적이고 선구적인 자질이 가장 필요한 직업군이기 때문이다. 웹툰이란 분야 자체가 스펙에 좌우되지 않고 오직 실력으로 승부를 보는 장이기 때문이다. 서울대생이 웹툰을 그렸다면 관심은 있겠지만 특별히 대우하지는 않는다. 유명 연예인이 웹툰을 그렸다고 해도 마찬가지이다. 웹툰은 오로지 재미와 감동으로 승부를 걸고 투명하게 결과가 나온다. 대한민국에서 가장 정직한 분야라 할 수 있다. 웹툰PD도 마찬가지라고 생각한다.

또한, 자신의 포트폴리오를 만들어 첨부할 것을 추천한다. 포트폴리오야말로 이력서와 자기소개서에서 보여주지 못한 자신의 진면목을 보여줄 수 있는 훌륭한 자료다.

+ 라떼는 말이야

웹툰에이전시 취업 사례

추계 재담 웹툰PD 기획자 과정에서 강의를 할 때였다. 강의를 하다 보면 유독 눈빛이 빛나는 친구들을 몇몇 볼 수 있다. 한마디도 놓치지 않고 받아들이려는 친구들인데 마치 강한 기(氣)가 발산되는 것 같은 착각을 받을 정도다. 그만큼 간절함이 온몸으로 발산되는 것이다. 고졸 학력으로 취업한 두 제자도 그랬다. 궁하면 통하는 법이다. 두 친구는 건실한 웹툰에이전시에 합격했다.

한 제자는 세상 모든 웹툰을 다 봤다고 할 정도로 웹툰을 좋아하는 친구였다. 워낙 많이 보니 웹툰 유료 결제에 들어가는 비용도 어마어마했다. 그런데 이 친구는 지금까지 본 거액의 웹툰 유료 결제 영수증을 포트폴리오에 첨부하는 기지를 발휘했고, 그것으로 면접관들의 관심을 끌어서 합격했다고 한다.

다른 한 제자는 포토샵, 일러스트, 클립 스튜디오 등 온갖 그래픽 프로그램을 프로처럼 다룰 줄 아는 친구였다. 거기다 웹툰에 대한 관심도 많았다. 워낙 프로그램을 잘 다루니 일손이 딸리는 모 웹툰에이전시에 바로 입사가 되었다. 두 친구는 현재 웹툰PD로서 어느 누구보다 만족스러운 직장생활을 하고 있다.

하지만 고졸 학력이 유리한 것만은 아니다. 웹툰PD란 직업이 생소하고 지원자가 부족하던 초창기에는 가능했을지 모르지만, 현재 많은 인재가 웹툰 분야에 관심을 갖게 되었고 고학력 지원자가 몰려들고 있어서 점점 어려워질 것이라고 본다.

필자는 두 제자에게 회사에 다니면서 야간대학이나 통신대학에 다닐 것을 권했다. 자기가 직접 벌어서 대학에 진학하는 것도 의미 있는 일일 것이다. 전공은 어떤 것을 선택해도 상관없다. 어쩌면 두 사람에게는 대학 학벌이 필요 없는 스펙일지도 모른다. 그러나 인생을 길게 봤을 때 그런 스펙이 결코 손해 보는 일은 아닐 거라고 얘기해 주었다. 아직 우리 사회에는 여러 편견과 모순이 존재하기 때문이다. 또 대학에서 배우는 공부나 교우관계, 여타 활동들이 모두 좋은 경험이 된다. 세상을 조금 더 넓은 시선으로 바라볼 수 있게 되고 그것은 또 웹툰을 기획할 때나 웹툰작가들을 만날 때 알게 모르게 좋은 작용을 할 것이라 생각된다.

내게 맞는 회사 찾기

002

　여기에는 여러 웹툰 플랫폼과 회사의 이름만 열거하겠다. 군이 홈페이지 주소를 적거나 회사에 대한 세부 설명을 하지 않아도 회사 이름으로 검색하면 더 정확한 정보를 찾을 수 있을 것이다. 필자가 그 회사에 대해 설명하면 오히려 편견을 줄 수도 있으니 여러분이 직접 검색하고 어떤 회사인지 판단해 보기 바란다. 여기에 열거되지 않은 회사도 많을 것이다. 여러분이 가지고 있는 검색 능력으로 더 좋은 회사를 찾아내서 지원하기 바란다.

(1) 웹툰 플랫폼	(2) 웹툰 에이전시와 매니지먼트회사	(3) 웹툰스튜디오	(3) 만화출판사
• 네이버웹툰	• DNC미디어	• 스튜디오 질풍	• 대원
• 카카오페이지	• 재담미디어	• 유주얼 미디어	• 학산
• 카카오웹툰	• YLAB	• 스튜디오 예스원	• 서울미디어코믹스
• 레진코믹스	• 키다리스튜디오	• 스튜디오 원픽	(前서울문화사)
• 탑툰	• 투유드림	• 코핀커뮤니케이션즈	• 소미미디어
• 봄툰	• 씨엔씨레볼루션	• 아이코드랩	• 거북이북스
• 투믹스	• 누룩미디어	• 블루 코믹스	• YNK
• 저스툰	• 만화가족	• KOCN	• 삼양출판사
• 리디북스	• 울트라미디어	• 스튜디오 담	• 문학동네(前애니북스)
• 배틀코믹스	• 북극여우	• 늘봄 스튜디오	• 세미콜론
• 코미카	• 드림툰	• 레드아이스 스튜디오	• 프레지에
• 코미코	• 루트미디어	• 울트라 미디어	• 재미북스
• 폭스툰	• 투니드엔터테인먼트	• TORYCOMS	• 영상출판미디어
• 미스터블루	• 락킨코리아	• 콘텐츠랩블루	• 조은세상
• 무툰	• 다운크리에이티브	• 스튜디오 이너스	• 현대지능개발
• 원스토어	• 엠스토리허브	• 연담	⋮
• 애니툰	• 엠젯패밀리	• 진 스튜디오	
• 피너툰	• 만화가족	• 스튜디오 산타클로스	
• 코믹GT	• JY코믹스	엔터테인먼트	
• 버프툰	• 비브로스팀	• 문 스튜디오	
• 피키캐스트	• 디씨씨이엔티	• 레드독 컬처하우스	
• 갓피아	• 북큐브네트웍스	• 박태준 만화회사	
• 네이트	• 엘코믹스	• LICO	
• 마녀코믹스	• 아이온스타	• 엘리모나	
• 조아라	• 마루코믹스	⋮	
• 북큐브	• AK커뮤니케이션즈		
• 에끌툰	• 스토리위즈		
• 레알코믹스	⋮		
• 와우코믹스			
• 스푼코믹스			
• 엔씨코믹스			
• 문피아			
• 밀리의 서재			
⋮			

003

알아두면 좋은
웹툰 관련 단체 및 기관들

웹툰PD로 일하면 만화/웹툰 관련 단체나 기관과 많은 교류를 하고 도움을 받게 된다. [한국만화가협회] 등 작가들이 가입되어 있는 단체와 공동으로 사업을 하기도 하고, 단체와 공동으로 이름을 걸고 공모전을 하기도 한다. 많은 웹툰 회사가 모여서 협회를 만들어서 공동의 이익을 목표로 협의하고 연대하는데 [한국웹툰산업협회]가 그런 단체다. 그리고 [한국콘텐츠진흥원]이나 [한국만화영상진흥원]에서는 매년 만화와 웹툰 등 국고를 통해서 지원하는데, 필요한 업체는 신청해서 지원을 받을 수 있다. 신생 회사나 스타트업 회사는 제작비를 지원받을 수 있어서 초창기 회사를 꾸릴 때 큰 도움이 된다.

[한국만화영상진흥원]에서 지원하는 만화/웹툰 지원사업에는 크게 5가지가 있다.

① 연재만화 제작지원

② 다양성만화 제작지원

③ 만화기획 개발지원

④ 만화원작 콘텐츠 제작지원

⑤ 만화콘텐츠 다각화 지원

[씨엔씨레볼루션(주)]에서 발행한 박경란 작가의 〈이미테이션〉은 [한국만화영상진흥원]의 '2014 비활성 장르만화 연재지원'을 받은 작품이다. 그것을 시드머니로 해서 이 작품은 대박을 터트렸다. 약육강식의 연예계에서 탑스타의 닮은꼴(이미테이션) 이미지로 반짝 인기를 끌던 주인공이 짝퉁 이미지에서 벗어나 자기 정체성을 확립하며 대중에게 사랑을 받는 '진짜' 아이돌이 되어가는 성장 스토리로, 남자주인공과의 달달한 로맨스를 포함해 많은 메시지를 던지고 있다.

이 작품은 [카카오페이지]에 런칭된 후 413만 명이 구독하고 누적댓글 60만, 누적 조회 수 4억 6000만을 기록했다. 특히 이 작품은 해외에서 인기가 높았는데 중국의 [콰이콴], 일본의 [픽코마], 북미의 [타파스], [태피툰], 프랑스의 [델리툰], 인도네시아, 태국, 대만 등에서 인기몰이를 하고 있다. 또한 KBS2에서 금요드라마로 방송되었으며 그 외에 오디오드라마, 애니메이션 뮤직비디오, 비주얼 노벨 게임, 굿즈, 카카오톡 이모티콘, 단행본 출간 등 엄청난 OSMU 성과를 거두었다. 이처럼 만화/웹툰 관련 단체의 지원제도는 대박을 이끌어내는 마중물 역할을 하고 있다.

▲ 〈이미테이션〉의 한 장면. (출처 : [씨엔씨레볼루션])

　이런 연유로 웹툰PD는 만화/웹툰 지원 단체와 기관에 익숙
해지면 좋다. 그리고 홈페이지에 들러서 어떤 일을 하는 곳인
지 파악해서 자사의 어떤 작품이 지원받을 수 있는지 파악하
는 것이 좋다. 그리고 지원 사업 일정 등을 체크한 후 여러 지
원서류와 자격 등을 준비해 제때 지원받기를 바란다.

또한 [한국콘텐츠진흥원]이나 [한국만화영상진흥원], 각 지방의 [문화산업진흥원]이나 [콘텐츠산업진흥원]에서는 콘텐츠 지원 외에 만화/웹툰 관련 자료를 많이 보관하고 있고 매년 업데이트하기 때문에 실시간으로 유용한 정보를 얻을 수 있다. 아래에 나열한 기관들을 참고하기 바란다.

만화/웹툰 관련 단체	만화/웹툰 관련 기관
• 한국만화가협회 • 한국웹툰작가협회 • 웹툰협회 • 한국카툰협회 • 우리만화연대 • 원로만화가협회 • 한국웹툰산업협회	• 문화체육관광부 • 한국만화영상진흥원 • 한국콘텐츠진흥원 • 대전정보문화산업진흥원 • 부산정보문화산업진흥원 • 광주정보문화산업진흥원 • 경북문화콘텐츠산업진흥원 • 제주문화콘텐츠산업진흥원 • 예술인복지재단 • MOIBA • KOTRA

인덱스